INVESTMENT

MODERNE PRINZIPIEN DER VERMÖGENSANLAGE

VON

DR. PAUL QUITTNER
BERLIN

MIT 8 ABBILDUNGEN

BERLIN · VERLAG VON JULIUS SPRINGER · 1930

ISBN-13:978-3-642-90282-6 e-ISBN-13:978-3-642-92139-1
DOI: 10.1007/978-3-642-92139-1

SOFTCOVER REPRINT OF THE HARDCOVER 1ST EDITION 1930

INHALTSVERZEICHNIS.

EINLEITUNG.

In den letzten Jahren sind den Hoffnungen, die sich an den Aufstieg der deutschen Wirtschaft nach der Krise des Jahres 1925 knüpften, schwere Enttäuschungen gefolgt. Es ist die fast allgemeine Erkenntnis, daß wir — im Zusammenhang mit den politisch-finanziellen Gegebenheiten — noch manchen Schwierigkeiten begegnen werden, ähnlich denen, die das Frühjahr 1929 in den kritischen Momenten der Pariser Konferenz brachte.

So sieht sich heute gerade der deutsche Kapitalist in einer besonders schwierigen Lage. Es tritt an ihn die Frage heran, inwieweit er aus den Erfahrungen der jüngsten Vergangenheit gelernt und der großen geschichtlichen Tatsache, daß heute Amerika führt, Europa an den Ereignissen seit 1914 krankt, in seiner Vermögensanlage Rechnung getragen habe. Bei diesem Gedanken handelt es sich keineswegs um eine primitive Flucht vor Europa, ein Anbeten des amerikanischen Erfolges, aber doch um die Erkenntnis, daß in der systematischen Lehre von Vermögensanlage die U. S. A. heute führend sind. Gerade Aufstieg und Niedergang einzelner Unternehmungen und ganzer Branchen, wie wir sie heute im Gegensatz zu den stabilen Verhältnissen der Vergangenheit haben, waren es, die seinerzeit im jungen Amerika das Bedürfnis nach einer Vertiefung der Kenntnisse in Investmentfragen wachgerufen haben.

Eine weitere Frage für den deutschen Investor ist dann, ob die Systematik der Effektenanlage mit der Rationalisierung, wie sie auf anderen Gebieten erfolgt ist, Schritt gehalten hat. Diese Frage ist, um etwas aus diesem Buch vorwegzunehmen, glatt zu verneinen: Noch immer bilden für viele gerade das Sparkapital und überhaupt die privaten Vermögensumstände einen Gegenstand der Heimlichkeit und dadurch der Vernachlässigung. Bei der starken Umschichtung, die nicht nur in der deutschen Wirtschaft, sondern international eben vor sich geht, sind so Verluste, mehr noch versäumte Gelegenheiten, die Regel.

Zweck dieses Buches ist also einerseits die praktische Schilderung alles dessen, was heute an internationalen Anlagemöglichkeiten für den deutschen Kapitalisten in Frage kommt, dann in Verbindung mit diesem praktischen Ziel die Darstellung der wichtigsten Grundsätze moderner planmäßiger Vermögensverwaltung. Hierüber existiert — im Gegensatz zu der großen angelsächsischen Literatur — in der deutschen so gut wie nichts. Gegenüber der Vorkriegszeit ist vor allem der starke Wandel zu berücksichtigen, der seither eingetreten ist. Dieser Wandel ist international, für Deutschland aber gewann er infolge des (durch die Auslandsanleihen bedingten) Eindringens komplizierter amerikanischer Emissionsformen besondere Bedeutung. Was die zum Teil ausgezeichnete amerikanische Literatur betrifft, so fußt sie naturgemäß auf der Entwicklung ihrer Heimat in den letzten Jahrzehnten und gelangt so in vieler Hinsicht zu Resultaten, die für Europa, speziell für Deutschland, heutzutage viel zu optimistisch und unanwendbar sind.

Wir haben uns in der Darstellung auf die Anlage in Wertpapieren beschränkt, andere Formen der Vermögensanlage (z. B. bei Sparkassen, in privaten Hypotheken) blieben unberücksichtigt.

Da das Buch den Bedürfnissen des deutschen Kapitalisten jeden Formats dienen soll, sind ihm dort, wo nichts anderes ausdrücklich erwähnt wird, die deutschen Verhältnisse zugrunde gelegt.

Als Pfeiler der ganzen Darstellung dienten zwei Faktoren, die beide gerade in der Entwicklung der letzten Jahre vielfach vernachlässigt wurden: Die richtige Einschätzung des mit jeder Art Kapitalsanlage untrennbar verbundenen Risikos und dann die Preiswürdigkeit. Um diese beiden Begriffe gruppieren sich viele andere: Dem ersteren Begriff entstammen die Regeln der Risikoverteilung, die Darstellung des mit der Zugehörigkeit zu einer Branche verbundenen Risikos; die Preiswürdigkeit führt uns zum Studium des inneren Wertes der Anlagen, zu der Ursache von Kursschwankungen, schließlich zur Erkenntnis, daß eine Beurteilung des Kursniveaus ohne eine gewisse Kenntnis des Zusammenhangs zwischen Börse und Konjunkturverlauf mangelhaft bleiben muß. Diese wenigen Beispiele zeigen vielleicht, daß Vermögensanlage bereits eine Lehre geworden ist, deren Voraussetzungen freilich eine exakte Ausprägung zu einer Wissenschaft nicht zulassen.

Das Buch zerfällt in 10 Kapitel, von denen Kapitel I und III die allgemeinen Prinzipien der Vermögensverwaltung behandeln, während in Kapitel II, VI und VII konkrete Ratschläge und Beispiele gegeben werden. Die Kapitel IV, V, VIII und IX bringen — jedes in sich geschlossen, gleichsam als Monographien — die vier wichtigsten Anlageelemente: Das Wesen der Rentenanlage (IV), die Aktie und das Bilanzstudium (V), eine Übersicht über die Weltbörsen (VIII), die Bedeutung der Branchenzugehörigkeit (IX). Kapitel X behandelt Investmenttrusts, Depotrecht, Konjunktur und einige andere ergänzende Begriffe.

ERSTES KAPITEL.

ALLGEMEINE PRINZIPIEN DER VERMÖGENSVERWALTUNG.

RISIKOVERTEILUNG.

Der Gedanke, das Kursrisiko durch eine Verteilung des Anlagevermögens auf eine größere Anzahl von Werten zu beschränken, ist nicht neu. Systematisch kam er in der Gründung der ersten schottischen Investment-Trusts (etwa ab 1850) zum Ausdruck. Bei der damaligen Verfassung des Börsenwesens erschien eine solche Maßregel noch weit notwendiger als heute: es waren die Zeiten „der großen Spekulation", die Gründerjahre, die schließlich über einen ersten Rückschlag im Jahre 1857 zu dem Krach von 1873 führten. Konzernwesen, Großbanken mit ihrem Netz von Depositenkassen, Fachpresse fehlten: das alles trug dazu bei, die Anlage in der Aktie eines einzelnen Unternehmens zu einer weit größeren Spekulation zu machen, als das heute der Fall ist. Bei dieser Entwicklung erscheint es merkwürdig, daß der Gedanke der Risikoverteilung wohl seitdem ein Schlagwort blieb, aber keineswegs ein selbstverständliches Faktum jeder privaten Vermögensverwaltung geworden ist: während wohl die meisten sich für sehr fahrlässig halten, wenn sie sich nicht wenigstens gegen Feuer und Einbruch versichern, lassen sie bei der Verwaltung ihres Vermögens noch immer die korrespondierende Versicherung außer acht. Dabei kostet es zum Unterschied von dem Aufwand für Versicherungsprämien bei Effektenvermögen nichts oder fast nichts, wenn man, statt 1—2 übergroßer Bestände eines Wertes zu besitzen, seinen Effektenbesitz in doch mindestens 10—20 verschiedene Posten aufteilt.

Es erscheint bei einigem Nachdenken klar, daß eine Risikoverteilung nicht nur nach Unternehmungen (also nach verschiedenen „Papieren") stattzufinden hat, sondern systematisch etwa folgende Einteilung berücksichtigen muß:

1. Verschiedenheit der Unternehmungen,
2. Verteilung nach Wertpapierkategorien (also ob Aktien oder Renten usw.),
3. Gliederung nach Branchen,
4. Geographische Gliederung.

Nach diesen Gesichtspunkten ergeben sich etwa folgende Forderungen der Risikoverteilung (z. B. für eine Effektenanlage von 250000 RM.):

1. nach Unternehmungen bzw. Werten. Verteilung auf mindestens 25 verschiedene Werte, also mit einem Durchschnittsbetrag von RM. 10000.

Hierbei muß aus Spesengründen darauf geachtet werden, daß die „Schlußeinheiten" nicht verletzt werden, so daß speziell Engagements in deutschen Terminwerten[1] oder in amerikanischen Aktien (Schlußeinheit St. 100) weit über das Durchschnittsmaß hinausgehen müssen. Immerhin wird es möglich sein, nur Bestände zu haben, deren sofortige Realisierung markttechnisch mühelos möglich ist.

2. Verteilung auf Kategorien. Die Aufteilung auf spekulative Werte und solche mit einem möglichst sicheren Ertrag ist je nach der Börsensituation verschieden. Anders die Verteilung in ruhigen Zeiten, in Zeiten allgemeinen Aufschwungs oder schließlich vor einem drohenden Kursrückgang und während desselben. Die folgende Zusammenstellung mag ein ungefähres Bild vermitteln (gleichfalls für 250000 RM.):

	Normalzeit	nach starken Rückgängen	nach starken Steigerungen
	%	%	%
bar[2]	10	—	35
Rentenwerte	35	25	45
Rentenwerte mit Zusatzrechten[3]	10	15	10
Standardaktien[4]	35	60	10
spekulative Werte	10	20	—
	100	120	100
Schulden hierauf[5]	—	20	—
		100	

3. Die Verteilung nach Branchen ist weit mehr bei Aktien als bei Rentenwerten von Wichtigkeit. Denn da bei festverzinslichen Werten die Sicherheit des Ertrages die erste Voraussetzung ist, müssen bei ihnen die Entwicklungschancen, die in den einzelnen Branchen liegen, gegenüber dieser Erwägung zurücktreten. Beim Aktienbesitz (der in unserem Beispiel nur etwa RM. 100000 im Mittel umfaßt) mag die Verteilung auf 5—6 Branchen als untere Grenze gelten. Wesentlicher als die Anzahl der Branchen ist aber, wie viele der Branchen als besonders sicher (z. B. Banken, Public Utilities, Eisenbahnen)

---

[1] An den deutschen Börsen ist zum Kassakurs (sofortige Regulierung) jeder beliebige Betrag lieferbar, während für den Terminkurs (per „Ultimo" des Monats) Schlußeinheiten festgesetzt sind, und zwar für die Berliner Börse 6000 RM. Nominale, für die Provinzbörsen 3000 RM. Nominale.

[2] Unter „bar" wird auch die kurzfristige Bindung der Effektenerlöse gegen möglichst hohe Zinsen verstanden, doch so, daß sie in kurzen Zeiträumen für die Wiederanlage zur Verfügung stehen.

[3] Rentenwerte mit Zusatzrechten sind Werte, welche neben einer festen Verzinsung noch in irgendeiner Form am Gewinn partizipieren, also eine Mischform von Aktie und Rente.

[4] Merkmal ist hier die Sicherheit und die absolute Größe, also nicht etwa nur „Terminwerte", sondern auch besonders solide Kassawerte.

[5] Trotzdem es im allgemeinen nicht zu empfehlen ist, gegen Effekten Geld schuldig zu werden, kann dies in Haussezeiten, insbesondere am Beginn und dann, wenn das Erträgnis der gekauften Effekten die Debetkosten übersteigt, die richtige Taktik sein. (Vgl. S. 14.)

anzusprechen sind, wie viele spekulativer sind und wieviel schließlich in der jeweils in Mode befindlichen Branche (vor kurzem Radio, Kunstseide) angelegt werden darf.

4. Geographische Gliederung. Es ist klar, daß dem eigenen Land hier eine ganz überwiegende Rolle zukommt. Nicht nur, weil hierfür vernünftige patriotische Gründe sprechen, sondern auch, weil der Erwerb ausländischer Werte mit höheren Spesen verbunden und ihre Kontrolle weit schwieriger ist. Wenn trotzdem eine maßvolle geographische Verteilung des Risikos empfohlen wird, so geschieht dies auf Grund der Erfahrungen, die man gerade in den letzten zwei Jahrzehnten machen konnte: Es erscheint nicht richtig, weder in politischer noch auch in wirtschaftlicher Hinsicht, alles auf eine Karte zu setzen. Während die geographische Verteilung bei Renten hauptsächlich eine Währungs- und Zinsenfrage ist, tritt bei Aktien die wirtschaftliche Seite in den Vordergrund: ihre Chancen hängen weitgehend von der Entwicklungslinie des einzelnen Landes ab. Ist man z. B. davon überzeugt, daß die Schuldenzahlungen Europas an Amerika dort zu immer weiterer Prosperität, hier zur Verarmung führen müssen, so ist es klar, daß man bei einer geographischen Verteilung in erster Linie Aktien der Vereinigten Staaten, Kanadas oder Südamerikas kauft. Wittert man Verwicklungen im europäischen „Völkerkonzert", so besinnt man sich wohl auf die Neutralen des Weltkrieges: Tatsächlich resultiert aus derartigen Erwägungen eine deutlich wahrnehmbare Vorliebe der Kapitalisten für schweizerische, holländische, ja selbst für schwedische Werte.

Beispiel für die geographische Verteilung (während der Baisseperiode im 2. Halbjahr 1929, also mit 35% Barbestand lt. Tabelle, S. 4).

35%	bar	davon	alles in Deutschland[1],
45%	Rentenwerte . .	„	25% Deutschland,
		„	10% Amerika,
		„	10% Belgien oder Frankreich,
10%	Rentenwerte mit Zusatzrechten .	„	5% deutsche Doll.-Bonds mit Zusatzrechten,
		„	5% amerikanische Doll.-Bonds mit Zusatzrechten
10%	Standardaktien .	„	5% England,
		„	5% Schweiz oder Italien.
100%			

Diese Verteilung mußte naturgemäß auch die vorhandenen Anlagemöglichkeiten berücksichtigen, z. B. daß der neuartige Typ der Festverzinslichen mit Zusatzrechten nur in wenigen Ländern besteht.

Der Risikoverteilung sind in mehrfacher Hinsicht Grenzen gesetzt: Zunächst wäre die Zerschlagung aller Posten unzweckmäßig, mit deren Besitz irgendein Einfluß auf das Unternehmen verbunden ist. Mag sich nun dieser Einfluß bloß auf den Einblick in die internen Verhältnisse, auf einen Aufsichtsratssitz oder gar noch weiter erstrecken, in allen diesen Fällen ist nicht nur

[1] Z. B. Bindung auf 35 Tage zu 8%.

der reine Effektenbesitz an sich, sondern darüber hinaus ein sog. Façonwert des betreffenden Aktienpostens vorhanden. Abgesehen hiervon ergibt sich — wie schon erwähnt — eine untere Grenze auch daraus, daß es aus Spesengründen und Gründen der Verkäuflichkeit empfehlenswert ist, nicht unter eine bestimmte Mindestquantität bei den einzelnen Werten herunterzugehen. Neben diesen technischen Gründen spricht aber die Erwägung mit, daß man sich durch zu große Verteilung die Übersicht erschwert und die Kenntnis und laufende Kontrolle jedes einzelnen Wertes schließlich unmöglich wird. In Fällen, in denen man nicht selbst die Kontrolle seines Vermögens besorgt, sondern dies einer Bank überläßt, möge man aus Klugheitsgründen allzu kleine Posten vermeiden: es wirkt nicht gerade befeuernd auf den Eifer, wenn sich die mit der Kontrolle Betrauten einem Wust winziger Posten gegenüberstehen, für die sie formell genau so verantwortlich sind wie für die großen Beträge, bei denen sie der Aufgabe gewissenhaft nachkommen.

Der Gedanke der Risikoverteilung ist in der Praxis zunächst von den Investment-Trusts als Leitmotiv genommen worden und meist in ihren Statuten verankert. So darf z. B.:

1. in einem einzelnen Unternehmen oft nicht mehr als 5%, maximal 10% angelegt werden,
2. in Aktien 40—50% (Rest in Rentenwerten),
3. in einer Branche maximal 20%,
4. in einem Land maximal 20—35%.

Wenn wir selbst einer noch weitergehenden Risikoverteilung das Wort geredet haben, so beruht dies auf der Überlegung, daß ein Investment-Trust meist weit besser als der Privatmann in der Lage ist, seine Anlagen laufend zu überwachen und daher eher einer geringeren Risikoverteilung bedarf. Ausführlicher sind die Investment-Trusts — naturgemäß für unser Thema die interessanteste Erscheinung der letzten Jahre — in Kapitel X behandelt.

Es soll noch versucht werden, die Gründe darzulegen, weshalb die meisten Effektenbesitzer, obwohl ihnen das Prinzip der Risikoverteilung vollkommen bekannt ist, in der Praxis doch dagegen verstoßen.

Die primitivste, aber in vielen Fällen zutreffende Teilerklärung ist eine gewisse Lethargie: die Abneigung, Briefe zu schreiben, Besprechungen abzuhalten usw. Als Entschuldigung vor sich selbst wird oft die Scheu vor den mit einer Umgruppierung der Bestände verbundenen Spesen angeführt. Vorschub wird dieser Lethargie bei manchen durch die üblen Erfahrungen des Weltkrieges geleistet, in dem die geographische Verteilung dadurch fast völlig versagte, daß gerade die wichtigsten Weltbörsen (London, New York) als feindliches Ausland gleichmäßig mit Beschlagnahmen vorgingen. Die Jahre der Inflation haben dann in vielen Köpfen die Idee hervorgebracht von einer Linearität der Entwicklung der „Substanzwerte" gegenüber der sich immer mehr entwertenden Währung. Angesichts ihres bodenlosen Falles und aller in ihr verankerten Werte (also aller Renten) durfte es nichts ausmachen, wenn unter den Aktien sich auch Nieten befanden und überdies stiegen ja gerade die „leichten" Werte, die in der Folge den Großteil der Fehlschläge auf dem Aktiengebiet beistellten, zunächst stärker als die schwereren, da die ganze Masse der kleinen Anleger in sie drängte.

Einer ganz anderen Quelle entspringt ein zweiter sehr häufiger Verstoß gegen das Prinzip der Risikoverteilung: Man hat bei beschränkten Mitteln irgendeine besondere Empfehlung erhalten und sieht nun, daß man nur bei „richtigem Hineingehen" etwas Nennenswertes verdienen kann. In der Tat ergibt eine nüchterne Berechnung, wie weit sich der Besitzer eines Effektenvermögens von z. B. 100000 RM. in der Ausnützung eines „totsicheren" Tips hinreißen lassen dürfe, ein recht deprimierendes Resultat: Diese Überlegung muß ihm nämlich sagen, daß er — will er nicht vom Anleger zum Spekulanten werden — nicht mehr als höchstens $^1/_{10}$ bis $^1/_8$ seines Kapitals auf diese einzige Karte setzen dürfe. Legt man nun selbst die Chance eines 30proz. Kursgewinnes zugrunde, so hat er schließlich, bezogen auf das gesamte Kapital, 3 %, maximal 4 % gewonnen. Hier besteht die Versuchung, gleich mit mehr „hineinzugehen", und hier kommt es auch zu den meisten Fehlschlägen. Von Glücksfällen abgesehen — die oft für das nächste Mal eine Verlockung bieten, mehr zu wagen, wobei dann der Gewinn und noch mehr verloren wird —, ist der durchschnittliche Verlauf der, daß sich der erwartete Erfolg nur sehr unvollkommen, kaum die Spesen deckend, einstellt. Und nun bleibt man auf dem nur als kurzfristige Spekulation gedachten Bestande sitzen. Langsam ändert sich die Lage (dies braucht keineswegs ein Verschulden der seinerzeitigen Empfehlung zu sein), man kommt ins Verlieren. Dann ist bereits der Entschluß, das Engagement zu liquidieren. recht schwer geworden.

Eine Frage, die nicht so eindeutig entschieden werden kann, wie die bisherigen, ist, ob jemand, der auf irgendeinem Gebiet ein Fachmann ist, seine Ersparnisse in der gleichen Branche anlegen soll oder nicht. Nach der schematischen Risikoverteilung wäre hier unbedingt mit „nein" zu antworten, aus der Erwägung, daß ihm seine Branche bereits das laufende Einkommen liefert, so daß seine Ersparnisse auf anderen Gebieten angelegt werden sollten. Dies bedeutet aber wiederum Verzicht auf die finanzielle Auswertung der gerade in der eigenen Branche vorhandenen Spezialkenntnisse. Die richtige Lösung wird wohl sein, daß im Prinzip die Anlage abseits des eigenen Tätigkeitskreises gesucht werden soll, insbesondere dann, wenn die Kapitalsanlagen in dieser Branche nicht gefahrlos sind. So soll z. B. der Leiter einer Textilfabrik trotz seiner Fachkenntnisse seine Ersparnisse nicht in Textilwerten anlegen, sofern deren Gesamtlage so trostlos ist wie seit einigen Jahren auf der ganzen Welt. Hingegen ist eine Anlage und insbesondere ein vorübergehendes Interesse an der eigenen Branche durchaus geboten, wenn in der Branche Erfindungen vor sich gehen, ein Aufschwung sich vollzieht u. dgl., kurz, Entwicklungsmöglichkeiten dem Fachmann früher erkennbar werden als der Börsenspekulation.

MARKTGÄNGIGKEIT.

Jeder weiß, daß es bestimmte Werte gibt, die der Börse ihr Gepräge geben, so z. B. die I. G.-Farben-Aktie der Frankfurter, Schiffahrtswerte der Hamburger Börse usw. Auch bei flüchtiger Lektüre der Börsenberichte in den Tageszeitungen sieht man bald, daß einige Dutzend Werte in den Berichten immer wiederkehren. Sie bestimmen die Tendenz der Börse, werden ständig umgesetzt, sie haben einen „breiten Markt". Über die „Marktgängigkeit", d. h. die kulante Möglichkeit des An- und Verkaufs der großen Masse der übrigen Werte bestehen aber nur unklare Vorstellungen. Meist wird vom Publikum ihre Marktgängigkeit erheblich überschätzt, da es doch sein Wissen um derartige Dinge weniger aus dem Börsenteil der Tageszeitungen zieht als aus Gesellschaftsromanen, neuerdings auch aus dem Film, in denen ihnen die Börse als Gott Mammon mit Milliarden Umsätzen gezeigt wird. Da die heute herrschende „Marktenge" zum Teil eine Folge der Verarmung Deutschlands ist, geht auch die Fachliteratur der Vorkriegsjahre auf diesen für den privaten Investor überaus wichtigen Umstand vielleicht nicht genügend ein. Bleibt sein Wissen auf diesem Stand, dann sind unangenehme Erfahrungen unvermeidlich, wenn etwa der Fall eintritt, daß er seine Bestände plötzlich verkaufen muß. Nur von wenigen Terminwerten ist bei der heutigen Börsenlage ein Posten von RM. 50000 ohne weiteres anzubringen, bei den meisten deutschen Kassawerten sind sogar schon Verkäufe von RM. 5—10000 nicht ohne Kursdruck durchführbar. Hieraus sieht man, daß es bei der Frage, wie weit man nur marktgängige Werte besitzen dürfe, vor allem auf den Zweck ankommt, welchem das Effektenvermögen dient. Ein verhängnisvoller Fehler wäre die Anlage in nicht-marktgängigen Werten insbesondere, wenn die Anlage nur auf verhältnismäßig kurze Sicht (1—2 Jahre) erfolgt und in Festlegung von Mitteln, welche sodann gebraucht werden (Betriebsreserve usw.). Weniger bedenklich ist es natürlich, falls das Effektenvermögen reinen Rentenzwecken dient und größere Kapitalbeträge auf einmal voraussichtlich nie flüssig gemacht werden müssen. Hier tritt sogar die gegenteilige Forderung auf, nicht auf Kosten anderer Momente zu großes Gewicht auf Marktgängigkeit zu legen, denn im allgemeinen bezahlt man sie hoch, im Kurs bzw. — was ja dasselbe ist — in der Rendite. Die Marktgängigkeit wird vor allem dadurch verteuert, daß sie — in Form der Terminwerte (s. unten) — mit der Spekulation untrennbar verbunden ist. Hiermit ist ähnlich wie bei der Risikoverteilung eine Grenze der Marktgängigkeit gegeben: in allen Fällen, in denen langfristige Anlagen geplant sind, wird es sich empfehlen, die Marktgängigkeit zugunsten der Verzinsung oder sonstiger Chancen zurückzustellen.

Kriterien der Marktgängigkeit. Es ist klar, daß in erster Linie die Zahl der gleichartigen auf den Markt kommenden Wertpapiere den Umfang des Marktes bestimmen. Im allgemeinen wird also die absolute Höhe des Aktienkapitals der Gesellschaft bzw. die Emissionshöhe einer Anleihe bereits einen Fingerzeig geben. In der Praxis modifiziert sich dies allerdings dahin, daß nur das in Umlauf befindliche Material (abgesehen von den in festen Händen befindlichen Beträgen) den Markt ausmachen. Als marktgängig möchten wir heute — von wenigen Ausnahmen abgesehen — nur offiziell notierte Werte bezeichnen, und unter ihnen ragt nun eine Gruppe von Werten hervor; es sind dies die sog. Terminwerte, d. h. alle diejenigen Werte (fast ausschließlich Aktien), bei denen ein Börsenhandel per Ende des Monats möglich ist, auf die sich — da also die Zahlung des Gegenwertes auf einen längeren Zeitraum gestundet erscheint — die Spekulation konzentriert. Das erklärt, weshalb man für Terminwerte einen Sonderpreis bezahlt, der nicht allein ein Spiegelbild ihrer größeren Marktgängigkeit und ihres Standings, sondern auch der bei ihnen vorhandenen Spekulationsmöglichkeit ist.

Das sicherste Merkmal der Marktgängigkeit eines Wertes wäre natürlich die Kenntnis, wieviel Stücke im Tagesdurchschnitt den Besitzer wechseln, d. h. die Kenntnis des Umsatzes.

Würde man beobachten, daß von einer Aktie an normalen Börsentagen nie weniger als 100000 RM. und selbst an schwachen Börsentagen selten weniger als 30000 RM. umgehen, dann könnte man hinsichtlich des Eigenbestandes von z. B. 12000 RM. die fast völlige Sicherheit haben, ihn jederzeit an einem Börsentag ohne wesentlichen Kursdruck zu realisieren. Leider halten nur ganz wenige Börsen die Umsätze in den einzelnen Papieren amtlich fest (z. B. die New Yorker und die Mailänder Börse). In Deutschland werden lediglich Schätzungen für einzelne Werte der Berliner Börse in den „Berliner Börsen-Berichten" (Buchwald) veröffentlicht, die jedoch nicht amtlich sind und daher — mangels der nötigen technischen Einrichtungen — auch nicht vollständig sein können. Einen Überblick über den Gesamtumsatz der einzelnen Börsen geben die Ziffern des Börsen-Umsatzsteuer-Aufkommens, für den einzelnen Wert (was fast allein für den Anleger von Interesse ist) besagt das aber nichts.

Einen behelfsmäßigen Anhaltspunkt von der Marktgängigkeit eines Wertes gibt es, wenn wenigstens der Kurs regelmäßig notiert, also nie gestrichen ist und wenn diese regelmäßige Notiz auch leichte Schwankungen im Einklang mit der Tagestendenz aufweist. Starke Schwankungen oder aber ein tagelang unveränderter Kurs beweisen gerade das Gegenteil, nämlich einen unregelmäßig, nicht genügend funktionierenden Markt.

Übersicht der notierten Werte. In Deutschland gibt es zur Zeit, neben der alle anderen überragenden Berliner Börse, 21 Provinzbörsen, unter denen Frankfurt und Hamburg in mehrfacher Hinsicht eine Sonderstellung einnehmen. Die Gesamtzahl der an diesen Börsen notierten Werte (die kleinsten 4 Börsen sind hierbei, da von rein lokaler Bedeutung, weggelassen) gibt folgendes Bild:

	Anzahl der (nach dem Stand von Mitte 1929) notierten		
	Aktien und Kuxe	Festverzinslichen	zusammen
Berlin	ca. 780 (davon 87 Terminwerte)	ca. 1800	ca. 2600
Frankfurt a. M.	ca. 340	340	680
Hamburg	150	170	320
15 sonstige Provinzbörsen	1130	660	1790

nach „Bankwissenschaft" Heft 19 (1930).

Das Größenverhältnis der Börsen kommt in dieser Aufstellung nur sehr unvollkommen zum Ausdruck, weil eben nicht die Anzahl der Werte, sondern die Umsätze in denselben ausschlaggebend sind und hier überragt Berlin um ein Vielfaches auch die nächstgroßen Plätze Frankfurt und Hamburg, schon weil es Sitz der Großbanken ist, bei denen aus ihrem Filialnetz die Orders des ganzen Landes zusammenlaufen.

Übrigens gibt es kaum Werte von größerer Bedeutung, die nur an einer Provinzbörse notiert sind; insgesamt sind rund 45 % der an sämtlichen Provinzbörsen notierten Werte auch in Berlin notiert. Einzelne der Provinzbörsen haben ihren Sondercharakter teilweise behalten, so Frankfurt für einige chemische Werte und für eine Anzahl Vorkriegsrenten, Hamburg für Kolonialwerte, die allerdings den Vergleich mit dem internationalen Niveau nicht aushalten, noch spezieller vielleicht Essen-Düsseldorf für Kuxe.

Die amtliche Notierung von Wertpapieren erfolgt entweder gleichzeitig mit der Placierung im Publikum im Wege der „Einführung“ an der Börse oder aber für bereits im Publikum placierte Werte als nachträgliche „Börsenzulassung“.

In beiden Fällen sind für die Zulassung zum Börsenhandel eine Reihe von Formalitäten zu erfüllen, die durch das Börsengesetz von 1908 geregelt sind.

Der Antrag auf Zulassung, der von einer Bank oder einem Bankenkonsortium gestellt wird, muß — als wichtigstes — von dem Zulassungsprospekt begleitet werden, für dessen Angaben die Unterzeichner haften (sog. Prospekthaftung, Börsengesetz § 45). Der Zulassungsprospekt hat für das Studium der Unternehmung die größte Bedeutung, weil in ihm fast die einzige Möglichkeit liegt, die Unternehmungen zu erweiterter Publizität indirekt zu zwingen: die Zulassungsstelle kann nämlich — und dies geschieht wiederholt — ihre Genehmigung von der Beibringung ausführlicher Daten, insbesondere über den Gang des Unternehmens, seine Beteiligungen usw. abhängig machen.

Die Einführung erfolgt in der Regel zu keinem festen Kurs, sondern das Emissionshaus pflegt lediglich Voranmeldungen „zum ersten Kurse“ entgegenzunehmen, für den meist eine unverbindliche Taxe genannt wird. Bei Einführung von für chancenreich gehaltenen Werten kommt es hierbei häufig zu starken Überanmeldungen, die nur teilweise befriedigt werden können und eine sofortige Kurssteigerung zur Folge haben. Hierdurch wurde die Unsitte der sog. Konzertzeichnung hervorgerufen, indem speziell die Berufsspekulation ein Vielfaches des Betrages anmeldet, den sie ihren Mitteln nach erwerben kann. Die zugeteilten Stücke sucht sie dann möglichst bald wieder loszuschlagen. Dies hat die merkwürdige aber bekannte Folge, daß die am stärksten überzeichneten Emissionen sich oft als am schlechtesten placiert erweisen, so daß ihr Kursaufschwung der ersten Tage empfindlich ins Gegenteil umschlägt.

Der Weg der öffentlichen Zeichnungsaufforderung, die meistens durch ein Bankenkonsortium und zu einem festen Kurs erfolgt, ist neben der unmittelbaren Einführung an der Börse die zweite Art der Placierung im Publikum. Das Analogon zum Zulassungsprospekt ist hier der Zeichnungsprospekt. Steht über eine beabsichtigte Einführung nichts in der Zeichnungsaufforderung, dann soll der Anleger, der einen marktgängigen Wert erwerben will, achtgeben und ergänzende Erkundigungen einziehen oder lieber von einer Zeichnung Abstand nehmen. In der Regel aber heißt es „Zulassung an der Börse von ..... wird alsbald beantragt werden“ oder „vorstehende Emission bildet einen Teil der bereits an der Börse von ..... notierten ..... Die Zulassung dieser Emission wird alsbald beantragt werden“. Im ersten Fall liegt lediglich ein Versprechen des Konsortiums vor, die Zulassung an einer bestimmten Börse anzustreben. Ob die Börsenkammer, von der die Entscheidung abhängt, die Notierung auch zulassen wird, ist hiermit keineswegs gesagt. Bedeutend risikoloser ist die zweite Formel, wenn nämlich die Emission in ihrer Ausstattung bereits gleichartige Vorgänger hatte, die an einer Börse notiert sind. Im ersten Fall (der Neuemission) ist das Standing der emittierenden Bank von entscheidender Wichtigkeit, ja, es gibt eine Art Börsenmeinung für den Emissionserfolg der verschiedenen Emissionshäuser. Im zweiten Fall wird es hierauf nicht so sehr ankommen, als vielmehr auf die Kursentwicklung, welche die bereits notierte Teilemission genommen hat.

Unnotierte Werte. Neben den notierten Werten, die insbesondere bei ihrer Zulassung einer Reihe von Vorschriften entsprechen müssen, gibt es an jeder Börse eine Anzahl unnotierter Werte, bei denen die vorgefallenen Schlüsse nicht durch einen beeidigten Makler beurkundet werden, sondern die im „Freiverkehr" gehandelt werden. Die normale Entwicklung ist, daß sie — sobald sie eine gewisse Marktgängigkeit erlangt haben — die amtliche Zulassung anstreben. Es gibt hiervon aber auch Ausnahmen, z. B. wenn das betreffende Unternehmen aus Gebührengründen auf die amtliche Zulassung verzichtet[1]. Auch alle notierten Werte, deren amtliche Notiz aus irgendwelchen Gründen gestrichen wurde (z. B. Sanierung), gehen hierdurch in den Freiverkehr über.

Es gilt auch hinsichtlich der Marktgängigkeit der mittlere Weg: während es einerseits für viele Besitzer kleiner Rentenvermögen nicht rätlich ist, sich die verhältnismäßig teueren Terminwerte trotz ihrer großen Marktgängigkeit zu kaufen, so kann doch vor einer zu starken Bevorzugung schlecht notierter oder gar unnotierter Werte trotz aller vermeintlicher Chancen nicht genug gewarnt werden. Es sollte als eiserne Regel gelten, nie mehr als maximal 10% in unnotierten Werten zu haben.

Ein sehr harmloser Fall der unnotierten Werte sind die „jungen" Aktien, sofern es sich um Neuemissionen notierter, solider Werte handelt. Zunächst sind nämlich die jungen Aktien den alten meist dadurch nicht gleichwertig, daß sie keinen vollen Dividendenanspruch haben und daher nicht gleichmäßig lieferbar sind. Bis durch Zeitablauf ihr Dividendenanspruch auf gleiche Höhe rückt, werden sie meist im Freiverkehr mit einem Abschlag gehandelt.

Nonvaleurs. Dieser Begriff hat mit dem der unnotierten Werte eigentlich nichts zu tun, er enthält ein (negatives) Werturteil, das notierte Werte (z. B. alle Renten, die auf inflationierte Währungen lauteten) ebensogut wie Freiverkehrswerte, diese allerdings relativ häufiger, betreffen kann. Allgemein gesprochen sind es Effekten, deren innerer Wert und Chancen zweifelhaft und kaum zu überblicken sind und die daher sehr niedrig im Kurse stehen. Die große Armee der Nonvaleurs setzt sich einerseits (bei den Aktien) aus allen verkrachten Gesellschaften und mißglückten Gründungen zusammen, bei den Renten aus notleidend gewordenen Anleihen inflationierter Währungen. Der private Investor sollte Nonvaleurs grundsätzlich für seine Anlagen vermeiden und sich nicht durch die theoretisch viele 100% betragenden Chancen blenden lassen. Eine Animierung zum Kauf von Nonvaleurs verdient, wenn sie nicht von einer absolut seriösen Stelle ausgeht, das allergrößte Mißtrauen. Gerade hier sind oft die Interessen des Empfehlenden in besonderem Maße mit diesen Papieren verknüpft. Es mag Ausnahmen geben, z. B. auf dem Gebiet notleidender Staatsrenten, bei denen eine politische Änderung bevorsteht und in solchen Fällen mag eine Anlage, über deren spekulativen Charakter man sich nicht täuschen darf, ab und zu gerechtfertigt sein: Auf jeden Fall

[1] So sind z. B. Kali-Industrie A. G (Aktienkapital 200 Millionen, der größte notierte Kaliwert hat nur 34 Millionen) ein recht rege an der Berliner Börse gehandelter erstklassiger Freiverkehrswert.

sollten diese Nonvaleurs in das obige Kontingent von 10%, welches wir für die unnotierten Werte als Maximum empfohlen haben, mit eingerechnet werden.

Um Irrtümer auszuschließen: Die Marktgängigkeit, wie wir sie im vorstehenden behandelt haben, ist ein rein technischer Begriff, dessen Elemente sich zusammensetzen aus: Umlauf, umlaufender Betrag, Art der Notierung usw. Neben alle diese die Marktgängigkeit bestimmende Faktoren tritt noch ein unbestimmbarer Faktor: die momentane Beliebtheit eines bestimmten Papiers, noch häufiger einer bestimmten Branche.

Eine allgemeine Regel ist ferner, daß die Umsätze jeweils in der Hausse stark steigen und in Baissezeiten zurückgehen. Mögen noch die ersten 1 bis 2 Tage einer Baisse starke Umsätze der überraschten, sich glattstellenden Haussepartei und einige weitere Tage Angstverkäufe des Publikums bringen, so schrumpfen die Umsätze in der Folge immer mehr zusammen und sie erreichen mit dem Tiefstand der Kurse auch ihren Tiefstand. Einer der Gründe hierfür ist, daß jede steigende Tendenz seitens der Emissionsbanken zu zahlreichen Neuemissionen benutzt wird, die zu Beginn der Baisse den Markt überfluten.

Aus dem Gesagten ergibt sich, daß scheinbar befriedigende Marktgängigkeit eines Wertes auch trügerisch sein kann, zumal wenn es sich um Neugründungen oder Modewerte handelt. Es ist oft verblüffend, wie binnen weniger Tage sich der Markt solcher Werte, die noch vor kurzem die Favoriten der Börse gewesen sind, verengt, während die alten Werte hierin viel zuverlässigere Verhältnisse aufweisen.

SCHEU VOR BARGELD.
EINIGE WEITERE HAUPTFEHLER DER VERMÖGENSANLAGE.

Es ist eine merkwürdige, speziell in Deutschland sichtbare Erscheinung, daß private Kapitalisten, soweit sie nicht überhaupt ihr Geld in der Sparkasse, in privaten Hypotheken, in Häusern und ähnlichem anlegen, sondern sich mit der Börse einmal abgegeben haben, eine große Scheu davor zeigen, Geldmittel — insbesondere wenn sie aus dem Erlös verkaufter Werte stammen — „brach liegen zu lassen". Schon nach wenigen Tagen, nachdem die Kurse um einige Prozent gesunken sind, erscheinen diese Kunden bei ihrem Bankier, um sich nach neuen Anlagemöglichkeiten zu erkundigen oder um die vor kurzem abgegebenen Papiere zurückzukaufen. Es ist in solchen Fällen dem Bankier kaum zu verargen, wenn er geschäftslustige Kunden in neue Werte „einsteigen" läßt. So nehmen diese Leute — erfahrungsgemäß ein großer Teil der Börsenkundschaft jeder Bank — lieber erneute Spesen und in der Folge oft Kursverluste auf sich, statt ohne jedes Risiko gute Zinsen für Geld auf kurze Bindung zu machen. Der Hauptgrund für dieses Verhalten ist wohl in gewissen aus der Inflationszeit stammenden Gewohnheiten zu suchen. Hatte man damals mit dem Liegenlassen von Verkaufserlösen die schlimmsten

Erfahrungen gemacht, so drängt seitdem instinktiv mancher sonst äußerst begabte Privatmann immer wieder zur Neuanlage. Noch erscheint eben dem deutschen Kapitalisten das „In-Effekten-Sitzen" die Normalstellung. Es ist möglich, daß sich aus dieser Einstellung des Publikums teilweise erklärt, weshalb die deutschen Börsen in den letzten schweren Jahren eine verhältnismäßig große Widerstandskraft bekundet haben.

Ist die für das heutige Deutschland charakteristische, fast krankhafte Scheu vor flüssigen Mitteln zum guten Teil als ein Rest der Inflationszeit anzusprechen, so steckt in ihr doch auch ein Körnchen Wahrheit. Es gab nämlich auch nach der Inflation zweimal Perioden, in denen es tatsächlich ein Versäumnis war, sein Geld — gegen noch so gute Zinsen — unangelegt liegen zu lassen; dies war anfangs 1926 und dann wieder — anfangs 1930 — eben jetzt: in beiden Fällen aber lag dies an der internationalen Gestaltung des Geldmarktes, der einer grundlegenden Erleichterung entgegenging. Dabei mußte sich die für Effektenanlage im Gegensatz zu anderen Anlagen eigentümliche Chance einer „Umkapitalisierung" ergeben, der Erniedrigung der Zinsansprüche, die in einer adäquaten Kurssteigerung zum Auddruck kommt. Um hieran beteiligt zu sein (nebenbei bemerkt ist dies ein Antriebsmoment, dem Aktien und Renten ziemlich gleichmäßig folgen) ist es — da die Steigerung unmerklich eintreten kann — notwendig, sein Geld schon lange vorher in einer Form angelegt zu halten, bei der die Umkapitalisierung sich voll auswirken kann. Aus diesem Gesichtspunkt heraus ist es also verständlich, wenn private Investoren Bargeld vermeiden und auch alle diejenigen Arten von Anlagen, bei denen ihnen die als abnorm hoch empfundenen Zinssätze nur kurz gesichert sind. Dies ist insbesondere bei allen Werten der Fall, welche von Natur aus kurzfristig sind (z. B. Schatzscheine) oder bei denen eine Kündigung seitens des Schuldners verhältnismäßig bald möglich ist.

Ein ähnlicher Zwang, Bargeld zwecks Konservierung möglichst rasch anzulegen, liegt einem Phänomen zugrunde, das für Deutschland seit 1924 keine Rolle gespielt hat: das der sinkenden Kaufkraft des Goldes, also Perioden steigender Preise bei stabiler Währung. Hier wird — ähnlich wie in Inflationszeiten — die Aktie das einzige Rettungsmittel sein, die Rente versagen. Die Aktie, in den meisten Fällen eine Beteiligung an irgendeinem Produktionsvorgang in der Wirtschaft, wird bei steigenden Preisen auch eines — in Gold ausgedrückt — gestiegenen Produktionsgewinnes teilhaftig werden und so mehr oder minder gegen die Kaufkraftminderung des Goldes immun sein. Die auf einen fixen Ertrag abgestellte Rente bietet dagegen keine Ausgleichsmöglichkeit.

Vor allem bei Inflation, dann bei beginnender Gelderleichterung und schließlich in Zeiten sinkender Kaufkraft des Goldes ist also die Scheu vor Brachliegenlassen des Geldes begründet, der Schuldner besser daran als der Gläubiger. Es ist aber nicht sehr wahrscheinlich, daß der durchschnittliche Anleger die vorstehenden Gedankengänge gehabt hat: für ihn war es fast die ganze Zeit hindurch ein Axiom, das die deutschen Aktien „böswillig" unterwertet und daher chancenreich und ferner, daß eine Aktie, speziell eine Standardaktie, fast auf jeden Fall („man kann nie wissen") einer Rente vorzuziehen sei. Über alle in diesem Zusammenhang aufgeworfenen Fragen wird noch ausführlich zu reden sein.

Schulden auf Effekten. Verhältnismäßig viel häufiger als um Brachliegenlassen von Bargeld handelt es sich beim deutschen Kapitalisten um vorhandene Schulden. Es ist einer der wesentlichsten aus der Zeit der Inflation her überkommenen Fehler, daß man den in der Vorkriegszeit vorhandenen Respekt vor Schuldenmachen gänzlich eingebüßt und in das Gegenteil verkehrt hat. Daraus, daß es dann noch jahrelang unmöglich war, ausreichend Kredite der Wirtschaft zuzuführen, hat sich eine mystische Vorstellung von der alles befruchtenden Wirkung einer Kreditaufnahme herausgebildet. Öffentliche und Privatwirtschaft trauen es sich mit wenig Ausnahmen ohne weiteres zu, bei Aufnahme von Schulden, welche mit Tilgung 10—12% kosten, noch einen Übergewinn herauszuwirtschaften. Von der Wirtschaft scheint diese Vorstellung aber auch auf die Gestion mit Effekten übergegriffen zu haben und man erlebt immer wieder, daß Haussepositionen leichtfertig eingegangen und dann trotz der hohen Zinsen durchgehalten werden, obwohl die Chancen der gekauften Werte dies keineswegs rechtfertigen. In Wahrheit bedarf es schon des Zusammentreffens einer ganzen Reihe günstiger Faktoren, damit der private Anleger, der höhere Spesen und geringere Kurschancen hat als der Berufsspekulant, bei Effektenschulden wirklich auf seine Rechnung kommt. Diese günstigen Umstände sind z. B. billiger Geldstand, Tiefstand der Kurse nach einem längeren Rückgang, besondere Chancen des in Frage kommenden Wertes und vor allem günstige Lage der internationalen Börsen. Das Höchstmaß von Schulden gegen Effekten, das wir je nach Vorhandensein eines oder mehrerer dieser günstigen Umstände für gerechtfertigt halten, haben wir mit ungefähr 20% des Anlagekapitals angegeben. Es bedarf erfahrungsgemäß der größten Energie, sich im Moment, in dem die bisher günstige Tendenz sichtlich ins Stocken gerät oder umschlägt, seiner Engagements so weit zu entäußern, daß zumindest der Debetsaldo abgedeckt wird. Wer diese Energie nicht hat, d. h. wer hierin wiederholt versagte, der sollte es als eiserne Regel nehmen, nie Geld gegen Aktien schuldig zu werden.

Worauf fällt das Publikum herein? Es gibt genug Möglichkeiten, die für das Publikum zu Verlusten führen. Daß das Publikum selbst in allen Fällen dem Bankier die Schuld gibt, ist durchaus begreiflich. Im großen ganzen kann man dem entgegnen, daß die Verteuerung, welche der einzelne Wert von seiner Emission bis zur definitiven Placierung im Publikum, der „letzten Hand", erfährt — mag sie bei Renten wenige Prozent, bei Aktien in der Regel mehr betragen —, noch unendlich viel kleiner ist als die Verteuerung jedes wichtigen Bedarfsartikels vom Produzenten zum Konsumenten. Diese Gewinnquelle der Berufskreise, diese Belastung des Publikums ist also durchaus erträglich, ja unvermeidbar. Worum es sich beim Schutz des Publikums handeln muß, ist, daß es auch bei den längst emittierten Werten in der überwiegenden

Anzahl der Fälle die „Kehrseite der Medaille" erhält, indem es den Hauptteil aller Kursverluste und völliger Derouten von Unternehmungen tragen muß. Heute, bei den starken Schwankungen und Verlustmöglichkeiten an den Effektenmärkten, gilt es für das Publikum mehr denn je auf der Hut zu sein. Es ist bekannt, daß gerade der kleinste Sparer in manchen Ländern besonders häufig zu Schaden kommt, zum Glück weniger in Deutschland, wo sich diese Leute vernünftig rasch der Aktien der Inflationszeit wieder entwöhnt und Sparkassen zugewendet haben. In Frankreich jedoch, und in gewissem Maße auch in England, neuerdings in Amerika, gibt es — begünstigt durch das niedrige Nominale der einzelnen Aktien — eine sehr starke Spekulation kleiner und kleinster Leute.

Sentimentalitäten bei der Anlage. Einer der häufigsten vom Publikum gemachten Fehler ist der, daß das Standing (die Feinheit des Unternehmens) mit den Chancen, welche seine Aktien bieten, verwechselt wird. Immer wieder wird man die Ansicht hören, daß z. B. dieser oder jener führende Wert „doch erstklassig" sei und es werden Leute, die sonst gar keine Veranlassung hätten, bei 3—4% Verzinsung an diesem Papier festhalten. Hier liegt ein sehr primitiver Denk- und Gefühlsfehler des Laien vor: das, was ihm an dem betreffenden Wert sympathisch ist, mag dann von Wichtigkeit sein, wenn er Obligationen des Unternehmens besäße, denn hier ist Feinheit identisch mit Sicherheit, dem für Renten fast allein ausschlaggebendem Moment. Wie blind der durchschnittliche deutsche Kapitalist (im Gegensatz zum amerikanischen) aber urteilt, geht daraus hervor, daß wider Erwarten die festverzinslichen Werte des gleichen Zinssatzes, aber von Unternehmungen sehr verschiedenen Standings ein ausgeglichenes, maximal um 4—5% differierendes Kursniveau zeigen.

Sollte also die Feinheit das Kriterium für den Kauf eines Rentenwertes sein, so kommt es bei dem Kauf von Aktien neben dem selbstverständlichen Gebot eines gewissen Minimums an Solidität denn doch in erster Linie auf die Chancen an. Die Chancen sind das überwiegende Element bei der Aktie, auch bei der, die nicht als spekulative Anlage, sondern als Daueranlage gedacht ist. Denn auch bei ihr können schließlich nur die Chancen bei den heutigen Renditenverhältnissen den jahrelangen Besitz gegenüber Rentenwerten rechtfertigen.

Oft verbinden sich mit diesem oberflächlichen Urteil über die Feinheit des Unternehmens auch Sentimentsgründe: Diese oder jene Aktie hat über die Inflationsjahre hinweggeholfen und so will man sich von ihr nicht trennen usw. Dies führt dann meist auch dazu, daß alle von der betreffenden Gesellschaft angebotenen Bezugsrechte blind dazugekauft werden, gleichgültig, ob das Bezugsrecht ein Geschenk an die Aktionäre oder aber eine neue Kapitalseinforderung darstellt, die — wenn man es sich nüchtern überlegt — gar nicht im Interesse des Besitzers liegt.

Erstaunlich ist auch der Konservatismus des Publikums, das sich oft Jahrzehnte hindurch in die gleichen Werte hineinsetzen läßt, bei denen schon seine Eltern zumindest in ihren Erwartungen enttäuscht wurden. Es gibt also etwas, was man als Kurskonvention bezeichnen könnte und hierher hat seit jeher die

Vorliebe für staatliche Rentenwerte gehört. Während dies durch die Inflation und die darauf folgende Aufwertungsgesetzgebung in Deutschland gründlich anders geworden ist, besteht die konventionelle Vorliebe des Publikums für Staatsanleihen in der übrigen Welt fast unverändert fort: noch immer werden dort vom Publikum außereuropäische und überseeische Staatsanleihen bei schlechterer Verzinsung lieber gekauft als erstklassige Anleihen privater Industrien des gleichen Landes, ja von Ländern, deren Wirtschaftsverhältnisse viel konsolidierter sind.

Verluste an Übersee. Es ist tatsächlich überraschend, wieviel an derartigen Anleihen bisher verloren wurde:

Eine im Jahre 1878 von der englischen Regierung zur Untersuchung der Auslandsanleihen an der Londoner Börse eingesetzte Kommission kam zu folgendem Resultat: In den Jahren 1828—1878 wurden im Wege der Londoner Börse für insgesamt 614 Millionen Lst. (12,4 Milliarden RM.) Auslandsanleihen gewährt. Hiervon wurden (hinsichtlich des Kapitaldienstes)

sämtliche Verpflichtungen erfüllt bei	282	Millionen	Lst.	= 46 %
nur teilweise „ „	175	„	Lst.	= 28 „
gar nicht „ „	157	„	Lst.	= 26 „
				100 %

Die Kommission nahm an, daß rund 40% des gesamten Anleihebetrages (also ca. 250 Millionen St.) für die Obligationäre verlorengegangen sind. Dieser Ausfall hat zweifellos das Plus an Zinsen, welches derartige Anleihen gegenüber den einheimischen boten, weit übertroffen. Dabei vermittelt diese Statistik ein für den mitteleuropäischen Investor in mehrfacher Hinsicht noch viel zu rosiges Bild: Zunächst ist zu berücksichtigen, daß diese Anleihen wohl meist auf Pfunde lauteten, also gegen einen Währungsverfall der Schuldnerstaaten so gut als möglich geschützt waren, während der mitteleuropäische Investor oft Anleihen in der Währung des Schuldners kaufen mußte. Überdies war England unter allen Staaten am besten in der Lage, die überseeischen Interessen seiner Untertanen wahrzunehmen.

Läßt sich das Publikum, wie wir früher gesehen haben, durch das Standing einer Aktie ohne Rücksicht auf ihre Chancen mächtig imponieren — und dies hat insofern eine ungünstige Rückwirkung, als die Gesellschaften sich dies durch karge Dividenden und hohe Emissionskurse junger Aktien reichlich zunutze machen —, so imponiert ihm ferner auch jede Art von Expansionspolitik. Ein Unternehmen, das in raschem Fortschreiten jeden Monat mit Neuerwerbungen usw. in der Zeitung steht, kann fast sicher auf starke Mitläuferschaft beim Publikum rechnen. Daß diese sattsam bekannte Tatsache für die Leiter der Unternehmungen eine starke Versuchung darstellt, aus Effektgründen die Expansion auch dann fortzusetzen, wenn sie sich rein wirtschaftlich nicht mehr rechtfertigen läßt, mit anderen Worten also für die Neuangliederung ein Überpreis bezahlt werden muß, liegt auf der Hand: und wieder ist es das Publikum, welches schließlich die Zeche bezahlt.

Erfindungen. Der Reiz, den Erfindungen auf die Phantasie des Publikums ausüben, zu dem in diesem Fall auch die Fachkreise bis hoch hinauf gehören, übertrifft alle anderen Erwägungen der Vernunft. Man kann heute auf die industrielle Entwicklung der letzten 100 Jahre zurückblickend, ruhig sagen, daß diese Unvorsichtigkeit gleichzeitig einer der größten Pioniere der materiellen Kultur geworden ist. Fast jede neue Erfindung verschlang zunächst Kapital, hatte ihre Kinderkrankheiten und immer zahlte die große

Zahl der Effektenkäufer dieses Lehrgeld. So kam es in den typischen Gründerjahren der 70er Jahre zu den großen Eisenbahnkrachs, die durch die Abbürdung der übernommenen Obligations- und Aktienverpflichtungen erst eine Weiterentwicklung auf bereinigter Basis ermöglichten. So kam es auch in der Elektrizitätswirtschaft zu Rückschlägen, die aber durch Zusammensinken der hochgetürmten Kursgebäude nur den nötigen Unterbau zu gesundem Fortschreiten lieferten. Zu dieser aus einem idealischen Schwung entspringenden Vorliebe kommt noch ein viel äußerlicheres Moment: der äußere Glanz, die Monumentalität der Branche, des Unternehmens. So hat z. B. die Stahl- und Montanindustrie seit jeher unverhältnismäßig große Anziehungskraft auf das Publikum geübt, andere viel risikolosere, aber in ihrer Ideenwelt bescheidenere Branchen weit weniger, z. B. die Brauindustrie.

Neben diese im Objekt begründeten Möglichkeiten einer Selbsttäuschung des Publikums tritt noch die Aufmachung, mit der für einen Wert an das Publikum appelliert wird. Ein weiteres, mit der Ausstattung eng zusammengehöriges Kapitel bildet die Propaganda, welche für einen bestimmten Wert gemacht wird.

Es wird unsere Aufgabe sein, an verschiedenen Stellen die hier nur angedeuteten Gesichtspunkte (Emissionstechnik, Propagandamöglichkeiten, Ressentiments des Publikums) im einzelnen darzustellen. Der beste Schutz vor Verlusten, die auch dem sorgfältigsten Anleger nie erspart bleiben können, ist Nüchternheit in der Beurteilung von Zukunftschancen, gewissenhafte eigene Prüfung und Erkenntnis, wieweit man zu einer solchen Prüfung befähigt ist, vor allem aber eine erst mit der Erfahrung eintretende Unterscheidungsmöglichkeit zwischen echten Chancen eines Wertes und allerlei künstlichem Glanz und Erfolg.

ZWEITES KAPITEL.

VON DER AUFSTELLUNG EINES ANLAGEPLANES.

Für den deutschen Privatmann steht eine weitgehende Umgruppierung seines Effektenvermögens in den meisten Fällen noch bevor: Die Wiederkehr internationaler Anlagemöglichkeiten ist erst seit wenig Jahren erfolgt, die meisten Depots sind noch belastet mit Aktienresten aus der Zusammenlegung, mit Anleiheresten aus der Aufwertung. Hinzu kommen noch gerade bei den früher besonders solide angelegten Vermögen zahlreiche Nonvaleurs, wie sie z. B. die Vorkriegsanleihen Österreich-Ungarns, Rußlands, des ganzen Balkans darstellen. Ein solcher Zustand erschwert nicht nur die Übersicht, sondern hat auch große Zinsverluste zur Folge, denen meist keine entsprechenden Kurschancen gegenüberstehen.

Einzelne der Erwägungen, welche zu der Aufstellung eines systematischen Planes führen, sind schon durch die Risikoverteilung gegeben. Hinzu tritt ein neuer Gedanke. Wenn jemand z. B. anfangs 1929 seinem Berater die Frage vorlegte: „Soll ich mir angesichts der festen Tendenz Kupferwerte kaufen?" so mußte die gewissenhafte Antwort lauten: „Im Prinzip wahrscheinlich ja. Lassen Sie sehen, ob Sie es sich auch leisten können!" Hiermit kann natürlich nur gemeint sein, ob die individuellen Verhältnisse des Fragers ihm eine Spekulation auf einem immerhin so riskanten Gebiet, wie es der internationale Metallmarkt in der Regel ist, gestatten und ob er die Chance großer Kursgewinne mit einem Risiko von einigen tausend Mark bezahlen darf.

Für viele gerade der verlockendsten Effektentransaktionen gilt nämlich der Satz „quod licet jovi, non licet bovi", eine Eigentümlichkeit der großen Effektenvermögen, ganz abgesehen von allen Chancen, die sie durch den ihnen oft innewohnenden Fassonwert schon ohnedies besitzen. Es gibt eine Unzahl von Gelegenheiten, die — obwohl sie an sich beliebig teilbar wären — (man kann börsenmäßig fast ebensogut 5000 wie 50000 RM. in Kupferwerten investieren) sich eben doch nur für größere Vermögen eignen: ein Reicher kann eher ein Drittel riskieren, als ein Armer auch nur ein Zehntel.

Der Ausgangspunkt aller dieser Überlegungen muß also der individuelle Zweck sein, dem das in Effekten angelegte Vermögen gewidmet ist. Man kann vielleicht folgende Hauptzwecke unterscheiden:

A. Das Vermögen muß einen laufenden Ertrag abwerfen, der konsumiert wird, dient also im eigentlichen Sinn als Rente.

B. Der Ertrag des Vermögens wird angesammelt, da das Vermögen erst später benötigt wird bzw. erst später Rente abwerfen muß.

C. Das Vermögen bildet nur schlechthin Reserve, es kann ohne Rücksicht auf einen Ertrag verwaltet werden.

Je nachdem, welcher dieser Zwecke ungefähr den persönlichen Verhältnissen des Anlegers entspricht, muß sein Verhalten sein:

A. Dieser Fall ist naturgemäß gerade in kleineren Verhältnissen häufig, dann bei Mündelvermögen, bei Vermögen von Witwen usw. Hier muß das Hauptgewicht auf Rentenwerte gelegt werden, neben denen allenfalls noch gut verzinsliche Aktien in Frage kommen, stark spekulative Werte (z. B. dividendenlose Aktien und Nonvaleurs) scheiden vollkommen aus. Auch wird es, wenn die Rechnung knapp aufgeht, unmöglich sein, niedrig verzinsliche Standardaktien und die allerfeinsten Renten zu kaufen, sondern man wird auf gut zweitklassige Werte bei besonders sorgfältiger Risikoverteilung übergehen müssen. Hierdurch ist die Weiterverfolgung des Planes fast zwangsläufig gegeben. Sofern das Vermögen überhaupt ausreicht, muß man von der Mindestrente ausgehen, welche man aus dem Vermögen jedes Jahr mit Sicherheit ziehen will. Beträgt diese Rente beispielsweise 8000 RM., so ist es klar, daß bei den heutigen Zinsverhältnissen ein Kapital von rund 100000 RM. dieser Rente eben entspricht. Es darf weder vom Kapital verloren werden, noch bleibt andererseits der geringste Spielraum für Versuche einer Kapitalvermehrung durch Anlage in Aktien o. dgl. übrig. Es ergibt sich zwangsläufig eine Anlage in möglichst sicheren möglichst hoch verzinslichen Werten, so daß — da die meisten deutschen Anlagewerte heute über 9% brutto[1] liefern, allenfalls eine kleine Möglichkeit besteht, durch Hinzunehmen niedriger verzinslicher Valutarenten eine Risikoverteilung wenigstens in dieser einen Hinsicht zu schaffen.

B. Der häufigste Fall ist das Zurücklegen für das Alter, für die Gründung eines eigenen Hausstandes, in der Absicht, sich später selbständig zu machen usw. Neben den im ersten Fall im Vordergrund stehenden, laufenden und zugleich sicheren Ertrag rückt bereits das Streben nach einem Kapitalgewinn, auch wenn sich derselbe erst nach längerer Zeit einstellen mag. So kann z. B. das Gebiet der Renten in Zeiten einer allgemeinen Aufwärtsbewegung des Aktienniveaus (man denke an die lange Hausse der Jahre 1926—1927) verlassen werden, es können in solchen Zeiten vereinzelt auch Standardaktien ohne Rücksicht auf ihren Ertrag gekauft werden usw. Der Fall B stellt also eine Mischform zwischen A und C dar.

C. Hier ist nämlich der Kapitalgewinn das einzige, worauf es ankommt, und es bleibt nur die Frage, ob es unter den jeweils herrschenden Börsenverhältnissen zweckmäßiger ist, im Wege des Zinsenmachens (und der Zinseszinsen) oder aber durch Kurssteigerungen zum Ziel zu gelangen.

Der in der Praxis häufige Fall der reinen Spekulation gehört nicht in den Rahmen dieses Buches. Hierbei wird fast ausschließlich im Wege von Aktientransaktionen ein Kapitalgewinn angestrebt unter völliger Vernachlässigung eines laufenden Ertrages.

Der individuelle Anlageplan muß also wie folgt gestaltet werden:

a) Grundlage bilden die in Kapitel I gegebenen allgemeinen Grundsätze einer Vermögensverwaltung, also insbesondere die Regeln der Risikoverteilung in jeder Hinsicht und der Marktgängigkeit.

b) Diese allgemeinen Regeln müssen durch die vorstehenden Erwägungen nach den bekannten Sätzen, wieviel Zinsen man mit den verschiedenen Anlage-

[1] Mit den Worten brutto oder netto unterscheidet man den Ertrag, je nachdem, ob etwaige Abzüge bereits berücksichtigt sind (netto) oder nicht (brutto): bei den deutschen Effekten handelt es sich um den 10proz. Abzug der Kapitalertragsteuer.

arten machen könne, individuell modifiziert werden. Was die Zinssätze betrifft, so können für den Augenblick (anfangs 1930) etwa folgende Höchstsätze gelten:

inländische Werte:	
Barmittel je nach Anlagemöglichkeit	$4^{1}/_{2}$— 8%
inländische Renten	$8^{1}/_{2}$—$10^{1}/_{2}$%
Aktien (Terminwerte)	4—6%
„ (Kassawerte)	$7^{1}/_{2}$—9%

ausländische Werte:	
Bargeld	$2^{1}/_{2}$—4%
erstklassige Rentenwerte	$4^{1}/_{2}$—6%
zweitklassige Renten	$6^{1}/_{2}$—$7^{1}/_{2}$%
Renten mit Zusatzrechten	ca. 6%
Standardaktien (Begriff nicht identisch mit dt. Terminwerten)	5—6%
sonstige Aktien	$5^{1}/_{2}$—$6^{1}/_{2}$%

DURCHFÜHRUNG DES AUFGESTELLTEN PLANES.

Sobald der ideale Anlageplan prinzipiell aufgestellt ist, gilt es, die vorhandenen Bestände mit ihm zu vergleichen und den Weg zu seiner Verwirklichung mit möglichst geringen Kursopfern und Spesen einzuschlagen. Hierzu sind folgende Vorbereitungen zweckmäßig:

1. Phase. Man fordere von seiner Bank eine Wertberechnung seines Depots zu Tageskursen. Die Aufstellung bietet für ein Durchschnittsdepot im Werte von rund RM. 100000 etwa das nebenstehende Bild (s. Tabelle 1).

a) Erste Prüfung. Wie man schon bei flüchtigster Betrachtung sieht, ist dieses Depot (38 Posten mit einem Wert von fast genau RM. 100000) gar nicht so schlecht zusammengestellt: Es finden sich einige hochverzinsliche Rentenwerte, die vorhandenen Aktien sind fast durchwegs von guten Unternehmungen, relativ wenige non valeurs. Dabei herrscht bereits insofern eine gewisse Risikoverteilung, als übergroße Posten mit Ausnahme des Postens Nr. 6 (Schuckert & Co.-Aktien) fehlen. Immerhin befriedigt die Zusammensetzung des Depots in dieser Form noch keineswegs.

Vor allem sind zuviel Posten vorhanden, die kleinen Posten erschweren die Übersicht. Aktienbestände scheinen zu stark, Renten etwas zu wenig vertreten, ausländische Werte sind im Verhältnis zu inländischen Anlagen spärlich und überdies nicht gerade in der wünschenswertesten Form vorhanden.

b) Erste Gliederung. Um einen besseren Überblick zu erhalten, gliedert man die vorhandenen Bestände, z. B. nach folgenden Gesichtspunkten:

I. Deutsche festverzinsliche Werte.
II. Deutsche Aktien.
III. Ausländische (valutarische) Werte.

Hierbei ist es sehr wichtig, als Gruppe

IV. Non valeurs und Bagatellposten zusammenzufassen, so daß die ersten 3 Gruppen von ihnen befreit werden[1].

[1] Als Bagatellposten möchten wir bei einem Depot von 100000 RM. alle Posten im Einzelwert von weniger als 1000 RM. bezeichnen. Die Werte dieser

Tabelle 1. Wertberechnung per 30. 6. 1929.

Ord.-Nr.	Nominalbetrag	Gattung	Kurs in Proz.	Wert in RM.
1*	RM. 1437,50 287,50	Anleihe-Ablösungsschuld mit Auslosungsrechten d. Reic es. . .	50,9	732,—
2	RM. 9850,—	Bayer. Bodencred. Restquoten . .	8,5	837,—
3	RM. 2000,—	8% Preuß. Centralbod. Pfandbr. .	$97^1/_2$	1950,—
4	RM. 2400,—	I. G. Farben Aktien	237	5688,—
5	RM. 600,—	6% I. G. Farben Bonds	133	798,—
6	RM. 7600,—	Schuckert & Co. Aktien.	235	17860,—
7	RM. 3000,—	Gesfürel Aktien	222	6660,—
8	RM. 1260,—	Dresdner Bank Aktien	162	2041,—
9	RM. 1200,—	Disconto Kommanditanteile. . .	156	1872,—
10	RM. 900,—	Darmstädt. Bank Aktien	276	2484,—
11	RM. 1000,—	Reichsbahn Vorzugsaktien . . .	$86^7/_8$	869,—
12	RM. 400,—	$4^1/_2$% Preuß. Centralboden Liquidationspfandbr.	74	296,—
13	RM. 3000,—	$4^1/_2$ Berliner Hyp. Liq.-Pfandbr. .	75	2250,—
14	RM. 2000,— 400,—	Kölner Anl.-Abl. mit Auslos.. . .	ca.42	840,—
15	RM. 2200,— 275,—	Münchner dto.	$59^1/_2$	1309,—
16	St. 5,—	Stuhlweißenburger Lose à öfl. 150		25,—
17	RM. 4200,—	Dresdner Chromo Aktien	$94^1/_5$	3953,—
18	RM. 3000,—	Süddeutsche Zucker Aktien . . .	144	4320,—
19	RM. 600,—	Berger Tiefbau Aktien	376	2256,—
20	Kr. 100000,—	öster. V. Kriegsanleihe	0,9	500,—
21	fl. 2250,—	Rudolfbahn Prior. in Silber. . .	4,5	130,—
22	St. 5,—	$4^1/_2$% Budapest. Stadtanleihe . .	56	1142,—
23	St. 6,—	öster. Credit Aktien	$30^3/_4$ p. Stück	185,—
24	RM. 1200,—	Leonh. Tietz Aktien	254	3048,—
25	RM. 2500,—	6% Berliner Stadtanleihe v. 24 .	$77^3/_4$	1944,—
26	Doll. 2000,—	4% Missouri Pacific Bds.. . . .	$71^1/_4$	8106,—
27	St. 4 à Pes. 500	Chade Aktien	425	8500,—
28	St. 12,—	Chade 6% Bonds (argent.) . . .	422	5064,—
29	sfrs. 1200,—	3% Schweizer Bundesbahn Obl..	81	783,—
30	RM. 2000,—	Preuß. Centralboden Aktien . . .	$148^1/_2$	2970,—
31	RM. 1000,—	Klöckner Aktien	$107^1/_2$	1075,—
32	RM. 2000,—	Rheinstahl Aktien	126	2520,—
33	RM. 1000,—	Stahlverein Aktien.	103	1030,—
34	Lst. 80,—	5% Chines. Reorganis. Anleihe .	62	1012,—
35	Doll. 2000,—	5% Mexicaner von 1899	30	2520,—
36	Doll. 3000,—	Scrips pro Doll. 1,— ca. $3^1/_2$ Pfg.		100,—
37	RM. 1000,—	$4^1/_2$% (aufgewert.) Laurahütte Obligationen	ca. 40	400,—
38	RM. 1000,—	10% Preuß. Centralbod. Pfandbr.	$101^3/_4$	1018,—
				RM. 99987,—

* Die Ordnungsnummer hat mit dem ganzen Verfahren nichts zu tun, wir benutzen sie lediglich, um dem Leser die Übersicht der einzelnen Posten in den folgenden Tabellen zu erleichtern.

Gruppe IV sollen im allgemeinen rücksichtslos verkauft und der Erlös zunächst bar angesammelt werden. Ausnahmen können für einen oder anderen Non valeur speziell dann gemacht werden, wenn es sich um sog. Altbesitz handelt, also um noch zum vollen Preis erworbene Renten (z. B. österreichische Silberprioritäten Nr. 21), bei denen man das Datum des Erwerbs nachweisen kann und deren heutiger Wert in keinem Verhältnis zu einer wenn auch noch so schwachen Chance einer Valorisierung steht.

c) Nach der Gliederung des vorhandenen Kapitals ist die Ermittlung des augenblicklichen Jahresertrages vorzunehmen. Diese Operation wird manchem deutschen Kapitalisten die Augen darüber öffnen, welche Verwüstung sein Vermögen in den letzten drei Jahren erlitten hat, wenn man berücksichtigt, daß die während dieser Zeit üblichen Zinssätze bei sicherster Anlage eine Vermehrung des Vermögens um rund 20—30% hätten bringen müssen. Die erhaltene Ziffer der durchschnittlichen Verzinsung des Vermögens (in unserem Beispiel RM. 5700, also etwa 5,7% Rendite) zeigt mit einem Schlag, ob das Vermögen bisher vorwiegend auf Zinsengewinn oder vorwiegend auf (wirklichen oder vermeintlichen) Kapitalgewinn abgestellt ist. Der eben beschriebene Vorgang ergibt das in der Tabelle 1a wiedergegebene Bild.

Tabelle 1a.

Ord.-Nr.	Betrag		Kurs in Proz.	Wert (abgerundet) in RM.	Jahres-Ertrag in RM.
		I. Deutsche Festverzinsliche:			
1	RM. 1437,50 / 287,50	Anl. Ablös. Schuld d. Reiches mit Auslosungsrechten . .	50,9	730	80
3	RM. 2000,—	8% Preuß.Centralbod.Pfandbr.	97,5	1950	160
11	RM. 1000,—	7% Reichsbahn Vorzugsaktien	86 7/8	870	70
13	RM. 3000,—	4 1/2% Berl.Hyp.Bk.Li.-Pfdbr..	75	2250	130
14	RM. 2000,— / 400,—	Kölner Anl. Ablös. m. Auslos.	ca. 42	840	80
15	RM. 2200,— / 275.—	Münchner dto.	59,5	1310	150
25	RM. 2500,—	6% Berliner Stadtanl. v. 1924	77,75	1940	150
38	RM. 1000,—	10% Preuß. Centralbod. Pfandbr.	101,75	1020	100
				RM. 10910 =11% des Gesamtwertes	920 ca. 8,4%
		II. Deutsche Aktien:			
4	RM. 2400,—	I. G. Farben Aktien	237	5690	290
5	RM. 600,—	I. G. Farben Bonds 6% . . .	133	800	40
6	RM. 7600,—	Schuckert & Co. Aktien. . .	235	17860	830
7	RM. 3000,—	Gesfürel Aktien.	222	6660	300
8	RM. 1260,—	Dresdner Bank Aktien . . .	162	2040	130
9	RM. 1200,—	Disconto Kommanditanteile .	156	1870	120
10	RM. 900,—	Darmstädter Bank Aktien . .	276	2480	100
17	RM. 4200,—	Dresdner Chromo Aktien . .	94 1/8	3950	330
18	RM. 3000,—	Süddeutsche Zucker Aktien .	144	4320	300
19	RM. 600,—	Berger Tiefbau Aktien . . .	376	2260	120
24	RM. 1200,—	Leonhard Tietz Aktien . . .	254	3050	120
30	RM. 2000,—	Preuß. Centralbod. Aktien . .	148,5	2970	200
31	RM. 1000,—	Klöcknerwerke Aktien. . . .	107,5	1070	70
32	RM. 2000,—	Rheinstahl Aktien	126	2520	120
33	RM. 1000,—	Stahlverein Aktien	103	1030	60
				RM. 58570 =59% des Gesamtwertes	3130 ca. 5,3%

Tabelle 1a (Fortsetzung).

Ord.-Nr.	Betrag		Kurs in Proz.	Wert (abgerundet) in RM.	Jahres-Ertrag in RM.
		III. Ausländische (valutarische) Werte:			
22	St. 5.—	$4^1/_4$% Budapester Stadtanleihe von 1913	56	1140	100
26	Doll. 3000.—	4% Missouri Pacific Bonds .	71,25	8980	500
27	St. 4.— à Pes. 500	Chade Aktien	425	8500	800
28	St. 12.—	Chade Bonds (argent.) . . .	422	5060	
29	sfrs. 1200.—	3% Schweiz. Bundesbahn Obl.	81	780	30
				RM 24460 =24% des Gesamtwertes	1430 ca. 5,8%
		IV. Nonvaleurs und Bagatellposten.			
35	Doll. 2000,—	5% Mexicaner von 1899 . .	30	zusammen ca. RM.6000 =6% d. Gesamtwertes	220 3,6%
2	RM. 9850,—	Bayer. Bodencr. Restquoten .	8,5		
12	RM. 400,—	$4^1/_2$% Preuß. Centr. Bod. Liqu.	74		
16	St. 5,—	Stuhlweißenb. Lose à öfl. 150.			
20	Kr. 100000,—	öster. V. Kriegsanleihe . . .	0,9		
23	St. 6,—	öster. Credit Aktien.	30,75 p. Stück		
34	Lst. 80,—	5% Chines. Reorganis. Anleihe	62		
36	Doll. 3000,—	Mexican. Scrips pro Doll. 1,—	ca. $3^2/_3$ Pfg.		
37	RM. 1000,—	$4^1/_2$% (aufgewertete) Laurahütte	ca. 40		
21	fl. 2250,—	öster. Rudolfbahn Silber-Priorit. (aufbewahren) . . .			
		Insgesamt (I. bis IV.)		RM. 99,950	5700 also noch nicht ganz 6%.

d) Analyse. Was der erste Überblick (s. Punkt a) gezeigt hat, bestätigt sich nunmehr: weder die Verteilung noch die Rendite entspricht den Ansprüchen, die man im Durchschnitt an ein derartiges Depot stellen darf. Nehmen wir, um unser Beispiel individuell weiterzuführen, an, daß der Besitzer dieses Depots einen laufenden Ertrag von rund RM. 7000 jährlich benötigt, so können nunmehr unter Berücksichtigung der allgemeinen Regeln der Risikoverteilung etwa folgende Richtlinien aufgestellt werden:

1. starke Vermehrung der deutschen Rentenbestände zwecks Hebung der Verzinsung,
2. dagegen starke Verminderuug der deutschen Aktienbestände,
3. keine prozentuelle Verminderung der valutarischen Werte, jedoch Täusche bei denselben zwecks Erhöhung der Rendite,
4. Abverkauf aller Non valeurs und Anlage des Gegenwertes in deutschen Renten.

2. Phase. An diesem Punkt angelangt, ist es für den Privatmann in den meisten Fällen notwendig, sich mit einem Sachverständigen (in den meisten Fällen also mit seiner Bankverbindung) zu beraten: 1. zur genauen Festlegung des individuellen Anlageplanes, an den sich die Annäherung im Rahmen der obenerwähnten Richtlinien (sofern sie von dem Berater approbiert werden) vollziehen muß. Ist dieser Idealplan festgelegt, so folgt 2. der äußerst subtile Vorgang, jeden einzelnen Wert auf seine Tauglichkeit zu prüfen. Hierbei erweist sich meist das folgende typische Vorgehen als zweckmäßig:

a) Offensichtlich überdimensionierte Aktienbestände müssen durch Teilverkäufe auf ein erträgliches Ausmaß zurechtgeschnitten werden, wobei zu beachten ist, daß ganze Schlüsse übrigbleiben.

b) Krumme Beträge sind auf ganze Schlüsse bei Terminwerten bzw. der Übersicht wegen auf runde Summen bei Kassawerten und Renten abzurunden oder aufzurunden, also z. B. bei einem Depot von 100000 RM. — wie in unserem Beispiel — die Terminwerte auf 6000 RM., Kassawerte auf 3000 RM., Rentenwerte schließlich auf 5000 RM. Nominale. Hierdurch erleichtert man sich u. a. die laufende Kontrolle der Zinseneingänge usw. ungemein, auch erweist sich dies in Zukunft im Falle von Bezugsrechten meist als zweckmäßig.

c) Schließlich — der Hauptprozeß — muß die große Zahl der für den Idealplan n i c h t tauglichen Werte beseitigt werden. Es erscheint uns zweifellos richtig, dies nicht um jeden Preis zu tun, sondern sich hierfür einen mehrmonatlichen Zeitraum zu lassen. Andererseits ist es nicht zweckmäßig, den Zeitraum allzu lang zu erstrecken, weil sonst die besten Vorsätze wieder versanden. Oft kann man sich die Sache dadurch erleichtern, daß man zu diesem Prozeß seinem Bankier weitgesteckte Limite und Richtlinien gibt.

Der aus diesen Verkäufen und aus der vorausgegangenen Bereinigung des gesamten Depots durch das Bagatellverfahren (S. 20, Punkt b) sich langsam ansammelnde Barbestand muß nun — soweit er nicht für Aufrundungen (s. oben) verwendet wurde — im Sinne der durch die Analyse gegebenen Richtlinien Anlage finden. Der eben geschilderte Vorgang spiegelt sich in unserem Beispiel wie folgt wider:

Tabelle 2.

Zeichenerklärung: V = behalten, geeignete Anlage; +| = Aufrundung durch Zukauf; |– = Abrundung durch teilweisen Verkauf; —, oder stärker —— = ungeeignet, verkaufen.

Ord.-Nr.	Betrag		Kurs	Wert (abgerundet)	Zeichen	
		I. Deutsche Festverzinsliche:				
1	RM. 1437,50 287,50	Anl. Ablös. d. Reiches mit Ausl.	50,9	730	+|	auf 5000
3	RM. 2000,–	8% Preuß. Centralbod. Pfandbr.	97,5	1950	V	
11	RM. 1000,–	7% Reichsbahn Vorzugsaktien	$86^7/_8$	870	—	
13	RM. 3000,–	$4^1/_2$% Berl. Hyp. Bk. Liqu. Pfandbr.	75	2250	V	
14	RM. 2000,– 400,–	Kölner Anl. Abl. mit Auslosg.	ca. 42	840	——	
15	RM. 2000.– 275,–	Münchner dto..	59,5	1310	+|	auf 8000
25	RM. 2500,–	6% Berliner Stadtanl. v. 1924	77,75	1940	+|	auf 5000
38	RM. 1000,–	10% Preuß. Centralbd. Pfandbr.	101,75	1020	—	
				RM. 10910		

Tabelle 2 (Fortsetzung).

Ord.-Nr.	Betrag		Kurs	Wert (abgerundet)	Zeichen	
		II. Deutsche Aktien:				
4	RM. 2400,—	I. G. Farben Aktien	237	5680	——	
5	RM. 600,—	I. G. Farben 6% Bonds . . .	133	800	——	
6	RM. 7600,—	Schuckert & Co. Aktien. . .	235	17860	⊨	auf 3000
7	RM. 3000,—	Gesfürel Aktien.	222	6660	V	
8	RM. 1260,—	Dresdner Bank Aktien . . .	162	2041	—	
9	RM. 1200,—	Disconto Kommanditanteile .	156	1870	—	
10	RM. 900,—	Darmstädter Bank Aktien . .	276	2480	—	
17	RM. 4200,—	Dresdner Chromo Aktien . .	$94^1/_8$	3950	V	
18	RM. 3000,—	Süddeutsche Zucker Aktien .	144	4320	V	
19	RM. 600,—	Berger Tiefbau Aktien . . .	376	2260	——	
24	RM. 1200,—	Leonhard Tietz Aktien . . .	254	3050		
30	RM. 2000,—	Preuß. Centralbod. Aktien . .	148,5	2970	V	
31	RM. 1000,—	Klöcknerwerke Aktien. . . .	107,5	1070	——	
32	RM. 2000,—	Rheinstahl Aktien	126	2520	±	auf 6000
33	RM. 1000,—	Stahlverein Aktien	103	1030	——	
				RM. 58570		
		III. Ausländische (valutarische) Werte.				
22	St. 5,—	$4^1/_4$% Budapester Stadtanleihe von 1913	56	1140	——	
26	Doll. 3000,—	4% Missourie Pacific Bonds .	71,25	8980	V	(Tausch)
27	St. 4.— à Pes. 500	Chade Aktien	425	8500	——	
28	St. 12,—	Chade Bonds (argent.) . . .	422	5060	V	(Tausch)
29	sfrs. 1200,—	3% Schweiz. Bundesbahn Obl.	81	780	—	
				RM. 24460		
		IV. Non valeurs und Bagatellposten.				
35	Doll. 2000,—	5% Mexicaner von 1899 . .	30		——	
2	RM. 9850,—	Bayer. Bodencred. Restquoten	8,5		——	
12	RM. 400,—	$4^1/_2$% Preuß. Centr. Bod. Liqu.	74		——	
16	St. 5,—	Stuhlweißenbg.Lose à ölf. 150.			——	
20	Kr. 100000,—	öster. V. Kriegsanleihe . . .	0,9			
23	St. 6,—	öster. Credit Aktien.	30,75 p. Stück		——	
34	Lst. 80,—	Chines. Reorg. Anleihe . . .	62		——	
36	Doll. 3000,—	Mexicanische Scrips pro 1 Doll.	ca. $3^1/_2$ Pfg.		——	
37	RM. 1000,—	$4^1/_2$% (aufgewertete) Laurahütte	ca. 40		——	
21	fl. 2250,—	öster. Rudolfbahn Silber-Prior. (Altbesitz)			V od. —	
				RM. 6100		

3. Phase. Es ergibt sich, daß nur 14 Posten (von ursprünglich 38) behalten bzw. durch Zukauf aufgerundet werden sollen. Diese 14 Posten stellen unter Berücksichtigung des für die Aufrundung erforderlichen Betrages insgesamt einen Wert von ca. RM. 58000 mit einem jährlichen Ertrag von RM. 4100 dar. Ihre Rendite beträgt also fast genau 7%. Nach Durchführung sämtlicher Verkäufe stehen andererseits rund RM. 42000 zur Verfügung.

Da RM. 7000 jährliche Rendite durch den individuellen Anlageplan verlangt werden, müssen durch diese RM. 42000 das noch fehlende Erträgnis von RM. 2900 aufgebracht werden oder mit anderen Worten, der Barerlös von RM. 42000 muß wieder mit etwa 7% im Durchschnitt angelegt werden. Hierdurch sind der Anlage dieses Betrages sofort gewisse Grenzen gezogen, denn es scheiden z. B. englische oder amerikanische Staatsanleihen, die bekanntlich ca. 4% bringen, völlig aus, ebenso niedrig verzinsliche wenn auch noch so chancenreiche Aktien. Auf jeden Fall wird ein großer Teil des Erlöses, in hochverzinslichen deutschen Renten (Rendite etwa 9%) angelegt werden müssen und erst hierdurch ergibt sich für den letzten Rest der nötige freie Spielraum. Schematisch sieht dies etwa wie folgt aus:

	Idealplan verlangt RM.		Vorhanden sind	Es fehlen daher	Geschätzter Ertrag nach Umgruppierung RM.
I. Deutsche Renten	50000	—50%	14600 —15%	ca. 35000	4500
II. Deutsche Aktien	30000	—30%	30000 —30%	—	1800
III. Ausländ. Werte (meist Renten)	20000	—20%	13400 —13% die hier vorhandenen Werte sind meist in höher verzinsliche umzutauschen	ca. 7000	1200
IV. Bargeld und Non valeurs	—	—	7000 als Gegenwert der verkauften Non valeurs, wozu 35000 RM. aus den Verkäufen der Gruppe I bis III kommen		
	100000	—100%	58%	42%	7500

Wie man sieht, ist der Kreis der für die Neuanlage in Frage kommenden Wertpapiere bereits sehr eingeengt: es handelt sich um den Kauf deutscher Renten für den Betrag von RM. 35000, ausländischer Renten, vielleicht auch der einen oder anderen Aktie, für den Betrag von RM. 7000.

ZWEI BESONDERE GESICHTSPUNKTE.

Bevor wir nun aber die einzelne Wahl in unserem praktischen Beispiel durchführen, ist es notwendig, einige andere Elemente zu erwähnen, die bei der einzelnen Wahl noch neben den bisherigen (Wahl des Typus, Bestimmung der erforderlichen Rendite) eine wesentliche Rolle spielen: Es sind dies

a) die Frist, für welche die Anlage erfolgen soll,

b) die Beobachtung der individuellen Steuervorteile.

a) Bei der kurzfristigen Anlage wird es zweckmäßig sein, eine Anlage zu wählen, die selbst nur die gleiche oder eine ähnliche Befristung aufweist. Der Grund hierfür liegt im Spesen- und Kursmoment: bei einer kurzfristigen Anlage (hier im Gegensatz zur kurzfristigen Spekulation gemeint) wirken sich nämlich die An- und Verkaufsspesen (jeweils einige Promille) als Prozentsatz aufs Jahr gerechnet, verhältnismäßig sehr hoch aus und es liegt daher nahe, zumindest die Spesen einer Seite dadurch zu ersparen, daß man eine Anlage wählt, die spesenlos im erwünschten Moment heimfällt. Wichtiger aber noch ist das hiermit im Zusammenhang stehende Kursmoment. Auf den gleichen kurzen Zeitraum bezogen müssen in ähnlicher Weise die Kursverluste, denen man bei An- und Verkäufen ausgesetzt ist, unter ungünstigen Umständen den Ertrag sehr beeinträchtigen, ja illusorisch machen. Auch hier empfiehlt es sich also, die Gefahr eines Kursverlust beim Verkauf durch das Fälligwerden der gewählten Anlage zu vermeiden und auf jeden Fall wirkt sich die kurze Fälligkeit dadurch aus, daß starke Kursschwankungen in diesem Wert überhaupt nicht mehr möglich sind.

b) Steuervorteile. Ein ganz neuer Gesichtspunkt ergibt sich unter sonst gleichartigen Anlagemöglichkeiten durch die Beobachtung gewisser (durchaus legaler) Steuervorteile. Es ist dies eine Materie, der vom Publikum oft mit Abneigung begegnet wird und die immerhin komplizierter liegt, als daß die Bestimmungen allgemein bekannt wären. Die wichtigsten Unterschiede, welche vom steuerlichen Standpunkt aus in den verschiedenen Ländern bestehen können, lassen sich etwa wie folgt gruppieren:

Hinsichtlich des Effektes:

Anlagewerte, deren Ertrag steuerfrei ist[1], solche, deren Ertrag nach den normalen Steuervorschriften als Einkommen zu behandeln ist, schließlich solche, von deren Ertrag bereits bei Auszahlung an den Steuerpflichtigen ein Teil von der Bank zurückbehalten wird (Abzugssteuern). Bei diesen Abzugssteuern ist

Hinsichtlich der Steuer:

wiederum der Unterschied, ob der Abzug auf die Einkommensteuer des Eigentümers „anrechenbar" ist (z. B. die 10proz. Kapitalertragssteuer in Deutschland, der Incometax-Abzug in England) oder „nicht anrechenbar", der Typ der Kuponssteuern — in Frankreich mit enormen Sätzen, geringer in der Schweiz. Ein weiterer Unterschied ist, ob Ausländer den Steuerabzug reklamieren können oder nicht.

Hinsichtlich des Steuersubjektes (also des Besitzers) der Wertpapiere:

wird die Beobachtung der Steuervorteile naturgemäß einen Unterschied je nach seiner Einkommensteuerstufe zur Folge haben. Für Personen, die mit ihrem Einkommen bis in die höchste Stufe hineinreichen, wird eine steuerfreie Anlage auch bei sonst niedriger Verzinsung unter Umständen viel reizvoller sein als eine weit höher verzinsliche nichtsteuerfreie. Dies kann bei Leuten mit niedrigerem Einkommen ganz anders liegen.

Die hier am meisten interessierenden Bestimmungen der deutschen Steuergesetze sind:

Alle inländischen Wertpapiere unterliegen dem 10proz. Kapitalertragssteuerabzug, der auf die Einkommensteuer anrechenbar ist. Kursgewinne sind mit Ausnahme der Spekulationsgewinne für Privatpersonen steuerfrei, ebenso ein Tilgungsgewinn (z. B. wenn eine unter pari stehende Anleihe zu

[1] Sehr viele Staatsrenten des Auslandes. In Deutschland die 7% Reichsauleihe von 1929.

100% ausgelost wird u. dgl., Genaues s. Kap. IV). Merkmal des Spekulationsgewinnes ist die Absicht, welche der betreffenden Transaktion zugrunde liegt, doch wird insbesondere bei „Leerverkäufen" sowie, falls die Glattstellung des Gewinnes innerhalb eines Zeitraumes von 3 Monaten (Dreimonatsgrenze) erfolgt, die spekulative Absicht vom Gesetz vermutet, wogegen ein Gegenbeweis zulässig ist. Spekulationsgewinne sind so wie jedes andere Einkommen zu versteuern. Kursverluste, die innerhalb der gleichen Zeit glattgestellt werden, können als Spekulationsverluste bei der Steuererklärung des gleichen Jahres von derartigen Spekulationsgewinnen, nicht aber vom sonstigen Einkommen, in Abzug gebracht werden.

Die Steuerfreiheit der 7proz. Reichsanleihe von 1929 (der sog. Hilferding-Anleihe) hatte für Erwerber in den höchsten Steuerklassen zur Folge, daß der Ertrag (7% à 99%) einer etwa 11—12proz. nichtsteuerfreien Anleihe zu pari gleichkam (vgl. zahlreiche damalige Zeitungsartikel und Rundschreiben der Banken).

Endgültige Form. Nachdem wir also zwei aus dem Rahmen unserer bisherigen Darstellung herausfallende Begriffe — Anlagefrist und Steuervorteile — kennengelernt haben[1], setzen wir das praktische Beispiel fort:

Es ist klar, daß es sich in unserem Fall nicht um kurzfristige Anlagen, sondern um Daueranlagen handelt, ja daß es sogar wünschenswert sein wird, die Wahl so zu treffen, daß dem Besitzer des Depots die heutigen hohen Zinssätze für deutsche Rentenwerte zwecks Sicherung seines jährlichen Ertrages von RM. 7000 auf möglichst lange Sicht konserviert werden. Die Grundsätze der kurzfristigen Anlagen scheiden also aus. Von den etwa in Frage kommenden Steuervorteilen werden die Fazilitäten, welche die 7proz. steuerfreie Reichsanleihe bot, verhältnismäßig wenig interessieren, wenn wir annehmen, daß der Besitzer dieses Depots kaum mehr als 10—12proz. jährliche Einkommensteuer zu bezahlen hat. Er wird dann mit einem mit 9% rentierenden Wert (Rendite also 8,1% netto) entschieden besser fahren als mit der 7proz. Reichsanleihe zu ungefähr pari.

Die konkret für inländische Renten in Frage kommenden 35000 RM. legen wir also in Einzelposten von ca. 5—8000 RM. Gegenwert in folgenden Werten an:

[1] Ein weiterer in diesem Zusammenhang erwähnenswerter Begriff ist die Staffelung der Einnahmen: Speziell dort, wo der Ertrag der Wertpapiere unmittelbar zum Lebensunterhalt dient, ist es ratsam, bei der Wahl der Wertpapiere auch zu berücksichtigen, daß die Zinseingänge einigermaßen gleichmäßig über das ganze Jahr verteilt seien. Bei Aktien muß dieser Gesichtspunkt unbedingt hinter sonstigen Erwägungen hinsichtlich der Chancen in den Hintergrund treten. Aber gerade ein derartiges Depot wird ja sowieso vorwiegend aus Rentenwerten zusammengestellt sein müssen. Bei Rentenwerten ist es nun angesichts der großen Auswahl, die man zwischen ziemlich gleichartigen Typen hat (z. B. 8proz. Pfandbriefe), meist ohne weiteres möglich, einen Teil der Anlagen mit Januar/Juli-Zinstermin, einen anderen wieder mit April/Oktober zu wählen. Die Dividenden der Aktien gehen zu einem kleinen Teil gleich nach Jahresbeginn (für die Gesellschaften mit Geschäftsschluß per 30. 9.), dann wieder April/Juni, im ganzen also während der ersten Monate des Jahres, ein.

nom. RM. 5000 8% Klöcknerwerke Anleihe (eine hypothekarisch gesicherte erstklassige Industrieanleihe) . . . . à 90% laufd. Rendite 8,8%

nom. RM. 10000 7% Viag Anleihe (die Holdinggesellschaft der Industrieinteressen des Deutschen Reiches) . . . . à 80% laufd. Rendite 8,74%

nom. RM. 10000 8% Pfandbriefe einer Hypothekenbank
à 93% laufd. Rendite 8,6%

nom. RM. 10000 7% Kommunalobligationen à 80% laufd. Rendite 8,74%

Ausländische (valutarische) Werte: Die RM. 7000 legen wir in St. 30 6% Vorzugsaktien der Belgischen Eisenbahnen mit Zusatzverzinsung
à 120% = 75 RM. pro Stück laufd. Rendite,

sowie in Doll. 1000 $6^1/_2$% Siemens-Halske-Siemens-Schuckert Doll. Bonds
à 104% laufd. Rendite 7,7%

an.

Hierdurch ergibt sich nunmehr das folgende definitive Anlagebild:

Tabelle 3.

Ord.-Nr.	Betrag		Kurs	Wert	Ertrag	Rendite %
		I. Deutsche Festverzinsliche:				
1	RM. 5000 / 1000	Anl. Ablös. mit Auslosg.	50,9	2500	250	10
3	RM. 2000	8% Preuß. Centralbod. Pfandbr.	97,5	1950	160	8,2
13	RM. 5000	$4^1/_2$% Berl. Hyp. Bank Liqu. . .	75	3750	375	10
15	RM. 8000 / 1000	Münchner Anl. Ablös.	59,5	4800	580	12
25	RM. 5000	6% Berliner Stadtanl. von 1924	77,75	3900	300	7,7
neu	RM. 10000	7% Viag Anleihe	80	8000	700	8,7
neu	RM. 10000	8% Klöckner Obl.	90	9000	800	8,8
neu	RM. 10000	8% Pfandbr.	93	9300	800	8,6
neu	RM. 10000	7% Kommunalobl.	80	8000	700	8,7
				51200 = 51% des Gesamtwertes	4865	9,5
		II. Deutsche Aktien:				
6	RM. 3000	Schuckert & Co. Aktien	235	7050	330	4,7
7	RM. 3000	Gesfürel	222	6660	300	4,5
17	RM. 4200	Dresdner Chromo	$94^1/_8$	3950	335	8,3
18	RM. 3000	Süddeutsche Zucker	144	4320	300	6,9
32	RM. 6000	Rheinstahl Aktien	126	7560	360	4,8
				29540 = 29% des Gesamtwertes	1625	5,6
		III. Ausländische (valutarische) Werte:				
26	Doll. 3000	4% Missouri Pac. Bonds	71,25	8980	500	5,5
26	St. 12	6% Chade Bonds (argent.) . . .	422	5060	360	7,0
neu	Doll. 1000	$4^1/_2$% Siemens Bonds	104	4370	320	7,4
neu	St. 30	6% Belg. Eisenbahn Vorzugsakt.	120	3750	280	6,6
				19740 = 20% des Gesamtwertes	1330	6,1
				100480	7620	7,6

Durch die schrittweise Umgruppierung des Depots, wie wir sie im vorstehenden durchgeführt haben, hat dies nunmehr eine übersichtliche Zusammensetzung erhalten, deren laufende Kontrolle nicht allzu schwierig sein dürfte. Festverzinsliche Werte sind in einem den individuellen Bedürfnissen des Besitzers weit angemessenen Ausmaß vorhanden als bisher, eine internationale Risikoverteilung ist wenigstens zu einem gewissen Ausgleich durch den Bestand von rund 20% ausländischer Rentenwerte vorhanden. Neben dem Zinsertrag von RM. 7620, die das erforderliche Mindestmaß von RM. 7000 nicht unwesentlich überschreitet, bestehen noch zwei Vorteile:

a) Neben den laufenden Ertrag tritt bei den festverzinslichen Werten ein jährlicher unsichtbarer Gewinn, welcher darin liegt, daß die zum Teil stark unter pari stehenden Werte ihrer Fälligkeit (die in der Regel zu pari erfolgt) immer näher rücken, der sog. Tilgungsgewinn. Besonders groß ist dieser Tilgungsgewinn bei den Auslosungswerten und Liquidationspfandbriefen (Posten Nr. 1, 13, 15), bei denen er geradezu den wesentlichsten Teil des Ertrages ausmacht. Hier wurde er also in die Ermittlung des Ertrages mit einbezogen, bei allen anderen (ziemlich groß z. B. bei Nr. 25) blieb er unberücksichtigt, so also eine kleine stille Ertragsreserve bildend.

b) Kurschancen sind vor allem beim Bestand an deutschen Aktien (30%) vorhanden, ein Aufsuchen weiterer derartiger Chancen durch Anlage eines Teiles des Depots in ausländischen Aktien hat die Forderung nach einem hohen laufenden und sicheren Ertrag nicht gestattet. Falls auf diese Forderung verzichtet worden wäre, hätte man z. B. statt 50% deutsche Renten nur 40% und statt 20% ausländischer Rentenwerte nur 10% bestimmen und so 20% für die Anlage in ausländischen Aktien freimachen können.

Es soll noch ausdrücklich darauf hingewiesen werden, daß die einzelnen Werte des vorstehenden Beispiels rein willkürlich (nur um der Anschaulichkeit willen) gewählt wurden, und daß hiermit kein wie immer geartetes Werturteil oder Empfehlung verbunden ist.

Einzelne der Begriffe, wie insbesondere die Überprüfung jedes einzelnen vorhandenen Wertes auf seine Tauglichkeit, bedürften noch einer näheren Erklärung. Dies soll durch die folgenden Kapitel geschehen, hier war es uns — wie gesagt — nur um die Systematik zu tun.

DRITTES KAPITEL.

WANDEL IM INTERNATIONALEN ANLAGEWESEN.

SCHLECHTE ERFAHRUNG MIT DAUERANLAGEN.

Der Begriff der Daueranlage, seit jeher die Grundlage jeder systematischen Vermögensverwaltung, ist in den letzten 10 Jahren beim Publikum einigermaßen in Verruf geraten. Immer wieder macht es die Erfahrung, daß für das „Allerfeinste" erachtete Werte ihren Besitzern Enttäuschungen bereiten. Unter den Ursachen kann man (wenn man von der allgemeinsten, der wirtschaftlichen Not, in die Europa infolge des Krieges geraten ist, absieht) etwa folgende herausgreifen:

Die Steigerung der Zinssätze, welche die Kosten der langfristigen Kapitalbeschaffung auf rund das Doppelte der Vorkriegszeit gebracht hat, ließ viele Unternehmen zum Erliegen kommen, zwang andere, zu Finanzierungskunststücken ihre Zuflucht zu nehmen, die die Qualität der Neuemissionen nicht gerade verbesserten. Noch verhängnisvoller als die absolute Höhe des Zinsfußes wurden für den Begriff der Daueranlage aber seine starken Schwankungen. Wenn man erwägt, daß 7proz. Rentenwerte in Deutschland seit 1925 von etwa 60 auf 100% stiegen, um dann wieder bis auf etwa 75% zu fallen, so sind dies Erscheinungen, die früher schlechterdings unmöglich waren. Noch ärger waren womöglich die Schwankungen des Aktienmarktes, von denen auch die allererstklassigen Werte nicht verschont blieben: So bedeutet z. B. allein der Rückgang der I. G. Farben Aktie in den letzten Jahren einen Kursverlust, der die Rückgänge der gesamten Berliner Börse in irgendeiner gleichen Zeitspanne der Vorkriegszeit übertrifft. Die ärgsten Kursexzesse (nach oben wie unten) ereigneten sich aber in manchen Modebranchen. Gewiß hat es Bewegungen auf Spezialgebieten schon immer gegeben. Trotzdem sind Erscheinungen, wie etwa der Kursverlauf der Grammophon- und Kunstseidenwerte in den letzten zwei Jahren etwas, das den deutschen Börsen früherer Jahrzehnte in einem derartigen Ausmaß unbekannt war.

Weiter hat die Nachkriegszeit durch übersteigertes Streben nach nationaler Autarkie (Zollmauern, Subvention), andererseits auch durch antikapitalistische Tendenzen (staatliche Eingriffe, Beschränkung der Gewinnverteilung usw.) ebenso viele Bedrohungen für als Daueranlagen gedachte Standardwerte, besonders der Exportindustrie, geschaffen. Daß durch die fortschreitende Kartellierung die Inlandspreise hochgehalten, vielfach der Absatz quotenmäßig aufgeteilt wurde, vermag diese Schädigung nicht wettzumachen, um so mehr, als diese Maßnahmen ja den größten Unternehmen (um deren Aktien es sich bei der Daueranlage vorwiegend handelt) weit weniger als den schwächeren zugute kamen.

Das alles führt dazu, daß es heute Aufgabe jeder pflichtbewußten Vermögensverwaltung sein muß, sich weit mehr als früher auf dem laufenden zu halten, bedrohte Posten zu verkaufen, chancenreiche Werte zu kaufen, kurz, Gelegenheiten wahrzunehmen, wie sie sich in diesem Maße früher nicht boten.

Dies wird allerdings dadurch erschwert, daß die richtige Disposition ein stärkeres Eindringen in die inneren Verhältnisse der einzelnen Unternehmen erfordert, da diese — und gerade die solidesten von ihnen — schon aus Steuerrücksichten heute einen weit größeren Teil ihres Reingewinns verstecken. Welches Schicksal einigen der besten Daueranlagen während der letzten Jahrzehnte beschieden war, wird durch das Folgende illustriert:

Wir haben das Schicksal eines „treuen" Aktionärs verfolgt, welcher seine Aktien ununterbrochen von 1900—1929 besessen hatte. Hierbei wurde, sehr zugunsten der Berechnung, angenommen, daß der Aktionär sämtliche ihm angebotene Bezugsrechte ausgeübt hat, was bekanntlich während der Inflationsjahre vom privaten Publikum teilweise (aus Geldmangel und in vermeintlicher Gewinnmitnahme) unterlassen wurde. Ohne diese Annahme, also bei Verkauf der Inflationsbezugsrechte, würde sich das Bild noch weit ungünstiger gestalten.

Die Rechnung ergibt, daß der „treue" Aktionär bei einer Anlage anfangs 1929 in Aktien der

Deutschen Bank	16 %
A. E. G.	17,8 %

dessen besaß, was er im Jahre 1900 hierfür aufgewendet hatte. Die während der Jahre eingegangenen Dividenden wurden hierbei als Verzinsung seines Anlagekapitals verrechnet, blieben also unberücksichtigt, so daß er während der Inflationsjahre entsprechend magere Zinsen erhielt. Man kommt zu dem überraschenden Ergebnis, daß die Anlage in guten Aktien auch nicht viel mehr vor den Inflationserscheinungen geschützt hat, als z. B. die Anlage in Pfandbriefen, die bekanntlich mit 25 % (in der Praxis freilich nicht mehr als etwa 15—20 %) aufgewertet wurden.

Wenn wir im folgenden also von Daueranlagen sprechen, so geschieht dies mit der durch das Vorstehende angedeuteten Einschränkung.

WERTZUWACHS ALS NEUESTES POSTULAT BEI ANLAGEN.

Bei Daueranlagen, auch im heutigen einschränkenden Sinn, steht das Element möglichster Sicherheit des angelegten Kapitals im Vordergrund. Die Anlage soll eine derartige sein, daß die täglichen Schwankungen des Wertes selbst und darüber hinaus auch ein starker Rückgang — sofern er aus allgemeinen Marktgründen und nicht aus den besonderen Verhältnissen des Wertes sich erklärt — ruhig ertragen wird und keine zu große Belastungsprobe für die Nerven des Besitzers eintritt. Voraussetzung, um auch 1 bis 2 Jahre „nicht auf den Kurs zu sehen", ist dabei fast immer der weiterfließende Ertrag. Diese zwei Elemente — Sicherheit und Ertrag — haben die Anlagepolitik der älteren Investmenttrusts und der Kapitalisten bis in die jüngste Gegenwart fast alleinig bestimmt. Erst in den letzten Jahren trat immer stärker für die Eignung eines Wertes als Daueranlage ein drittes Postulat hinzu: das des Wertzuwachses. Die Anlage soll so gewählt werden, daß neben großer Sicherheit hinsichtlich des Kapitals und einem angemessenen Ertrag Entwicklungschancen vorhanden sind, die im Laufe der Zeit zu einer erheblichen Wertsteigerung, also einem Kapitalgewinn, führen. Diese dritte Forderung erscheint mit den ersten beiden für Länder, deren Kapitalsentfaltung noch in vollem Gange ist, nicht so unvereinbar, als dies in der Begriffswelt des alten, längst exploitierten Europas zunächst zu sein scheint: Hier bezahlt man bereits jeden höheren Zinsertrag mit entsprechend verringerter Sicherheit, und die Chance eines Kapitalgewinnes vollends wird von der Spekulation so hoch gewertet, daß die Anlage daneben kaum mehr einen Ertrag bietet. (Vgl. die abnormal niedrigen Renditen während der typischen, meist auf eine Währungsstabilisierung folgenden Effektenaufwertungsperiode, z. B. in Frankreich.) In Ländern dagegen, in denen die Entfaltung ihrer wirtschaftlichen Kräfte noch in vollem Gang begriffen ist, war der Wunsch des Geldgebers, an dem Mehrertrag der durch ihn beigestellten Mittel teilzunehmen, weit leichter erfüllbar, und so wurde die Frage des Wertzuwachses (capital appreciation) in erster Linie von Amerika und hier wiederum von den systematischen Geldanlegern, den Investmenttrusts, gestellt.

Aus etwas anderen Erwägungen heraus kamen die englischen Kapitalisten zu gleichen Forderungen: Hier hatten die schlechten Erfahrungen mit den traditionellen Anlagepapieren eine Änderung in der Mentalität des Publikums angebahnt. Ursache war die Steigerung der internationalen Geldsätze gegenüber der Vorkriegszeit und die rund um ein Drittel gesunkene Kaufkraft des Geldes: Beiden Erscheinungen waren die reinen Rentenwerte machtlos ausgeliefert und so sanken z. B. englische $2^1/_2$%-Konsols von einem Stand von rund 71% 1913 auf heute etwa 53%. Es waren also mehr geldtheoretische Überlegungen, die von englischer Seite her gegen die bisher bei den englischen Trusts fast unumschränkte Vorherrschaft der reinen Rentenanlagen sprachen. Beide Richtungen führten zu dem immer größeren Wunsch des ruhigen Investors, neben seiner landesüblichen Verzinsung auch die Chance eines Kapitalgewinnes zu haben, und dies äußerte sich in zweifacher Hinsicht: erstens, indem sich das Publikum auch für Daueranlagen mehr dem Kauf von Aktien neben den bisher favorisierten „goldgeränderten" Anlagen zuwandte, andererseits durch eine neue Emissionstechnik, die Mischformen von Aktie und Rente in vielen Spielarten schuf, als deren wichtigsten wir hier nur den konvertiblen Bond nennen.

Die drei Elemente: Sicherheit des Kapitals, Sicherheit des Ertrages und, suppletorisch, Chance eines Kapitalgewinns bilden also die heutigen Kriterien einer Daueranlage. Wir sehen hierin einen deutlichen Ruck von konservativeren Prinzipien zu etwas spekulativeren: Neben den reinen festverzinslichen Wert tritt der festverzinsliche Wert mit Zusatzverzinsung, spekulativer deshalb, weil er neben der reinen Verzinsung die Chance eines Kapitalgewinnes gewährt, die natürlich im Kurs mitbezahlt werden muß.

Nicht ganz unähnlich verlief die Entwicklung bei der Aktienanlage. Hier kam der amerikanische nennwertlose common share, ein Wert, vor dessen verhältnismäßig wenig substanziierter Grundlage die europäische Fachliteratur der Vorkriegsjahre mit Recht gewarnt hatte, in den Vordergrund. Beide neuen Anlagearten — konvertibler Bond und common share — werden uns in der Folge ausführlicher beschäftigen.

SUBSTANZ ODER ERTRAG?

In den letzten 10 Jahren hat dieser Gedanke viel Staub in der Fachpresse aufgewirbelt. Heute ist der Streit, der schließlich nur durch die Inflationserscheinungen hervorgerufen sein konnte, wohl restlos zugunsten des Ertragsgedankens entschieden. In Wirklichkeit hat ein prinzipieller Gegensatz beider Gedanken kaum bestanden, denn da die Schaffung von Wertpapieren — wenn man von den öffentlichen Anleihen absieht — doch immer zur Finanzierung einer wirtschaftlichen Tätigkeit erfolgt, so ergibt sich hieraus schon zwangsläufig der Ertragsgedanke. Die Kapitalsaufnahme seitens des Schuldners, die Bildung einer Gesellschaft durch Ausgabe von Aktien, wird nämlich nur dann wirtschaftlich gerechtfertigt sein, wenn das aufgenommene Kapital über die normale Verzinsung hinaus einen Mehrertrag zu erwirtschaften imstande war. Nur dadurch, daß der Ertrag, also im Fall der Aktien der ihnen zustehende Unternehmergewinn, sich auf die Dauer über den Landeszinsfuß erhebt, vermag er die in die Aktie gesetzten Hoffnungen, die ihr beigemessenen Chancen zu erfüllen oder — anders ausgedrückt — den Kurs der Aktien über das reine Verzinsungspari steigen zu lassen. Bei einigem Nachdenken sieht man, daß die Tätigkeit einer kapitalistischen Gesellschaft direkt oder indirekt nur auf die Erzielung eines möglichst hohen Ertrages gerichtet sein kann, auch wenn dies z. B. durch eine Entwicklungsperiode überdeckt erscheint. Die einzigen praktisch in Frage kommenden Fälle, in denen nicht auf Ertrag, sondern auf (einmaligen) Kapitalgewinn hingearbeitet wird, finden wir tatsächlich bei Terraingesellschaften, bei denen der Ertrag gegenüber der kapitalsmäßigen Wertsteigerung ihrer Anlagen in den Hintergrund tritt. Die Folge ist auch eine für diese Branche geltende Absonderlichkeit, indem Terraingesellschaften in der Regel Kapitalsrückzahlungen vorzunehmen pflegen, also Substanz ausschütten. Selbst die den Terraingesellschaften verhältnismäßig am nächsten stehenden Kolonialgesellschaften sind in der Regel auf dauernden Ertrag, nicht auf einmalige Exploitationsgewinne abgestellt, und schon bei Minen (auch bei Gold-, Diamant- usw. Minen) ist die dauernde Tätigkeit, der Übergang auf neue Felder nach Erschöpfung der alten, die wirtschaftliche Regel. Es ist klar, daß die Substanztheorie, welche also die schlagwortartige Ausprägung des Bestrebens der Massen war, sich vor der Inflation durch möglichst wertbeständige Anlagen zu schützen, nichts anderes bedeutete, als statt der der Entwertung ausgesetzten Werte ohne Rücksicht auf den augenblicklichen Ertrag solche Anlagen zu treffen, bei denen nach Wiederkehr normaler Verhältnisse der Ertrag möglichst voll wieder aufleben könne. Es ist erklärlich, daß Reste dieser oft mißverstandenen Theorie auch heute noch in den Köpfen herumspuken, doch ist es sehr an der Zeit, mit diesen Überbleibseln Schluß zu machen. Nach wie vor wird es richtig sein, Chancen eines künftigen großen Ertrages durch einen heutigen Minderertrag zu bezahlen, aber dies darf nicht zu weit gehen, nicht zur Regel werden. Noch ist die Unterschätzung des laufenden augenblicklichen Ertrages ein allgemeines

Übel. Hier wurden — wie auch schon öfters erwähnt — die Inflationsgewohnheiten durch den von den angelsächsischen Ländern herkommenden Strom der capital appreciation, des künftigen Mehrwertes (der natürlich nur als Mehrertragswert gedacht ist) erneuert. Überdies reden zwei Umstände heute mehr als früher der Erfassung des höchsten Augenblickertrages oder der möglichst langen Sicherung derselben, wie dies im wesentlichen durch Kauf von festverzinslichen Werten geschehen kann, das Wort:

1. Der Umstand, daß zum Teil infolge der blinden Vorliebe des Publikums für Aktienwerte das Rentenniveau nicht nur in Deutschland, sondern international einen derartigen Tiefstand erreicht hat, daß man Verzinsungen erzielen kann, welche auf genügend lange Zeit gesichert, jeden Kapitalsgewinn zu ersetzen vermögen. In der Tat erscheint es unwahrscheinlich, daß es dem Geldaufnehmer bei der so wenig prosperierenden Weltlage, wie sie die letzten Jahre (seit 1928) zeigen, möglich sein sollte, über die Anleihekosten von 8—10% hinaus noch einen Mehrwert zu erzielen, und im Moment, in dem man dies verneint, entscheidet man für die Rente und gegen den Kapitalswert.

2. Damit im Zusammenhang, weil eben in Europa als einem längst exploitierten Land die Chance der Unternehmungen nicht zu groß sind wie in anderen in der Entwicklung noch nicht so weit vorausgeschrittenen Ländern.

Beide Gesichtspunkte gelten also eindeutig nur für Europa.

Zusammenfassend möchten wir zu diesem Thema noch das eine sagen: Eine Kurssteigerung kann auf die Dauer nur den Ertrag vorweg escomptieren, wie dies allerdings im Wesen der Aktie begründet ist, nie aber ihn auf die Dauer ersetzen.

Deutliche Überreste des Substanzgedankens finden sich noch heute — am stärksten in Frankreich — in der Verkehrung eines vor dem Krieg zum eisernen Bestand gehörenden Grundsatzes, daß nämlich festverzinsliche Anlagen schlechter rentieren dürften als die verhältnismäßig „riskantere" (heute „chancenreichere") Aktienanlage. Deutschland steht, nachdem die Vernachlässigung der Rendite bei Aktien in der großen Hausse der Jahre 1926/27 exzediert hatte, seither im Zeichen einer starken Rückbildung, durch welche sich die Rendite der Aktien immer mehr der der festverzinslichen Werte nähert. Die Gründe hierfür sind neben den früher erwähnten allgemeinen Entwicklungstendenzen wohl noch in folgendem zu suchen: Das heutige Zinsniveau wird nicht nur in Deutschland, sondern auch in anderen Ländern als zu hoch und nur als vorübergehende Erscheinung empfunden, so daß man — insbesondere bei Standardaktien — nicht geneigt ist, die Kurse der doch wesentlich durch ihre Zukunftschancen mit bestimmten Aktien bis auf das der Anleiherendite entsprechende Niveau zu senken.

Um einen gerechten Vergleich zwischen der Rendite der Anleihen und der Aktien anzustellen, ist es übrigens notwendig, den Wert der Bezugsrechte, welche einzelne Unternehmen ihren Aktionären zukommen ließen, als Nebenertrag aufzufassen, doch ist dies wohl nur dann richtig, wenn die nachfolgende Kursentwicklung das Bezugsrecht nicht als eine Verwässerung erkennen ließ, die man gewissermaßen aus der eigenen Substanz bezahlt hat.

AMERIKANISMUS IM EMISSIONSWESEN: NEUESTE ENTWICKLUNG ZU ZWISCHENWERTEN.

Die Industrialisierung Europas vollzog sich im 19. Jahrhundert schrittweise bei ständiger guter Kapitalsversorgung. Im großen ganzen fand jede entsprechende Chance auch das zu ihrer Ausnutzung bereite Kapital. So kam es, daß in den Emissionsmethoden eher der Geldnehmer als der Geldgeber dominierte und ihre Fortbildung zum Zwecke eines stärkeren Anreizes des Publikums kaum nötig war. Ganz anders verlief die Entwicklung in den U. S. A.: Von Anfang an bestand hier eine im Verhältnis zum Angebot übergroße Nachfrage nach Kapital, und so ging man dort — auch gefördert dadurch, daß die Gesetzgebung der Schaffung von Wertpapierspielarten verhältnismäßig geringe Hindernisse in den Weg legte — schon frühzeitig zu der Schaffung von Wertpapiertypen über, die über die Grundformen — Rente und Aktie mit ihren fest umrissenen Vor- und Nachteilen — hinaus das Publikum verlocken sollten[1].

In der Nachkriegszeit griff dieses amerikanische System der Vielheit der Anlagetypen auch auf Europa über: Die verhältnismäßig gute Kapitalsversorgung der Vorkriegszeit hatte sich nicht nur für Deutschland, sondern auch für fast alle anderen Siegerländer in eine Kapitalsnot verwandelt, die nur vorübergehend bei einigen durch Inflation verdeckt wurde. Es lag also für die europäischen Geldsuchenden nahe, Methoden, welche anderwärts Erfolg gehabt hatten, auch hier anzuwenden. Hierzu kam, daß Amerika der hauptsächlichste Geldgeber für den Wiederaufbau Europas wurde, und so erscheint es ohne weiteres klar, daß die amerikanischen Emissionshäuser die Zugrundelegung der bei ihrem Publikum beliebtesten Typen zur Bedingung machen konnten. Speziell für Deutschland und Italien, die auf die Gewährung von Anleihen am meisten angewiesen waren, kam es zu diversen Dollaranleihen mit Optionsrecht auf Aktien. Für den innerdeutschen Markt fand trotz gewisser rechtlicher Schwierigkeiten diese Methode dann dadurch Eingang, daß es in den Jahren 1926/27 bei dem damals flüssigen innerdeutschen Geldstand zu Parallelemissionen in Form einer Dollar- und einer Reichsmarktranche kam (z. B. Siemens) und um einen Mißerfolg der inländischen Anleihen zu vermeiden, mußten ihr natürlich die gleichen Optionsrechte gewährt werden wie der Dollartranche. Allerdings sind Deutschland und Italien in dieser Entwicklung den anderen europäischen Ländern voraus (wenn man von England und von dem von England stark beeinflußten Holland, die ihre eigenen Methoden haben, absieht). Weder der Osten, noch — als wichtigstes — Frankreich hat für seine inländischen Emissionen sich der Vorkriegsformen begeben. Auch in Deutschland und Italien haben übrigens die neuen Emissionsformen ihren gesetzlichen Niederschlag noch kaum gefunden.

---

[1] So entstanden etwa um 1850 herum die ersten konvertiblen Bonds bei amerikanischen Eisenbahnen; ihre Hauptverbreitung fällt allerdings erst in die jüngste Vergangenheit.

Steuern, Kapitalmangel und ihre Folgen usw. Wir haben früher gesehen, daß der Kapitalmangel zu einem Amerikanismus in den Emissionsmethoden führte. Hatten diese Methoden einmal auf deutschem Boden Eingang gefunden, so lag es nahe, sie auch ausschließlich inländischen Emissionen zugrunde zu legen und so erleben wir etwa im Verlauf des Jahres 1928, daß auch für Emissionen, für die nicht an den amerikanischen Markt appelliert wurde, Methoden gewählt werden, die bisher in Deutschland unbekannt waren. Das beste Beispiel hierfür ist die bekannte Wandelanleihe der I. G. Farbenindustrie, die sog. 6%-I. G.-Bonds[1]) sowie eine Anleihe der Braubank. Teilweise waren für die Wahl derartig komplizierter Formen auch Steuergründe maßgebend. Überhaupt zeitigte der Umstand, daß speziell in den besiegten Staaten die Steuern maßlos erhöht werden mußten, mehrfache Folgen. Die Emission der I. G.-Bonds wurde z. B. offenbar aus der Erwägung heraus gewählt, daß heute eine Finanzierung durch Schuldverschreibungen vorteilhafter sei als durch steuerpflichtige Aktien. Der Kapitalmangel und sein Gegenstück — die Kosten einer Kreditaufnahme — waren auch indirekt ein Grund für die Ausbildung der Rentenwerte mit Zusatzrechten. Es wurde nämlich nachgerade unmöglich, durch eine weitere Erhöhung der Zinssätze neue Käufer für reine Rentenwerte anzulocken, denn erstens mußten allzu hohe Kreditkosten die Unternehmungen zum Ruin treiben (viele Beispiele vor allem in Österreich), dann aber gibt es einen Punkt, über den hinaus eine gewährte höhere Verzinsung den Käufer nicht mehr anlockt, sondern abstößt, da er sie dann bereits als Verzweiflungsschritt eines bankrotten Geldsuchers empfindet. Es lag daher für beide Teile — Geldgeber und Geldnehmer — nahe, bei noch erträglichen Zinssätzen, die eine Entwicklung des Unternehmens eben noch zuließen, dem Gläubiger eine zusätzliche, aber meist zeitlich vertagte Chance in anderer Form zu geben.

Verhältnismäßig gering ist der Wandel, der sich trotz aller Geschehnisse im letzten Jahrzehnt auf dem Gebiet des Aktienrechtes vollzogen hat. Man kann sagen, daß hier — wenn man von nicht eigentlich juristischen Tatsachen wie Goldbilanz und Aufwertungsgesetzgebung absieht — sich bis in die allerletzte Zeit trotz vieler Mißstände keine Änderung ergeben hat. Erst seit 1928 etwa kam es zu einer Neuerung des Aktienrechtes in Holland, neuerdings in England und Frankreich, worüber bei der Besprechung der einzelnen Börsen einiges Nähere gesagt wird. Die seit Jahren insbesondere zugunsten des Kleinaktionärs, Verbesserung der Publizität usw., geforderte Reform

[1] Wichtigste Bedingungen: Die Verzinsung entspricht der Dividende der halben I. G.-Aktien, minimal jedoch 6% (was von Wichtigkeit würde, wenn die I. G.-Dividende unter 12% sänke). Konversion 2:1 in Aktien, wobei jedoch eine Jahr für Jahr steigende Prämie nebenher ausgeschüttet wird, zuletzt (1941) von 100%, und zwar nach Wahl der Gesellschaft entweder in bar oder in den gleichen Bonds, die jedoch kein Konversionsrecht mehr besitzen. Rückzahlbar zu 110%, wobei jedoch dem Besitzer vorher Gelegenheit zum Umtausch gegeben ist usw.

des deutschen Aktienrechtes hat bis jetzt noch keine greifbaren Formen angenommen.

Tiefgreifend waren dagegen die Veränderungen, welche der Gang der Anlagefreudigkeit in geographischer Hinsicht und in Branchenhinsicht erfuhr.

In geographischer Hinsicht sind die Wandlungen allgemein bekannt: In Europa nahm die Bedeutung der „Neutralen" (Schweiz, Holland, Schweden) als Anlageländer mächtig zu und sie haben ihre Vorrangstellung im großen ganzen zu behaupten gewußt. Andererseits ging Rußland völlig, das weite Gebiet der ehemaligen österr.-ungar. Monarchie zu einem großen Teil für den Interessenkreis des soliden Anlegers verloren. In der übrigen Welt wuchs — alles andere weit in den Schatten stellend — die Bedeutung der U. S. A. weiter; auch Südamerika verzeichnet bis in die jüngste Vergangenheit noch ständige Fortschritte.

Unter den Branchen verloren manche Favoriten der Vorkriegszeit ständig an Bedeutung. So vermochten z. B. die Eisenbahnwerte, deren Blüte freilich schon mit dem Ende des vorigen Jahrhunderts vorbei war und die einstmals dem Kurszettel aller Börsen ihr Gepräge gegeben hatten, fast nirgends wieder nach der Zwangsverwaltung der Kriegsjahre ihre alte Bedeutung zu erlangen. Hauptgrund für dieses Zurücksinken ist wohl die Konkurrenz des Kraftwagenverkehrs geworden (Autobus, Schnellastwagen, Überlandverkehr), weniger zunächst noch die Konkurrenz des Flugwesens. Dieses trat immerhin schon als neue Branche auf den Plan, doch hat die junge Industrie noch kaum ihre Wirtschaftlichkeit erreicht, so daß „Flugzeugwerte" lediglich an den amerikanischen Börsen einige Bedeutung erlangten.

Im einzelnen wird die neueste Entwicklung in geographischer und branchenmäßiger Hinsicht in den Kapiteln VIII und IX behandelt.

VIERTES KAPITEL.

VON DEN ELEMENTEN DER RENTENANLAGE.

Das den reinen Renten zugrunde liegende Prinzip besteht in der Sicherheit und der laufenden gleichmäßigen Verzinsung, hinter denen die Möglichkeit der Kurschance stark in den Hintergrund tritt.

Die Kurschance von Rentenwerten kann im allgemeinen nur in zweierlei liegen; erstens in einer Veränderung der Zinsansprüche seitens der Anleger — also in einer Veränderung des gesamten Rentenniveaus. Eine derartige Veränderung geht meist von einer Veränderung des Landeszinsfußes aus, doch können zuweilen auch andere Momente die Ursache sein, z. B. wiederkehrendes Vertrauen in die eigene Währung. Ein typisches Beispiel für eine derartige Umkapitalisation — der Begriff ist bereits in Kapitel I erklärt — bildet die Hausse der französischen Renten nach der Stabilisierung des Franks. Über diese Zusammenhänge zwischen Renten und Geldmarkt wird weiter unten noch ausführlich gesprochen werden.

Die zweite Kurschance in Renten, welche in der Steigerung einer einzelnen Anleihe durch Verbesserung ihres Standings, ihrer Sicherheit, liegt, ist eigentlich eine Vermengung zweier Begriffe: Hier steigt eben nicht die Rente schlechthin, sondern der Erwerber verbindet mit dem Kauf eine Spekulation: Er kauft eine Rente, deren Rentencharakter in mehr oder minder großem Maße bereits verlorengegangen war oder eine Entwicklungschance des betreffenden Unternehmens, die ihm — wenn sie glückt — bei einem Kauf der Aktien des gleichen Unternehmens weit stärker zur Verfügung stände. Die Berechtigung eines derartigen Vorgehens hängt vom Einzelfall ab. Im allgemeinen hat es sich nicht als richtig erwiesen, zu Anlagezwecken derartig schlechtgedeckte oder notleidende Renten (hierher gehört auch die Spekulation in Exoten, wie Chinesen, Mexikaner usw.) lediglich um einer 3—4% höheren Verzinsung willen zu kaufen. Hingegen hat dieses Vorgehen, als reine Spekulation betrachtet, seine Berechtigung.

Bedeutung der Renten. Die Renten spielten lange vor den Aktien die maßgebende Rolle an den verschiedenen Börsen. In Deutschland gelangten sie in Form von Staatsrenten und infolge der für Deutschland eigentümlichen frühzeitigen Ausbildung des Hypothekenwesens auch in Form der landschaftlichen Pfandbriefe schon zu Beginn des 19. Jahrhunderts zur Entwicklung. Sie blieben in den folgenden Jahrzehnten die wesentlichste Wertpapiergattung des Frühkapitalismus. So wie den Staatsrenten später die Anleihen einer Anzahl anderer öffentlicher Körperschaften (Anleihen von Verbänden, Städten usw.) nachgebildet wurden, folgten den Pfandbriefen der preußischen Landschaften die Pfandbriefe der privaten

Hypothekenbanken. An den deutschen Börsen, unter denen Frankfurt damals tonangebend war, wie im Ausland, gab der Kurs der wichtigsten Staatsrenten der Tendenz das Gepräge, so wie heute die Kurse der führenden Aktienwerte. Noch 1913 betrug der Kurswert der an der Berliner Börse notierten Renten 42 Milliarden, der der Aktien rund 26 Milliarden. 1927 war dagegen das Verhältnis umgekehrt:

Aktien . . .	18	Milliarden,
Renten . . .	$4^1/_2$	Milliarden.

Renditenverhältnis zur Aktie. Als Regel galt in Deutschland bis 1914, daß erstklassige Staatsrenten, in deren Sicherheit man — noch nicht gewitzigt durch die Erfahrungen der Nachkriegsjahre — das größte Vertrauen setzte, im Verhältnis zu den viel „unsichereren" Aktien wesentlich niedriger rentierten. So betrug in den Jahren

1900—1908 die durchschnittliche Rendite	von 11 Aktien	5,22%,
	„ 15 Renten nur	3,62 „,
	„ mehreren Ind.-Oblig. .	4,8 „,
während		
1924—1928 die durchschnittliche Rendite	von 11 Aktien	4,8 „ [1],
	die der 8% Pfandbriefe (als Rententyp)	8,7 „

war.

Zur Verbreitung der Renten in der Vorkriegszeit trugen neben dem unbedingten Vertrauen auch zahlreiche Bestimmungen bei, so z. B. in Deutschland die Vorschriften über die Anlage in mündelsicheren Wertpapieren usw.

Im Ausland ging die Förderung des Rentenabsatzes durch den Staat in manchen Ländern noch viel weiter. Insbesondere England und Frankreich haben die Institutionen der Sparkassen (in England die Postsparkassa) zum Zwecke der Placierung der Staatsrenten ausgenutzt. In beiden Ländern bestand im Gegensatz zu Deutschland, wo die Sparkassen ihre Anlagen zu einem großen Teil in Hypotheken trafen, die gesetzliche Bestimmung, daß die Einlagen sämtlich zum Kauf von Staatspapieren verwendet werden müßten. Hierdurch war in beiden Ländern ein ständiger Käufer der Staatspapiere geschaffen und dies erklärt zu einem guten Teil, weshalb dort die Staatsrenten im Gegensatz zu Deutschland so glatt untergebracht werden konnten.

Rentenkurse und Geldmarkt. Der Umstand, daß Renten Anspruch auf Verzinsung eines bestimmten Kapitals mit einem bestimmten Satz bieten, ohne im allgemeinen an einem Mehrertrag teilzunehmen, bringt es mit sich, daß sie der in nicht börsenmäßiger Form erfolgenden Verzinsung von Geld viel näherstehen als die Aktien. In ihren kurzfristigen Typen ähneln die Renten ja geradezu derartigen Baranlagen: Die Grenzen zwischen einem eben noch Effektencharakter besitzenden Schatzschein und einem Schatzwechsel, der im allgemeinen zu den zwar bankmäßigen Anlagen — aber nicht Effektenanlagen — gerechnet wird, sind fließend. Wie von verschiedener Seite angestellte Untersuchungen ergaben, läuft der Geldsatz den Rentenkursen nach oben und unten voraus (wobei vorwiegend angenommen wird, daß die Rentenkurse ihrerseits wieder den Aktienkursen vorauseilen, s. S. 41/42). Dabei sind

[1] E. Wolfgang: „Die Kursbildung am Rentenmarkt."

aber die Kursschwankungen der Renten viel weniger intensiv als die des Geldmarktes. Dies hängt damit zusammen, daß die Geldsätze ohne weiteres auf die tägliche Konstellation des Marktes, hervorgerufen durch Angebot und Nachfrage, reagieren, während eine Effektenanlage, welche An- und Verkaufsspesen und das Risiko eines Kursverlustes involviert, naturgemäß nur auf eine etwas längere Sicht lohnt. Die Rentenkurse entsprechen also allenfalls dem Durchschnitt mehrmonatlicher Schwankungen und schalten hierdurch die stärksten Ausschläge des Geldsatzes nach oben und unten aus. Selbst den Saisonschwankungen des Geldes folgen sie aus den gleichen Gründen nur in geringerem Maße. Dagegen ist es eine alte Erfahrung, daß an den sog. Anlageterminen, das sind die Monatsersten, an denen die Zinskupons der Renten fällig werden (am häufigsten ist Januar/Juli), eine leichte Steigerung der Rentenkurse einzutreten pflegt.

Durch die relativ treue Abhängigkeit der Rentenkurse von den Geldsätzen kam man frühzeitig auf den Gedanken, ihre Bewegungen als Prognose der künftigen Aktienkursentwicklung zu verwenden:

Am bekanntesten sind wohl die Kurven geworden, durch welche das Harvard-Institut (New York) einen Kursbarometer herstellen wollte. Es handelt sich — kurz gesagt — um die zeitliche Aufeinanderfolge der Kurse von Geldmarkt,

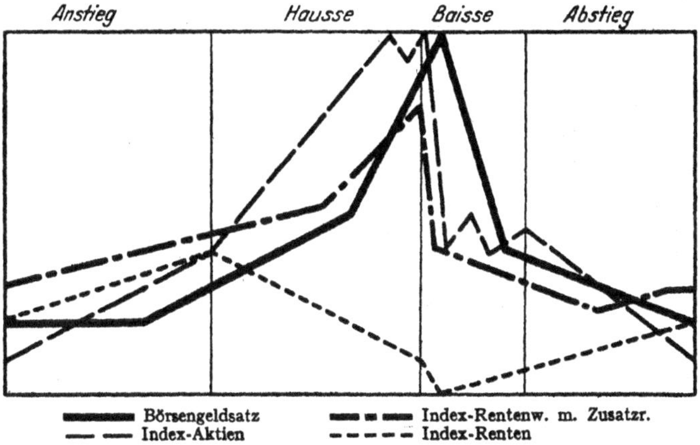

Abb. 1. Schematische Skizze.

Renten, Aktien und Warenmarkt. Wurden diese Kurven zunächst in ihrer Bedeutung stark überschätzt, so ist in den letzten Jahren eine gewisse Ernüchterung eingetreten.

Verschiedene englische Quellen[1], die sich mit dem gleichen Thema beschäftigen haben z. B. folgende Regeln aufgestellt:

Kontinuierliches Ansteigen der Renten muß früher oder später mit Sicherheit zu einer länger anhaltenden Steigerung des Aktienniveaus führen.

Das völlige Ausbleiben von Kursrückgängen am Rentenmarkt kann als ein bestimmter Beweis gelten, daß die Hausse auf dem Aktienmarkt zumindest in der nächsten Zeit keinen entscheidenden Rückschlag erleiden wird.

---

[1] U. a. „The bond market as a stock market forecaster" (The Annalist Bd. 30, S. 235ff.).

Leichtes Absinken der Renten bei niedrigem Aktienniveau kann der Aktientendenz nicht nur keinen Abbruch tun, ja sie geradezu fördern: Es bedeutet ein „Umsteigen" der Investoren von Rentenwerten zu Aktienwerten.

Ein starker plötzlicher Fall der Renten bei allgemeinem Hochstand der Kurse deutet fast mit Sicherheit auf einen bevorstehenden Krach der Aktienkurse.

Interessant ist ein Diagramm, welches man auf Grund dieser Erfahrungen etwa aufstellen könnte, dadurch, daß in den letzten Jahren zwischen diese beiden Kategorien die Type der Rentenwerte mit Aktienchancen trat, deren Verhalten nun recht charakteristisch ist. (Siehe Abbildung vorige Seite.)

Immerhin bleiben derartige Überlegungen problematisch, und vor allem gilt das Wechselspiel zwischen Renten- und Aktienkursen keineswegs für ganz kurze Zeiträume, schon deshalb, weil ja der Rente einige für den Kurs der Aktien sehr wesentliche markttechnische Faktoren fehlen, z. B. das Vorhandensein einer Baissepartei.

RENDITE.

Wie wir schon wiederholt gesagt haben, macht der laufende Ertrag einen wesentlichen Faktor bei Rentenwerten aus. Rentenwerte, bei denen die Verzinsung nicht laufend (z. B. halbjährig) ausbezahlt, sondern bei denen sie aufgeschoben wird, sind seltene Ausnahmen. Sie kommen praktisch nur in der deutschen Aufwertungsgesetzgebung (Anleiheablösungsschuld des Deutschen Reiches und die nachgebildeten Aufwertungsanleihen) als Notbehelf vor.

Die Berechnung der laufenden Verzinsung ist sehr einfach: Sie ergibt sich aus dem Prozentsatz, mit welchem die Rente ausgestattet ist (der Nominalverzinsung) unter Berücksichtigung des Kursstandes. Bei Renten, welche über ihrem Nominale (über pari) stehen (ein in Deutschland zur Zeit nicht sehr häufiger Fall) wird die laufende Verzinsung — Effektivverzinsung — niedriger sein als die Nominalverzinsung, bei Renten unter pari größer. Man erhält die Verzinsung dadurch, daß man die nominelle Verzinsung durch den Tageskurs dividiert.

Beispiel:

	Kurs vom 30. 1. 1930	Effektive Verzinsung
6% Preuß. Staatsanleihe von 1928	91,4%	(6: 91,4) = 6,5%
10% Pfandbrief d. Preuß. Hypothekenbank .	102 „	(10:102) = 9,8 „

In neuerer Zeit wird die so errechnete Effektivverzinsung meist als Rendite bezeichnet, obwohl dies eigentlich nicht ganz korrekt ist. Tatsächlich modifiziert sich nämlich die Effektivverzinsung eines Rentenwertes noch durch die näheren Umstände der Tilgung, und erst durch Berücksichtigung eines eventuellen Tilgungsgewinnes oder -verlustes (s. unten) erhält man schließlich die Rendite im definitiven Sinn (englisch Yield).

TILGUNG.

Der Begriff der Tilgung und der mit ihm nah verwandten Kündigung ist im wesentlichen auf Rentenwerte beschränkt. Er widerspricht dem Wesen der normalen Aktie, die ja Teileigentum darstellt, hingegen kommt er auch bei den festverzinslichen Vorzugsaktien, die beinahe Rentencharakter haben, vor.

Während in der Vorkriegszeit gerade die wichtigsten Renten (die großen Anleihen der führenden Staaten, wie England, Frankreich, Preußen) sog. Ewigrenten waren, bei denen keine Tilgung stattfand und sich der Tilgungsplan der übrigen Anleihen über lange Zeiträume (z. B. 50 Jahre, oft auch länger) erstreckte, ist dies in der Nachkriegszeit wesentlich anders geworden. Grund hierfür war, wie in vielen anderen Hinsichten, die gänzlich verschobene Situation des Geldnehmers gegenüber dem Geldgeber, der seine Bedingungen diktieren konnte. Da die Tilgung, wie wir später sehen werden, geeignet ist, die Rendite einer Anleihe ganz wesentlich zu beeinflussen, so hatte der Geldgeber in der Festsetzung der Laufzeit ein sehr wesentliches Mittel, seine Bedingungen höher zu schrauben, insofern als die dem Schuldner auferlegte Verpflichtung, eine Anleihe während eines relativ kurzen Zeitraums von z. B. 25 Jahren zurückzuzahlen, für ihn eine starke zusätzliche Belastung bedeutet. Die Praxis hat nun eine Anzahl von Spielarten der Tilgungs- und Kündigungsmöglichkeiten herausgebildet, über die wir weiter unten eine systematische Übersicht geben. Zunächst möchten wir aber das **gebräuchlichste Schema** erläutern.

Die Tilgung erfolgt mit Hilfe eines Tilgungsfonds, der jährlich mit einem gleichbleibenden Prozentsatz des Anleihekapitals dotiert wird und dem überdies die ersparten Zinsen zwecks verstärkter Tilgung zuwachsen. Die Einziehung der Tilgungsquote erfolgt durch börsenmäßige Rückkäufe oder aber — falls die Anleihe über pari stehen sollte — durch Auslosung. Die Kündigung der Anleihe seitens des Schuldners ist für die nächsten Jahre ausgeschlossen, hernach mit einem geringen Aufgeld zulässig.

Hierzu ist im einzelnen folgendes zu sagen: Der Beginn der Tilgung wird oft schon auf das zweite bis dritte Jahr der Laufzeit der Anleihe verlegt, so daß die Tilgung z. B. bei einer 25jährigen Anleihe durch 24 Jahre hindurch vor sich geht. Es wird ein Tilgungsplan aufgestellt, der die jährliche Dotierung des Tilgungsfonds mit z. B. $1^1/_2$% des ursprünglichen Emissionsbetrages vorsieht. Zu diesen $1^1/_2$% treten nun die „ersparten Zinsen" hinzu (kumulative Tilgung: cumulative sinking fund). Nehmen wir z. B. eine 8proz. Anleihe, für die der Emittent 100% (also den Pariwert) erhalten hätte, und einen $1^1/_2$proz. Tilgungssatz, so hat der Schuldner jährlich für den Dienst der Anleihe $9^1/_2$% (nämlich 8 und $1^1/_2$%) aufzubringen. Die Aufwendungen für die 8% Zinsen werden aber immer geringer werden, in dem Maße, als Anleihestücke durch Tilgung aus dem Verkehr gezogen werden. Nun ist der übliche Tilgungsplan so aufzustellen, daß die Tilgung um diese ersparten Zinsen verstärkt würde; z. B. werden für Tilgungszwecke im Moment, da bereits 50% der Anleihe getilgt erscheinen, nicht $1^1/_2$% des ursprünglichen Umlaufs, sondern $5^1/_2$% ($1^1/_2$% und 4% ersparte Zinsen) zur Verfügung stehen. Hierdurch verkürzt sich die Tilgungsdauer (analog einer Zinseszinsrechnung) stark unter den Termin, welchen man durch die bloße Division von

100% (Emissionsbetrag) durch $1^1/_2$% (jährliche Tilgungsrate) erhielt und würde in unserem Fall nicht $66^2/_3$ Jahre, sondern wie vorgesehen, nur 24 Jahre betragen[1].

Abgesehen von dieser üblichsten Form der Tilgung durch einen kumulativen Tilgungsfond existieren noch folgende Abarten:

Tilgung mittels gleichbleibender Annuitäten, ohne daß die ersparten Zinsen zuwachsen (also nichtkumulative Tilgung): Die Tilgungsdauer läßt sich durch Division des Gesamtkapitals durch die jährliche Tilgungsannuität oder umgekehrt die Annuität (Kapital durch Tilgungsdauer) ohne weiteres errechnen.

Serienweise Tilgung: in der Weise, daß bereits bei Emission die Anleihe in verschiedene Serien eingeteilt ist, die nacheinander fällig werden. Hier ist also die Gleichheit der Stücke aufgehoben. Derartige Serienanleihen eignen sich durch diesen Nachteil in ihrer Marktgängigkeit weniger für Placierung im Publikum, mehr für Anlagen von Fonds, Investmenttrusts usw.

Schließlich ist eine nur für Staatsanleihe gebräuchliche, insbesondere in England praktizierte Tilgungsmethode, die des „Tenderns", wobei der jährliche Tilgungsbetrag in Form der öffentlichen Auktion an den billigsten Verkäufer der benötigten Menge vergeben wird.

Neben der obenerwähnten häufigsten Form, in welchem dem Schuldner die Wahl zwischen börsenmäßigem Rückkauf und Auslosung (falls über pari) gelassen wird, findet sich noch häufig die Spielart, daß nur Auslosung vorgesehen ist. Dies hat einen freilich nicht allzu bedeutsamen Einfluß auf die durchschnittliche Tilgungsdauer, worüber im folgenden noch gesprochen werden wird. Der entgegengesetzte Fall, daß nur börsenmäßiger Rückkauf vorgesehen ist, ist in der Praxis kaum möglich, da dies sehr bald zu einer vollkommenen Marktleere führen und der Schuldner praktisch außerstande gesetzt würde, seinen Tilgungsverpflichtungen nachzukommen. Hier tritt nun als Ergänzung meist die Bestimmung hinzu, daß im Fall der Kurs der Anleihe über den Rückzahlungspreis gestiegen sei, der Schuldner nunmehr mit Auslosung vorgehen könne.

Dies sind die Formen der planmäßigen Tilgung. Die in den Prospekten immer wiederkehrenden Ausdrücke „vorzeitige" oder „verstärkte" Tilgung wollen wir sinngemäß als Formen der „Kündigung" (S. 48) bringen.

Die Details der Tilgungsbestimmungen werden vom Publikum meist zuwenig beachtet, teils aus Nachlässigkeit, teils auch aus Unkenntnis, da eine

---

[1] Als Regel mag gelten, daß zur gänzlichen kumulativen Tilgung von Anleihen mit 25jähriger Laufzeit

bei 8% Zinsfuß	. . . . . etwa	1,4%
„ 7 „ „	. . . . . . „	1,6 „
„ 6 „ „	. . . . . . „	1,8 „
„ 5 „ „	. . . . . . „	2,1 „

jährliche Tilgungsrate notwendig sind; oder anders, beträgt bei einem festen Tilgungssatz von $1^1/_2$% die Tilgungsdauer:

8%	24 Jahre
7 „	26 „
6 „	$27^1/_2$ „
5 „	30 „

Es ist hierbei klar, daß, je höher die Nominalverzinsung, desto höher die von Jahr zu Jahr anschwellende Zinsenersparnis und damit desto kürzer die Laufzeit (oder desto kleiner die zusätzliche Tilgungsrate) sein kann.

Beurteilung der verschiedenen, oft ziemlich verwickelten Tilgungsbestimmungen ohne gewisse Sachkenntnis nicht möglich ist. Die Tilgungsbestimmungen, deren wichtigste Spielarten wir im vorstehenden skizziert haben, sind nämlich insbesondere bei kurzfristigen Anleihen oder solchen mit starkem Disagio für die Berechnung der Rendite einer Anleihe von entscheidender Bedeutung.

Tilgungsgewinn oder -Verlust. Wie erwähnt, ergibt sich die effektive Verzinsung durch Berücksichtigung des momentanen Kursstandes einer Anleihe im Verhältnis zu ihrer Nominalverzinsung und es beträgt mithin die effektive Verzinsung einer 8%-Anleihe bei einem Kurs von 90% 8,8%. Es ist klar, daß, falls diese unter pari stehende Anleihe binnen zwei Jahren fällig wäre, der Besitzer neben der Effektivverzinsung von 8,8% noch die Differenz von 90 auf 100% gewinnen würde, also 10% (bzw. 11% des Tagespreises von 90%). In diesem Fall wird unter Berücksichtigung des Tilgungsnutzens die jährliche Gesamtrendite nicht 8,8, sondern ca. 14,3% für den Zeitraum von zwei Jahren bis zur Fälligkeit der Anleihe betragen.

Andererseits beträgt die Effektivverzinsung einer 10%-Anleihe beim Kurs von 105% ca. 9,5%. Ist diese 10proz. Anleihe nun bereits 1932 durch den Schuldner zu pari kündbar, so muß man sich für den Fall einer Gelderleichterung 1932 auf einen Tilgungs*verlust* von 5% gefaßt machen und die jährliche Gesamtrendite wird im ungünstigsten Fall (Kündigung zum frühesten Termin, nämlich 1. 1. 1932) unter Berücksichtigung des Tilgungsverlustes nicht 9,5, sondern nur 7% betragen.

Wie man sieht, verändert sich durch die Berücksichtigung des Tilgungsgewinnes bzw. Tilgungsverlustes das Bild vollkommen. Schien bisher die 10%-Anleihe die günstigeren Verzinsungsmöglichkeiten zu bieten (9,5 gegen 8,8%), so ergibt sich nunmehr ein Resultat von 7 gegen 14,3%!

Die Berücksichtigung der Tilgungsbedingungen ist für den Fachmann seit jeher eine Selbstverständlichkeit gewesen, und einzelne (speziell amerikanische) Renditentabellen liefern daher unmittelbar die effektive Verzinsung unter Berücksichtigung einer kumulativen Tilgung mit letzter Fälligkeit. Wir nennen von *deutschen* Tabellenwerken: SPITZER-FOERSTER: „Zinseszinsen- und Rentenrechnung", ein systematisches Buch, das alle Arten von Zinsenrechnung behandelt. Weit einfacher zu handhaben sind die verschiedenen amerikanischen Renditentabellen[1]. Die meisten derartigen Tabellen dienen nur zur Auffindung von Renditen für den allerdings häufigsten schematischen Fall und sind im Gegensatz zu SPITZERS Tabellenwerk keine systematische Arbeit. Gleichgültig, ob man Spitzer oder eine andere schematisierte Yieldtabelle wählt: immer muß man die Tilgungsdauer (Laufzeit) zugrunde legen.

Laufzeit. Was vom jeweiligen Moment des Erwerbs als *Tilgungsdauer* in Betracht kommt, hierüber haben sich allgemein anerkannte Berechnungsmethoden herausgebildet, wenngleich zu Propagandazwecken oft das solide Gebot, für eine Renditenberechnung den für den Anleihebesitzer ungünstigsten Fall der Tilgung zugrunde zu legen, in Publikationen usw. verletzt wird. Als *Methoden der Renditenberechnung* können gelten:

---

[1] Z. B. VAN DYKES Complete four Decimal bond value Tables. „The financial Press", 116 Broad Str., New York.

Tilgungs-Bedingungen	Unter pari stehende Anleihen (Disagio)	Über pari stehende Anleihen (Agio)
Börsenmäßiger Rückkauf oder Tilgung durch Auslosung (falls über pari) in des Schuldners Wahl:	Als Laufzeit der Anleihe des privaten Besitzers ist der letzte Tilgungstermin zugrunde zu legen, woraus sich also der kleinste Tilgungsnutzen ergibt. Denn es ist theoretisch möglich, daß der Schuldner seinen ganzen Tilgungsbedarf bis dahin im freien Markt decken kann, ohne daß die Anleihe über pari stiege. Eine vorzeitige Kündigung zu pari würde ja nur einen zusätzlichen Vorteil bedeuten, kann also für die Berechnung unberücksichtigt bleiben	Hier ist die früheste Fälligkeit zugrunde zu legen, d. h. also der ungünstigste Fall, daß der individuelle Besitzer mit seinem ganzen Bestand bereits bei der ersten Auslosung zu pari ausgelost würde, also den größtmöglichen Tilgungsverlust erleidet. Während dies im Fall einer mit geringen Prozentsätzen beginnenden jährlichen Tilgung eine zwar solide, aber immerhin reichlich vorsichtige, eher zu ungünstige Annahme ist, ist diese Berechnungsmethode, wenn Gesamtkündigung von einem bestimmten Zeitpunkt an möglich ist, von da ab unbedingtes Gebot, da man sonst ein — der abstrakten Berechnung gänzlich fremdes Element — die Spekulation auf ein Nichtsinken des Zinsfußes, hereinbrächte.
Börsenmäßiger Rückkauf ausgeschlossen, Tilgung nur durch Auslosung:	Man ist berechtigt, die sog. mittlere Fälligkeit, d. i. der Zeitpunkt, zu dem dem Tilgungsplan zufolge 50% des im Moment der Berechnung noch umlaufenden Anleihebetrages getilgt sein muß, nach der Wahrscheinlichkeitsrechnung zugrunde zu legen, also ein wesentlich kürzerer Zeitraum, als die obenerwähnte letzte Fälligkeit. Hinsichtlich vorzeitiger Kündigung gilt das gleiche wie oben.	Sinngemäß ist auch hier die mittlere Fälligkeit bei planmäßiger Tilgung zugrunde zu legen, bei Gesamtkündigung die früheste.

Es ergibt sich, daß der rechnerische Tilgungsgewinn dort, wo der börsenmäßige Rückkauf ausgeschlossen ist, durch die Möglichkeit der Anwendung der mittleren Fälligkeit wesentlich höher wird als der Tilgungsgewinn von sonst gleichen Anleihen die wahlweise Rückkauf oder Tilgung vorsehen.

In der Praxis gestaltet sich das Bild aber wesentlich anders. Zunächst erscheint es klar, daß nur ein jahrelanges Durchhalten (genau genommen bis zum Ende der Laufzeit) die theoretischen Konsequenzen der Tilgungsbestimmungen annähernd auf die Praxis übertragen kann, so daß der Tilgungsnutzen bei kürzerem Besitz nicht wirksam wird. Die Folge davon ist, daß das Publikum Unterschiede der Tilgungsbedingungen meist im Kurs vollkommen negligiert, so daß z. B. Anleihen mit „mittlerer" Fälligkeit keineswegs höher stehen als solche mit „letzter" Fälligkeit. Auch hat es erfahrungsgemäß den Pfandbriefen nicht im geringsten geschadet, daß bei ihnen eine Berechnung des Tilgungsnutzens überhaupt nicht möglich ist, da sie im Gegensatz zu den Anleihen meist keinen festen Tilgungsplan haben.

Immerhin liegt in der Berücksichtigung der Tilgungsbestimmungen die Erklärung, weshalb in allen Ländern Anleihen, deren Zinsfuß einen Überparistand rechtfertigt (also zur Zeit in Deutschland die 10%-Emissionen, in Frankreich und Belgien bereits 5—7%-Emissionen) nur wenig über pari steigen können, so daß sich zeitweise für sie scheinbar viel zu hohe Renditen ergeben.

Eine Selbstverständlichkeit ist auch die Berücksichtigung des Tilgungsnutzens dort, wo es sich um verhältnismäßig kurzfristige Fälligkeiten handelt — sei es nun, daß die Anleihe von vornherein kurzfristig war, oder aber, wenn es sich um eine ursprünglich langfristige Anleihe handelt, in den letzten Jahren vor dem Verfall.

Für ersteres bilden die bekannten 5%-Schatzanweisungen der Städte von 1928 ein gutes Beispiel. Hier handelt es sich gerade um eine Zinsenvergütung in anderer Form: Schatzscheine, die mit einer angesichts der damaligen Geldverhältnisse völlig ungenügenden Nominalverzinsung von 5% ausgestattet waren, wurden etwa zu 99% begeben: Sie waren nach 3 Jahren mit etwa 108%, also mit einem recht erheblichen Aufgeld, fällig, durch das die Verzinsung, welche sie während ihrer Laufzeit gewährten, von 5% auf etwa 8% stieg. Ein weiterer Anreiz lag im Optionsrecht auf eine langfristige 7%-Anleihe. Die Ausstattung gab der Reichssteuerbehörde Veranlassung, den sonst einkommensteuerfreien Tilgungsgewinn als eine zusätzliche, steuerpflichtige Verzinsung zu erklären, doch kommt dieser Entscheidung wohl nur präjudizielle Bedeutung zu.

Diese Konstruktion der 5%-Schatzanweisungen läßt also die steuerliche Behandlung des Tilgungsnutzens hervortreten: hierüber ist das Wesentliche bereits in Kapitel II gesagt.

Zur exakten Berechnung der Gesamtrendite einer Anleihe (oder von der Seite des Anleihenehmers betrachtet, der jährlichen Gesamtlast) sind also, wie wir gesehen haben, Zinseszinstabellen notwendig oder aber die verhältnismäßig mühselige empirische Aufstellung eines Tilgungsplanes.

In amerikanischen Emissionsprospekten ist stets der Yield der betreffenden Anleihe angeführt, der sich mit dem von uns verwendeten Ausdruck „Gesamtrendite" deckt, also Effektivverzinsung unter Berücksichtigung des Tilgungsplanes. Im Gegensatz hierzu führen die Prospekte kontinentaler Emissionen neben der Angabe der Normalverzinsung meist nur die Effektivverzinsung an, und so ist es für den Privatmann, der ein Tabellenwerk ja meist nicht zur Verfügung hat, nicht ohne Interesse, einige rohe Anhaltspunkte für die Berechnung des Tilgungsnutzens zu erhalten. Allerdings kann der Tilgungsnutzen, wenn es sich um die Zeichnung einer neu herauskommenden langfristigen Anleihe handelt, als Zinsmoment ganz vernachlässigt werden, denn er wird im Anfang der Laufzeit jeweils nur Bruchteile eines Prozents betragen. In den letzten Jahren vor Fälligkeit oder bei einer kurzfristigen Anleihe spielt er jedoch — wie schon erwähnt — eine große Rolle, und hier kann man ihn ungefähr abschätzen, indem man das zu tilgende Disagio (oder Agio im Falle einer über pari stehenden Anleihe) zunächst auf Prozente des Kurses umrechnet, um auf den auf das zu investierende Kapital zu erzielenden Gewinn (Verlust) zu kommen. Dieser Gewinn, durch die Zahl der noch ausstehenden Tilgungsjahre dividiert, ergibt einen Prozentsatz, den man dann ganz roh um etwa ein Drittel kürzt, um auf den ungefähren Tilgungsnutzen zu kommen. Diese letzte Kürzung ist deshalb notwendig, weil ja jede Tilgung dem Zinseszinssystem unterworfen ist.

Beispiel: 7%-Anleihe am 1. 1. 1940 zu pari fällig, Kurs ca. $87^1/_2$%, Effektivverzinsung also genau 8%. Wie groß ist die Gesamtrendite?

Tilgungsdauer rund 10 Jahre, zu tilgendes Disagio $12^1/_2$% ($87^1/_2$% auf 100 bzw. 14,3% des Kurswertes [des zu investierenden Kapitals]). 14,3% : 10 = 1,43%, hiervon $^2/_3$ als schätzungsweise Abzinsung ergibt 0,95% als jährlicher Tilgungsgewinn. Die Gesamtrendite beträgt mithin 8,95%, rund 9%.

Um einen Begriff von der starken Auswirkung des Zinseszinselementes zu geben, möchten wir ganz beiläufig erwähnen, daß bei den heutigen hohen Zinssätzen sich ein Kapital in weit kürzerer Zeit verdoppelt als dies den Vorkriegserfahrungen zufolge der Fall war: rechnete man in der Vorkriegszeit mit etwa 17 Jahren (unter Zugrundelegung von etwa 4% Normalverzinsung), so ist dies heute bei 8% bereits in 8 Jahren der Fall. Als eine rohe Regel mag hierbei gelten, daß die Zahl 65 dividiert durch den Prozentsatz des angelegten Geldes die Anzahl der Jahre ergibt, innerhalb deren sich das Kapital verdoppelt (dies hat jedoch nur annähernde Gültigkeit für Sätze zwischen 4 und 8%).

Kündigung. Wir haben früher erwähnt, daß die Kündigung seitens des Schuldners (ein Kündigungsrecht seitens des Gläubigers kommt nie vor) im wesentlichen eine vorzeitige Tilgung darstellt. Da der Schuldner von diesem Recht nur dann Gebrauch machen wird, wenn ihm Geld zu wesentlich billigeren Bedingungen zur Verfügung steht, also im Fall eines ausgiebigen Sinkens der Zinssätze, so bedeutet dies umgekehrt für den Investor, daß ihm sein Geld in dem für eine Wiederanlage ungünstigen Moment zurückgezahlt wird. Die Kündigungsbestimmungen sind also speziell für die langfristige Anlage genau zu beachten und bilden ein sehr wesentliches Hemmnis der Kursentwicklung festverzinslicher Werte. Daß sie bei Überparistand einen „Kündigungsverlust" zur Folge haben müssen, ergibt sich sinngemäß aus dem früher Gesagten. Der beste Schutz für den Investor gegen das „mit-seinem-Geld-auf-der-Gasse-Stehen" bildet daher ein Disagio, und schon hieraus erklärt es sich, daß Anleihen mit einem niedrigeren Normalzinsfuß verhältnismäßig schlechter rentieren (also unverhältnismäßig höher stehen) als die mit den höchsten Zinsfüßen. Einer Kündigung ist die Berechtigung des Schuldners zur „verstärkten Tilgung" gleichzusetzen, hingegen bedeutet es für den Gläubiger einen Vorteil, wenn der Schuldner — was oft der Fall ist — nur berechtigt ist, die gesamte Anleihe auf einmal oder mit einem Aufgeld zu kündigen[1].

---

[1] Das typischste Beispiel hierfür sind die 7%-Vorzugsaktien der Deutschen Reichsbahn-Gesellschaft. Sie sind erst ab 1941 kündbar, und zwar von 1941 bis 1949 zu 120%, von 1950—1959 zu 110%, hernach bis 1964 zu pari, gewähren also eine in einigen Jahren vielleicht als sehr hoch empfundene Verzinsung für ver-

SICHERHEIT.

Neben dem Ertrag interessiert bei einer Anlage in Renten als zweiter Faktor die Sicherheit. Die Momente, welche hierbei den Ausschlag geben, lassen sich etwa in folgende zwei Gruppen gliedern:

a) Ausstattung der Anleihe,

b) Situation des Schuldners.

Was zunächst die Ausstattung der Anleihe betrifft, so sind die im Anleiheprospekt aufgezählten exakten Bestimmungen maßgebend. Man unterscheidet zwischen gesicherten und ungesicherten Anleihen — je nachdem, ob für die Anleihe eine Spezialsicherheit (Pfand usw.) eingeräumt ist oder nicht. Die Details einer derartigen Sicherstellung richten sich nach den Möglichkeiten des Schuldners: bei Staats- und öffentlichen Anleihen werden oft bestimmte Einnahmen (Steuern, Zölle, Monopole usw.) verpfändet, auch finden sich Garantien finanziell stärkerer Mächte (z. B. Garantie der österreichischen Völkerbundsanleihe durch eine Anzahl von Staaten: die Anleihe ist überdies durch Verpfändung der wichtigsten staatlichen Einnahmen gesichert). Bei Anleihen privater Schuldner ist hypothekarische Sicherheit häufig, Effektenhinterlegung (collataral bonds), Verpfändung von Betriebsmitteln (bei Eisenbahnen und Schiffahrtsgesellschaften: equipment bonds) usw.

Industrielle Schuldner ersten Ranges pflegen als einzige Sicherheit die sog. „negative Hypothek" einzuräumen: d. h. die Zusicherung, daß die betreffende Anleihe an jeder, einem anderen Gläubiger etwa künftig einzuräumenden Sicherheit im gleichen Maße wie dieser partizipieren würde.

Einen weiteren sehr wesentlichen Unterschied in der Ausstattung einer Anleihe bildet die Währung, auf welche sie lautet: hier hat gerade das deutsche Publikum in den letzten 10 Jahren derart viel Erfahrung gemacht, daß wir uns trotz der Wichtigkeit kurz fassen möchten: Soweit man das Schicksal der mit besonderer Währungsvorsorge ausgestatteten Anleihen früherer Jahrzehnte verfolgen kann, haben die Währungsbestimmungen nur problematischen Schutz geboten: am besten kamen noch die Anleihen weg, welche eindeutig auf eine bestehende, unversehrte Währung lauteten (also z. B. Lst. und sfrs.), dagegen hat das Versprechen „in klingender Münze", in „Silber", in „Goldfrancs", „Goldgulden" oder — ein nicht seltener Fall — wahlweise in verschiedener Währung zu zahlen, gegen Ausflüchte des Schuldners wenig genutzt und die Gläubiger waren meist froh, mit einem mageren

---

hältnismäßig lange Zeit, denn wenn man eine Rückzahlung zu 120 % beim heutigen Kurs von 91 % als vollen Ersatz für einen etwaigen Rückgang der Zinssätze ansieht, so ist tatsächlich die hohe heutige Verzinsung auf ca. 20 Jahre gesichert, ein einzig dastehender Fall. Diese für den Zeichner besonders günstigen Tilgungsbestimmungen hatten zur Folge, daß Reichsbahn-Vorzugsaktien speziell für Versicherungsgesellschaften, Stiftungen u. dgl. als Daueranlage gesucht wurden, und tatsächlich konnten sie ihren Kurs ständig über dem Niveau anderer 7 %-Rentenwerte halten und in der Zeit der deutschen Rentenspekulation (Frühjahr 1927) sogar weit über pari (zuhöchst 116 %) steigern.

Vergleich wegzukommen. Gegen die klarsten Anleihebestimmungen stand eben die (angebliche oder tatsächliche) Unmöglichkeit der Leistung seitens des Schuldners.

Wichtiger noch als die äußere Ausstattung ist die Situation und Moral des Schuldners. Hierbei ergeben sich aus der geographischen Zugehörigkeit und Branche die größten Unterschiede: so ist es klar, daß die Anleihen von Kolonial-, Minen-, Modewarenunternehmungen riskanter sind als z. B. Elektrizitätswerte oder Eisenbahnen usw. Individuelle Umstände des Schuldners sind seine Bonität (Standing), die Rangordnung der betreffenden Anleihe innerhalb seiner Kapitalisation und vor allem die Deckung der Anleihe aus seinem Vermögen und Ertrag. Wie man sieht, wird bei Beurteilung dieses letzten Punktes fast die Aufgabe gestellt, wie sie beim Kauf einer Aktie zu lösen ist, nämlich die Beurteilung der zukünftigen Einnahmegestaltung beim Schuldner: Während dies aber für die Aktie allein ausschlaggebend ist, hat sie hier nur die Bedeutung eines Sicherheitsfaktors, einer Überdeckung.

Die Berechnungsmethoden der Deckung sind in Europa (und am meisten wundert man sich hierüber bei den sonst so systematischen deutschen Handbüchern) im Gegensatz zu den U. S. A. immer etwas vernachlässigt worden. Es hängt dies wohl damit zusammen, daß man bei dem überwältigenden Vertrauen, dessen sich der öffentliche Kredit bis zur Inflation erfreute, unter Renten gemeiniglich Renten öffentlicher Körperschaften oder Pfandbriefe verstand und in den Industrieobligationen nur mehr oder minder sichere Nachahmungen dieser eigentlichen Renten. So kommt es, daß auch die besten deutschen Handbücher das Deckungsverhältnis privater Anleihen nicht unmittelbar erwähnen, so daß man es sich mühsam aus dem Gewinnergebnis selbst berechnen muß. Im Gegensatz hierzu führen die amerikanischen Handbücher das Deckungsverhältnis und alle damit zusammenhängenden Fragen in besonders klarer Weise auf.

Man unterscheidet zwischen der Deckung des Anleihekapitals und des Anleihedienstes (der Zinsen). Die primitivste Methode ist die der bilanzmäßigen Deckung des Anleihekapitals: man geht hierbei von den rein bilanzmäßigen Tatsachen aus, indem man sämtliche zur Deckung der Anleihe dienenden Aktiven zusammenzählt und der Anleiheschuld gegenüberstellt. Das Maß, um welches die Aktiven die Anleiheschuld übersteigen, ergibt die Überdeckung (also z. B. 1-, 2-, 3fache Überdeckung). Hierbei ist es ebenso wie bei den folgenden Anleihen notwendig, die Rangordnung des Anleihekapitals innerhalb der Passiven der Gesellschaft zu bestimmen bzw. diejenigen Passiven zu berücksichtigen, welche der Anleiheschuld vorausgehen, mit ihr gleichrangig sind oder ihr nachstehen. Dies sieht vielleicht komplizierter aus als es in der Praxis ist, zumindest, wenn man sich mit einer rohen Rechnung begnügt. Es ist klar, daß sämtliche Eigenmittel (also Aktienkapital, Reserven, Reingewinn) nach jeder Schuld des Unternehmens rangieren werden, während es andererseits mitunter bevorrechtete Forderungen gibt, die einer Anleiheschuld vorauslaufen. Hierzu gehören Steuern und Gehaltsansprüche, unter den kommerziellen Schulden die, welchen besondere Sicherheiten eingeräumt sind. (So geht eine hypothekarisch gesicherte Anleihe einer ungesicherten voran usw.)

Den wahren Verhältnissen besser gerecht wird in vielen Fällen die Errechnung der kursmäßigen Überdeckung, an Stelle der formell-bilanzmäßigen: Man muß sich hierzu vor Augen halten, daß die Kurse die Lage des Unternehmens in den meisten Fällen richtiger widerspiegeln als die Bilanzziffern, so daß also ein stark über pari stehender Kurs das Vorhandensein stiller Reserven vermuten läßt, während andererseits bei einem unter pari stehenden Kurs die Bilanzaktiven kaum vollwertig erscheinen. Es ist daher meist richtiger, als Gesamtwert des Unternehmens statt des ausgewiesenen Eigenvermögens den Kurswert der Deckungsberechnung zugrunde zu legen. Zieht man von diesem Kurswert die der zu deckenden Anleihe vorausgehenden Schulden (s. oben) ab, so ergibt das Verhältnis des Restwertes zum Anleihekapital die kursmäßige Deckung.

In der Praxis als weitaus am wichtigsten — insbesondere bei Anleihen, die noch eine lange Laufzeit haben — erweist sich die ertragsmäßige Deckung, also die Deckung hinsichtlich des Anleihedienstes. Hier ist sinngemäß statt von den Bilanzziffern von der Gewinn- und Verlustrechnung auszugehen. Zieht man von dem Reingewinn des Unternehmens (am besten vom Durchschnitt innerhalb mehrerer, z. B. der letzten 5 Jahre) die Ausgaben ab, welche dem Anleihedienst vorausgehen, so erhält man den für den Dienst der Anleihe zur Verfügung stehenden Betrag, der, im Verhältnis zum Erfordernis gebracht, das ertragsmäßige Deckungsverhältnis liefert. Es ist an Hand der oft ungenügenden Publikationen, vor allem der ungenügenden Gliederung der Gewinn- und Verlustrechnung, oft nicht leicht, die richtige Rechnung aufzustellen. Selbstverständlich werden sämtliche mit dem Geschäftsbetrieb im Zusammenhang stehenden Unkosten dem Anleihedienst vorangehen, inkl. der jährlichen Abschreibungen. Die jährlichen Steuern sind jedoch im Gegensatz zu ihrer Berücksichtigung bei Errechnung der bilanzmäßigen Deckung hier nicht vorweg zu berücksichtigen. Diese unterschiedliche Behandlung erklärt sich wie folgt:

Während in der Bilanz bereits entstandene Steuerschulden erscheinen, die als — kraft Gesetzes — bevorrechtete Forderungen befriedigt werden müssen, handelt es sich bei Errechnung des durchschnittlich für den Anleihedienst zur Verfügung stehenden Betrages ja nicht um den Begriff Steuerschuld, sondern um die Schmälerung, welche die Besteuerung am Ertrag des Unternehmens vornimmt. Da eine Besteuerung aber mangels eines Reingewinnes in einem Jahr, welches nicht nur keinen Gewinn gebracht hat, sondern sogar den Anleihedienst in Zweifel setzt, nicht statthätte, ist man berechtigt, für diese Art der Berechnung die Ertragskraft des Unternehmens vor Steuern zugrunde zu legen. Sämtliche aus dem Reingewinn bestrittene Posten, wie Dividende, Tantieme usw. stehen selbstverständlich dem Anleihedienst nach[1].

[1] Das eben Gesagte wird vielleicht durch Kapitel V verständlicher, und es empfiehlt sich daher, nach Kenntnis dieser Stellen auf obige Darstellung zurückzukommen.

Beispiel: Deckung der 8%-Anleihe der Klöcknerwerke von 1926 — umlaufender Betrag 40 Millionen RM.

a) Bilanzmäßige Deckung. Zunächst Feststellung des Ranges: Die Anleihe ist hypothekarisch auf Grund- und Bergwerkseigentum (Buchwert insgesamt — per 30. 6. 1929 — rund 70 Millionen RM.) sichergestellt, ist also hinsichtlich dieser Aktiva gegenüber den übrigen Schulden bevorrechtet.

Den Aktiven in Höhe von 233 Millionen RM. stehen folgende Passiven gegenüber: Eigene Mittel rund 143 Millionen (Aktienkapital 110 Millionen, offene Reserven 18,6 Millionen, Rückstellungen 6,1 Millionen, Reingewinn 8 Millionen). Unter den sonstigen Passiven sind Löhne und Fonds (5,6 Millionen), Steuern (1,9 Millionen) offenbar bevorrechtete Forderungen. Schließlich haben noch anderwärtige Hypotheken (5,2 Millionen) gleichfalls eine Spezialsicherheit, während die restlichen Schulden meist mit der Obligationenanleihe (wenn man von der in der Hypothek liegenden Spezialsicherheit absieht) gleichrangig sein dürften. Die bilanzmäßige Sicherheit ist also:

1. Hinsichtlich der Hypothek etwa 70:40, d. h. $1^3/_4$fach gedeckt oder mit 75% überdeckt.

2. Rangordnung: bevorrechtete Forderungen (inkl. der sonstigen Hypotheken mit Rücksicht auf ihre Spezialdeckung)	13 Mill.
gleichrangige Forderungen (Anleihe 40, sonstige 38)	78 „
nachstehende (Eigenmittel)	143 „
	233 Mill.

Hieraus ergibt sich eine bilanzmäßige Deckung von (nämlich 233—13 = 220:78 =) 294%, also eine rund 3fache Deckung oder 2fache Überdeckung.

b) Die Errechnung der kursmäßigen Deckung ist, nachdem die Rangordnung festgestellt ist, nunmehr verhältnismäßig einfach:

Kurswert des Unternehmens am 30. 6. 1929 (Bilanztag) bei einem Tageskurs von $107^1/_2$% (Aktienkapital 110 Millionen) 118,2 Millionen. Hiervon gehen die bevorrechteten Forderungen von 13 Millionen ab, verbleiben 105 Millionen, dividiert durch die mit der Anleihe gleichrangige Schuldenmasse (78 Millionen), ergibt 135% als Überdeckung![1]

c) Ertragsmäßige Deckung. Die Gewinn- und Verlustrechnung per 30. 6. 1929 war wie folgt gegliedert (in runden Ziffern):

EINNAHMEN		AUSGABEN	
Vortrag	0,5 Mill.	soziale Lasten	7,9 Mill.
Betriebsüberschüsse	37,0 „	Steuern	8,0 „
		Obligationszinsen	3,4 „
		Abschreibungen	10,1 „
		Reingewinn	8,1 „
	37,5 Mill.		37,5 Mill.

Hiervon gehen dem Anleihedienst jedenfalls die Abschreibungen und sozialen Lasten (als mit dem Produktionsprozeß notwendig verbunden) voran, während Steuern und Reingewinn nachstehen. Zur Deckung des Schuldendienstes steht daher ein Betrag von rund 19,5 Millionen Reichsmark zur Verfügung. Es ist nun gebräuchlich (speziell in den meisten Prospektangaben), lediglich zu sagen, wie oft dieser zur Verfügung stehende Betrag den Dienst der Anleihe selbst (ohne Rücksicht auf die sonstigen Schulden) deckt, und da ergäbe sich (da der Anleihedienst 3,4 Millionen beträgt) eine Deckung mit 573%.

[1] Die Anleihe ist also kursmäßig nur 2,35fach gedeckt. Dies deshalb, weil ja die Kursbewertung durch die Börse (118 Millionen) niedriger ist als die ausgewiesenen Eigenmittel (143 Millionen).

Exakter wäre es, auch hier die Rangordnung zu berücksichtigen, wobei sich allerdings die Schwierigkeit ergibt, daß man die Zinsenlast der sonstigen Schulden nicht kennt (Bankschulden sind etwas höher verzinslich, hingegen Warenschulden oft unverzinslich). Man kann annehmen, daß sich in diesem Fall eine etwa 3fache Deckung ergäbe.

Als Beispiel aus einem amerikanischen Handbuch führen wir Moodys Angaben über die Deckung des 7% preferred shares der American Can Co. an, also eines festverzinslichen Wertes, dem ein größeres Stammkapital nachsteht:

Kapitalisation	Dividendenzahlung	Kapital autorisiert	Kapital ausgegeben	5-Jahres-durchschnitts-einkommen	Dividenden-erfordernis	Marktgängigkeit	Wertung[2]
		Doll.	Doll.	Doll.	Doll.		
1. American Can Co. 7% cum pref. shares	7% in vierteljährlichen Raten	Nominal 44000000	Nominal 41233300	14877375	2886331	gut (high)	Aa
2. American Can Co. common shares	variabel	Stück 2640000 shares	Stück 2473998 shares		7421994[1]	gut (high)	Baa

[1] Unter der Annahme einer Dividende von Doll. 3 per share.
[2] Durch die Buchstaben A, B, C bzw. Aa usw. versucht Moody eine Bewertung (in absteigendem Grad der Bonität), die in Amerika großen Anklang gefunden hat.

Man sieht hier auf den ersten Blick, daß der im Durchschnitt der letzten 5 Jahre zur Deckung des preferred-Dienstes zur Verfügung stehende Betrag von rund 14,9 Millionen Doll. eine ca. 5fache Deckung des Erfordernisses von 2,88 Millionen Doll. jährlich bedeutet.

FÜNFTES KAPITEL.

VON DER AKTIE UND VOM BILANZSTUDIUM.

Aktien bevorzugt? Die Aktie stellt das in Wertpapierform gebrachte Miteigentum an einem Unternehmen dar, dessen Erfolg oder Mißerfolg sie in den Schwankungen ihres Kurses zum Ausdruck bringt.

Für Deutschland typisch ist eine Kapitalisation, bei der das Aktienkapital einer Gesellschaft, abgesehen von den langfristigen Schulden (Industrieobligationen), in gleichberechtigte Stammaktien zerfällt, neben denen oft dem Betrag nach mäßige, jedoch hinsichtlich der Stimmrechtsverhältnisse bedeutsame Vorzugsaktien vorhanden sind.

Es leuchtet ohne weiteres ein, daß der Gewinnanspruch in Ländern, die einer ständigen Aufwärtsentwicklung unterliegen, ganz andere Früchte tragen wird, als dies etwa in Europa seit den letzten Jahrzehnten der Fall war. In diesem Sinn ist eine interessante und überaus gewissenhafte Untersuchung des Anlageerfolges in amerikanischen Stammaktien (common shares) aufzufassen[1], die sehr günstig für die Aktie ausfällt. Allerdings muß man sich für das im folgenden angeführte Resultat vor Augen halten, daß die amerikanische Stammaktie infolge ihrer anderen Kapitalisation weit stärkerer Steigerungen fähig ist als die kontinentale europäische Aktie. (Die Kehrseite — die stärkeren Verlustmöglichkeiten — trat demgegenüber angesichts der dauernden Prosperität Amerikas seit dem Bürgerkrieg in den Hintergrund.)

Auch die Frage, woran das Publikum mehr verloren habe, an Aktien oder Rentenbesitz, ist vielfach untersucht worden, die Resultate sind aber keineswegs eindeutig: So wie man nämlich bei Aktien zwischen Standardaktien, kleineren Werten und schließlich Neugründungen, ja geradezu Schwindelaktien, unterscheiden muß, liegen die Verhältnisse auch bei Renten (erstklassige Staatsrenten, zweitklassige und notleidende). Da zwischen diesen Gruppen ein ständiger Wechsel stattfindet, ist ein Urteil überaus schwierig.

Der Durchschnitt einer Anzahl von Untersuchungen (in dem vorerwähnten Buch), die sich über je 20 Jahre erstrecken und den Zeitraum von 1837 bis 1923 umfassen, läßt E. L. SMITH zu dem Ergebnis kommen, daß die Anlage in common shares im Durchschnitt von je 20 Jahren etwa das 3fache, die in Bonds dagegen lediglich das 2fache — beides inkl. der Zinsen — gebracht hätte. Der entscheidendste Unterschied lag hierbei in der Veränderung der Kaufkraft, die in Amerika von 1864 (Beendigung des Bürgerkrieges) bis 1897

[1] „Common stock as a long term investment" von E. L. SMITH.

auf das 3fache (!) stieg, nämlich von rund 50 auf 150%, wobei 1913 = 100% gesetzt ist. Ab 1897 fiel die Kaufkraft dann von 150% auf einen Tiefpunkt von etwa 50% in 1920, also ebenso stark. Die Untersuchungen von SMITH zeigen nun, daß selbst bei steigender Kaufkraft der Aktienbesitz den Renten im Erfolge ungefähr gleichkäme, während er sie in Zeiten fallender Kaufkraft aus den schon erörterten Gründen weit übertraf. Daß diese Untersuchung nur angesichts der grandiosen Wirtschaftsentwicklung der U. S. A. in den behandelten Jahrzehnten zutrifft, hierauf haben wir ja im Eingang dieser Besprechung hingewiesen.

Selbstverständlich konnte bei einer Untersuchung des Anlageerfolges in Amerika das Währungsmoment außer acht bleiben, das in Europa während der Inflationsjahre der Aktie vorübergehend zu einem vollen Sieg über die festverzinslichen Werte verhalf. Mit der Stabilisierung fast aller europäischen Währungen ist hier in den letzten Jahren eine Besinnung eingetreten, die sich in der ständigen Veränderung der Renditenspanne zwischen Aktien und Festverzinslichen ausdrückt.

Einige Charakteristika der Aktienanlage. Die Spesen für den Aktienkauf und -verkauf sind an fast allen Börsenplätzen wesentlich höher als bei Renten, deren Verkehr — schon im Hinblick auf die Placierung öffentlicher Anleihen — auch steuerlich begünstigt wird. Die Spesen eines Aktienkaufs betragen z. B. in Deutschland rund das Doppelte eines Rentenkaufs, in England ist die Spanne noch größer.

Wenn man von dem der Aktie als Kategorie eigenen Risiko absieht, bedarf ihr Kauf auch hinsichtlich des Kursstandes größerer Umsicht als ein Rentenkauf. Machtkämpfe, die sachlich ungerechtfertigte „Kampfkurse" zur Folge haben, gibt es naturgemäß nur bei Aktien, ebenso Leerverkäufe (Contremine) und die damit im Zusammenhang stehenden Erscheinungen wie Stückemangel oder Einzwängung der Baissepartei, andererseits das Vorhandensein von Hausseengagements, die dann in Krisenzeiten mitunter nicht durchgehalten werden können und nun auf den Markt drücken (Lockerwerden von Paketen). Den soliden Aktionär wird dies in seinem Besitz verhältnismäßig wenig stören, sofern hierdurch nicht die Lage des Unternehmens selbst tangiert wird. Hingegen gilt es, alle diese Möglichkeiten im Moment des Kaufs oder Verkaufs zu berücksichtigen, um nicht durch derartige Kursanomalien zu Schaden zu kommen.

Auch die Verteilung des Aktienbesitzes spielt eine weit wichtigere Rolle, als dies bei Renten — wo man von der Placierung spricht — der Fall ist. Hat die Placierung der Renten lediglich markttechnische Folgen, so ist der Einfluß der Aktienverteilung auf Großaktionär und Kleinaktionärsbesitz von viel weitgehenderer Bedeutung. Die unerfreuliche Entwicklung, die diese Dinge insbesondere während der Inflationsjahre genommen haben, werden in der Tagespresse ständig erörtert. Als materieller Begriff tritt so bei Aktien neben ihren Einzelwert noch der Fassonwert für geschlossene Posten, mit deren Besitz irgendwelche Vorzugsrechte (z. B. Vertretung im Aufsichtsrat) verbunden sind.

Es soll noch erwähnt werden, daß die Bedeutung der Aktie als Anlage für den Geldgeber und umgekehrt als Finanzierungsmittel für den Unternehmer nicht nur der Zeitperiode nach (Periode steigenden oder sinkenden Geldwertes) starken Schwankungen unterworfen ist, sondern auch nach Ländern und Branchen wechselt: So stand z. B. die Kapitalsaufnahme durch Stammaktien im Vordergrund der industriellen Kapitalisierung Deutschlands in der Vorkriegszeit, während in England oder Frankreich die Vorliebe des Publikums eine weit stärkere Finanzierung durch Industrieobligationen ermöglichte. Andererseits erfolgt seit jeher die Finanzierung der Banken prinzipiell nur durch Aktienemissionen, während Elektrizitätswerte (Public Utilities) beliebte Schuldner langfristige Anleihen sind usw.

VOM BILANZSTUDIUM.

Für den schließlichen Erfolg jeder Kapitalsanlage ist die richtige Vorstellung von dem inneren Wert von größter Bedeutung. Bei Renten — wie schon erwähnt — vorwiegend ein Sicherheitsmoment, spielt die Frage bei Aktien die ausschlaggebende Rolle. Gerade für den soliden Investor ist die Kenntnis des inneren Wertes deshalb wichtig, weil jedem Aktienkauf für dauernden Besitz die Überlegung vorangehen muß, inwieweit der Kurs seinen Chancen bereits Rechnung trägt. Beim spekulativen Kauf, der lediglich den aus der Tendenz heraus zu erwartenden Kursgewinn der nächsten Tage vor Augen hat, spielt dies eine weit geringere Rolle. Es ist schon nicht ganz leicht, von jedem einzelnen Wert den Überblick zu bekommen, der auf Grund der offiziellen Daten möglich ist. Ohne die Grundkenntnisse der Bilanzlehre ist dies nicht möglich. Wichtiger aber und erst für den Erfolg entscheidend ist es, wenn man sich nicht auf ein oberflächliches Studium der offiziellen Daten beschränkt, sondern tiefer schürft. Hierher gehört das Verständnis für die Bilanzkritiken der Fachpresse, der Vergleich mit anderen Unternehmungen, vor allem aber die Auswertung interner Daten, wie man sie gelegentlich von Insidern erhält.

„Insiderinformationen" bilden übrigens ein Kapitel für sich. Meist krankt ihre Auswertung in zwei Hinsichten: Der Privatmann, der eine derartige Information begierig aufschnappt, ist mangels Kenntnis der offiziellen Daten des Unternehmens meist nicht in der Lage, sie entsprechend zu würdigen. Wesentlicher aber ist noch ein anderer Fehler derartiger Informationen. Dem Insider fehlt aus der erklärlichen Vorliebe für das ihm nahestehende Unternehmen meist der richtige Vergleichsmaßstab mit anderen. So bedeutet die so häufige Insidererklärung „der innere Wert der X-Y-Aktie ist das Dreifache des heutigen Kurses" usw. in der Wirklichkeit gar nichts, wenn man weiß, daß dieses Mißverhältnis zwischen Substanz und Börsenwert heute für sehr viel Branchen (und Unternehmungen) zutrifft. Das Wertvollste an Insiderinformationen sind also nicht Werturteile und überhaupt nicht die scheinbar sensationellen Tatsachen, sondern nüchterne Ziffern insbesondere über das Verhältnis des internen Gewinnes zum ausgewiesenen, über die Frage, wieweit die Erneuerung aus den laufenden Einnahmen vorgenommen werden konnte, über die Höhe des Nettonutzens am Umsatz usw. Dies alles ist aber nur durch Eigenstudium verwertbar.

Die Prüfung der Bilanzen in dieser Hinsicht erfordert eine andere Auffassung, als sie etwa der berufsmäßige Bilanzprüfer, dem es hauptsächlich um die momentane Richtigkeit zu tun ist, hat. Jede Ziffer muß hier nicht auf ihre formale Richtigkeit, sondern auf das, was sie für die Zukunft des Unternehmens besagt, untersucht werden, jede Ziffer hat nur einen Verhältniswert (nämlich zu den betreffenden Ziffern der Konkurrenz), nur selten einen absoluten. So ist ein derartiges Bilanzstudium, das in einer Beurteilung der Aktienchance endet, die umfassendste Art der Bilanzprüfung, und einige Ratschläge in diesem Sinn sind im folgenden versuchsweise zusammengestellt. Die Aufgabe, die der Rentenkäufer des gleichen Unternehmens hat, bleibt demgegenüber in weit engeren Grenzen. Ihm ist es vor allem um eine gewisse Mindestsicherheit zu tun. Die von ihm einzuschlagenden Methoden lassen sich also ohne Schwierigkeit aus der strengeren Prüfung des Aktienkäufers ableiten.

Grundbegriffe des Bilanzlesens. Die Bilanz (vgl. das französische „balance") bedeutet das buchhalterisch hergestellte Gleichgewicht zwischen Aktiva und Passiva eines Unternehmens. Die Bilanz ist also gleichsam eine Waage, an der (im allgemeinen) links die Aktiva, rechts die Passiva hängen.

AKTIVA		PASSIVA	
Anlagen	5000000	Kapital	5000000
Forderungen	3000000	Reserve	500000
		Schulden	2000000
		Reingewinn	500000
	8000000	Bilanzsumme	8000000

Der Gewichtsausgleich zwischen dem Überschuß der Aktiva über die Passiva wird durch das Eigenvermögen dargestellt, das sich gliedert in

Kapital,
Reserven,
(noch unverteilter) Jahresgewinn.

Das System der doppelten Buchhaltung bringt es mit sich, daß für die Ermittlung des Eigenvermögens (des Gewichtsausgleichs) eben nicht das Prinzip der Subtraktion (Aktiva minus Schulden = Eigenvermögen), sondern das Saldoprinzip, also die Einstellung von Ausgleichsposten auf der Gegenseite verwandt wird. Ist so im großen das Gleichgewicht zwischen Aktiven auf der einen, Schulden und Eigenvermögen auf der anderen Seite hergestellt, so ändert sich das Gleichgewicht der Bilanzwaage jedes Jahr je nach Erfolg oder Mißerfolg. Haben wir oben eine Gewinnbilanz gesehen, so wird die sinngemäße Anwendung auf eine Verlustbilanz eine Einstellung des Verlustsaldos als Gegenposten unter die Aktiva zur Folge haben:

AKTIVA		PASSIVA	
Anlagen	5000000	Kapital	5000000
Forderungen	2500000	Reserve	500000
Verlust	500000	Schulden	2500000
	8000000	Bilanzsumme	8000000

Neben dem Bilanzkonte unterliegt bei Aktiengesellschaften die Gewinn- und Verlustrechnung dem gesetzlichen Zwang der Veröffentlichung:

EINNAHMEN	AUSGABEN
Vortrag vom Vorjahr	Generalregie (Unkosten)
Betriebsgewinn	Steuern
Sonstige Einnahmen	Soziale Lasten
	Abschreibungen
	Reingewinn

Sie ist nach dem gleichen Waageprinzip aufgestellt, nur daß eben an Stelle der Aktiva die Einnahmen, an Stelle der Passiva die Ausgaben treten, und als Saldo zwischen Einnahmen und Ausgaben ergibt sich dann ein Gewinn, falls die Einnahmen größer waren und ein Verlust, falls die Ausgaben überwogen. Dieser Saldo der Gewinnrechnung kehrt in dem Bilanzkonto als Jahreserfolg wieder, hiermit beide Konten miteinander verbindend. Dabei ist aber die Art, wie er in beiden Fällen ermittelt wird, ganz verschieden.

Die Bilanz ist im Wesen eine Momentphotographie am Ende des Geschäftsjahres, sie ist eine Art Inventarsaufnahme. Notwendigerweise muß sich hierbei im Moment der Aufnahme ein Gewinn oder Verlust ergeben, ohne daß der Werdegang dieses Resultates auch nur im mindesten erklärt wäre. Anders die Gewinn- und Verlustrechnung: Sie baut sich gleichsam laufend während des ganzen Jahres auf, ohne daß eine Bewertung oder Aufnahme irgendwelcher Bestände nötig wäre, ergibt sich — nicht anders als beim Haushaltungsbuch oder jedem Kassabuch — am Ende des Jahres der Reingewinn. Daß in der Praxis sämtliche gleichartige Posten im Verlauf des Jahres (z. B. alle Steuern unter den Ausgaben, alle Mieteinnahmen usw. unter den Einnahmen) jeweils in einem einzigen Posten zusammengefaßt werden und der verbleibende Überschuß (im Falle eines Reingewinnes) nicht per Subtraktion, sondern in Saldoform ausgewiesen wird, hat mit dem Wesen der Sache nichts zu tun.

Noch einmal das Saldoprinzip: Jeden, der das erstemal eine Bilanz zu Gesicht bekommt, wird es befremden, daß das Eigenvermögen der Gesellschaft unter den Passiven figuriert. Auch wird man bald gewahr, daß es in verschiedenen Posten über die ganze Passivseite verstreut ist: Auf Aktienkapital und offene Reserven folgen verschiedene Fonds (deren Verhältnis zum Eigenvermögen oft nicht ohne weiteres ersichtlich ist), dann alle echte Passiven (Schulden), am Schluß wieder ein wesentlicher Teil des Eigenvermögens: der Reingewinn. Sinnfälliger als die Bilanz der deutschen Aktiengesellschaften wirkt daher auf den Laien die Bilanz der deutschen offenen Handelsgesellschaft, die nicht nach dem Saldoprinzip, sondern nach dem Prinzip Aktiva minus echter Passiva = Eigenvermögen, aufgestellt ist.

Auch der bei den meisten französischen Gesellschaften beobachtete Usus, wonach unter den Passiven eine deutliche Zweiteilung vorgenommen wird, in „Schulden gegen Dritte" (also echte Passiven) und daran anschließend „Schulden der Gesellschaft gegen sich selbst" (alle Arten des Eigenvermögens inkl. des bei diesem Schema also an das Kapital anschließenden Reingewinnes) ist für den Laien bedeutend klarer.

Eine ähnliche entwicklungsmäßig aufgestellte Bilanz ergab sich bei der Goldumstellung nach der Inflation auch für die deutschen Aktiengesellschaften, die bei Aufgabe der Papiermarkbilanz durch eine Neufestsetzung der Aktiva und echten Passiva zur Ermittlung des Eigenvermögens gelangten, das dann nach den Vorschlägen an die Generalversammlung in Kapital, Reserven und evtl. erste Jahresdividende aufgeteilt wurde.

Eine weitere Folge des Bilanzierungs- bzw. Saldoprinzips findet sich in der Art der Verbuchung der sog. „durchlaufenden Posten". Als solche kommen neben dem verhältnismäßig unbedeutenden Fall der „noch nicht abgerechneten Geschäfte" die Bürgschaften (Avale) in Frage, worüber auf S. 66 ausführlich gesprochen wird.

Zu beachten ist schließlich noch, daß im Moment des Jahresabschlusses der ausgewiesene, aber noch unverteilte Reingewinn pro und contra in der Bilanz steckt: als Gewinnsaldo, also rein buchungsmäßig, unter den Passiva, tatsächlich natürlich (meist in Form von Bankguthaben oder Kassa) unter den Aktiva. Durch seine Ausschüttung, die unmittelbar nach der Generalversammlung, einige Monate nach Schluß des Geschäftsjahres, erfolgt, erleidet also die Bilanz die entsprechende Änderung auf beiden Seiten, und erst die Buchung des nächstjährigen Jahresgewinnes führt wieder einen ähnlichen Zustand herbei.

SCHEMA DER DEUTSCHEN INDUSTRIEBILANZ.

(Die Aufreihung sowohl der Aktiva als auch der Passiva erfolgt im großen ganzen im aufsteigenden Grad der Liquidität.)

AKTIVA	PASSIVA
I. Investitionen: Grund u. Gebäude Maschinen Inventar	I. Begebenes Aktienkapital Stammaktien (abzüglich eventueller Vorratsaktien), Vorzugsaktien
II. Beteiligungen	II. offene Reserve (gesetzl. Reservefond bis zu 10% des Aktienkapitals), Erneuerungsreserve (s. Abschreibg.) außerordentl. Reserven (z. B. Delkredere-Konto)
III. Vorräte	III. Fonds (z. B. Pensionsfond, Krankenkasse, Stiftungen usw.)
IV. Forderungen a) Außenstände (kommerzielle Debitor. Forderungen gegen Tochtergesellschaften) b) Bankguthaben	IV. Schulden 1. langfristige: Hypothekarschulden, Obligationenanleihe, Aufwertungsschulden 2. kurzfristige: a) kommerzielle Kreditoren (Lieferant.) b) Bankschulden
V. Kassa und Wechsel	V. unbehobene Dividende
VI. durchlaufende Posten (Avale, Kautionen, noch nicht abgerechnete Posten)	VI. durchlaufende Posten (Avale, Kautionen, noch nicht abgerechnete Posten)
VII. (Verlust)	VII. Reingewinn
Bilanzsumme	Bilanzsumme

Bemerkungen zu den einzelnen Posten:

A. AKTIVA.

I. Investitionen. Sie sind betriebswirtschaftlich als „stehendes" Kapital im Gegensatz zum „umlaufenden" anzusprechen. Hierher gehören:

1. Die Anlagen: Sie umfassen den Grundbesitz (Grundeigentum sowie eventuelle Grundrechte wie z. B. Wasserrechte) sowie die Gebäude. Betriebstechnisch zerfallen sie in die in Betrieb stehenden Anlagen, Reservegrundstücke und Reserveobjekte (z. B. stillgelegte Werke), schließlich Beamten- und Arbeiterwohnhäuser.
2. Maschinen (auch Werkzeuge, Formen, evtl. Patente).
3. Inventar: Einrichtung, Fuhrpark, in einzelnen Branchen Emballagen (z. B. Fässer).

Allen diesen Posten gemeinsam ist, daß sie die Sachausrüstung des Unternehmens darstellen und daß daher auf sie eines der wichtigsten Ertragsmomente Anwendung findet, das der laufenden Abschreibungen.

Abschreibungen. Die offene Abschreibung von Anlagewerten vollzieht sich bilanzmäßig nach zwei verschiedenen Methoden:

durch Abschreibung an den einzelnen Aktivposten selbst

oder

durch Einstellung eines Gegenpostens unter die Passiva.

Im ersteren Fall erfolgen die Abschreibungen entweder detailliert an jedem der einzelnen Anlageposten (also Grundstücke, Gebäude usw. gesondert) etwa nach folgendem Schema:

AKTIVA

	RM.	RM.
Anlagen:		
Wert per 1. 1. 1929	1050000	
Zugänge in 1929	150000	
Abgänge in 1929	80000[1]	
Wert per 31. 12. 1929	1120000	
Abschreibung hierauf	33000	1087000

oder aber — leider in der Mehrzahl der Fälle — durch Einsetzung eines summarischen Abschreibungsbetrages in die Gewinn- und Verlustrechnung. Eine Aufstellung der Abschreibung auf die einzelnen Bilanzposten hat hierbei nicht statt, sondern in der Jahresbilanz erscheinen die Anlageposten bereits um die Abschreibung gekürzt.

Die zweite Methode besteht in der Einsetzung eines Gegenpostens unter den Passiven in Form eines Erneuerungsfonds, der dann den Sammelgegenposten für alle abschreibungsbedürftigen Investitionen bildet. Während

[1] Z. B. durch Veräußerung eines Grundstücks: Der Unterschied zwischen „Abgängen" und „Abschreibungen" liegt darin, daß für erste ein Gegenwert (in diesem Fall der Erlös des verkauften Grundstücks) eingeht, während dies bei der Abschreibung, die ja nur dem verminderten Wert Rechnung trägt, nicht der Fall ist.

die privatindustriellen Unternehmungen meist die Kürzung der Aktiva (also die erste Methode) vorziehen, ist dieser zweite Vorgang bei konzessionspflichtigen Gesellschaften, wie Elektrizitäts-, Wasserwerke der üblichere. Man will hiermit besonders klar zum Ausdruck bringen, daß die Gesellschaft entsprechend dem Ablauf der Konzessionszeit für den (meist unentgeltlichen) Heimfall der Anlagen an Staat, Gemeinde usw. Vorsorge getroffen hat. Bei dieser zweiten Methode gelangt man also zum abgeschriebenen Wert der Anlagen erst durch Ziehung des Saldos: Anlagen minus Erneuerungsfond. Dies ist naturgemäß zu beachten, wenn man, was mitunter vorkommt, die Anlagen von Unternehmungen, die in diesen zwei verschiedenen Abschreibungsmethoden vorgehen, miteinander vergleicht.

Man muß sich klar darüber werden, daß die jährlichen Abschreibungen in erster Linie die Gewinn- und Verlustrechnung tangieren, während die gesamten, sukzessive vorgenommenen Abschreibungen, wie sie sich in einem Erneuerungsfond (falls ein solcher vorhanden ist: Methode 2) oder aber in einer entsprechend niedrigeren Bewertung der Aktiva (Methode 1) widerspiegeln, die Bilanz des Unternehmens betreffen. Die Höhe der jährlichen Abschreibungen, wie sie nun auf die einzelnen Anlageposten notwendig werden, ist sehr verschieden. Der reine Grundbesitz (ohne die darauf befindlichen Gebäude) erfordert eigentlich gar keine Abschreibung, im Gegenteil: Im allgemeinen wird sich der Grundwert mit der Entwicklung der Städte usw. ständig heben, und hierin liegen gerade bei alten Unternehmungen oft beträchtliche stille Reserven. Auf Fabrikgebäude erscheint eine Abschreibung von etwa 3% vom Tageswert die untere Grenze; falls sie mit dem Grundwert zusammen ausgewiesen werden, mag dieser Satz auf 2% des Ganzen ermäßigt werden. Schon die Wohnhäuser bedürfen — es handelt sich meist um Beamten- und Arbeiterwohnhäuser — einer etwas höheren Abschreibung, etwa 5%. Dies ist der heutige Stand. In Zukunft ist allerdings anzunehmen, daß der Abschreibungsbedarf auf die Fabriksgebäude ständig steigen wird, da mit dem Fortschreiten der Technik auch das Gebäude immer mehr Spezialformen annimmt, gleichsam nur die vergrößerte Maschine wird[1].

Maschinen sind der (prozentuell und meist auch absolut) die höchsten Abschreibungen bedingende Teil der Aktiven: wenngleich die Verhältnisse naturgemäß nach den einzelnen Branchen sehr verschieden liegen, kann man im allgemeinen eine Abschreibung von 10% aufwärts (bis 20, ja 25%) als das ungefähr richtige Ausmaß annehmen.

Inventar und Fuhrpark, die ebenso wie Modelle, Patente, Formen usw. in reservereichen Bilanzen oft ganz abgeschrieben erscheinen (sie werden

---

[1] Hierdurch werden Abschreibungen in doppelter Weise stärker notwendig als bisher: erstens, weil ein derartiger Spezialbau stärker vom Produktionsprozeß mitgenommen wird, zweitens weil seine anderweitige Verwendbarkeit (z. B. als Magazin oder im Wege der Adaptierung für eine andere Branche) stark leidet, so daß sein gemeiner Wert (ohne Rücksicht auf den konkreten Produktionsprozeß) weit geringer ist als bei den alten Fabrikgebäuden, deren Form neutraler war.

dann bilanzmäßig mit je 1 RM., mit einem sog. Merkposten, bewertet) erfordern, sofern sie eine Buchbewertung gefunden haben, ausgiebige Abschreibungen von mindestens 20% (vgl. z. B. die Lebensdauer eines Lastautos, worum es sich ja beim Posten Fuhrpark heute zum großen Teil handelt).

Die meisten Gesellschaften werfen — wie bereits erwähnt — Abschreibungen in einer Gesamtziffer aus. Um einen ungefähren Anhaltspunkt darüber zu erhalten, ob die Abschreibungen im ganzen ausreichend sind, ist es erforderlich, von sich aus eine rohe Aufteilung nach den früher erwähnten Prozentsätzen auf die verschiedenen Anlagen (also Gebäude mit 3%, Maschinen mit 10% usw.) vorzunehmen, wobei Fehler natürlich leicht vorkommen können.

Neben Abschreibungen interessieren an den Anlagewerten die einzelnen Zugänge und Abgänge. Meist werden diese Zugänge und Abgänge nicht eigens angeführt, sondern man muß sie sich aus dem Vergleich der (unabgeschriebenen) Buchwerte per Jahresende mit den Buchwerten zu Beginn des Jahres rekonstruieren. Es ist klar, daß eine starke Bewegung in den Zu- und Abgängen (sofern sie nicht durch ungewöhnliche Umstände, z. B. Untergang eines Objektes durch Brand, bedingt waren) auf Modernisierung des Betriebes, ein starkes Überwiegen der Zugänge allein auf eine Expansion schließen lassen. Zugänge und Abgänge im Verein mit den Abschreibungen greifen, wie dies später noch gezeigt werden wird, intensivst in die interne Gewinn- und Verlustrechnung ein, und werden dadurch zu einem der wichtigsten Punkte, bei dem ein Studium des inneren Wertes einer Gesellschaft einsetzen muß. Neben der durch Zugänge, Abgänge und Abschreibungen charakterisierten Investitionstätigkeit sind, freilich in minderem Ausmaß, auch die absoluten Momente von Bedeutung: Hierher gehört die Kapazität der Anlagen und ihre Ausnutzung durch die Produktion, Angaben über das Alter der Anlagen (oft erkennbar in der Art der technischen Ausrüstung) usw. Charakteristisch für fast alle deutschen Industrieunternehmungen ist, daß sie ihre Anlagen, vor allem ihren Grundbesitz, während der Inflationsjahre beträchtlich vergrößerten. Aus einer Verdopplung des Grundbesitzes z. B. von 1913—1924 (die Angaben hierüber finden sich in den in dieser Hinsicht ganz ausgezeichneten Handbüchern) darf daher keineswegs auf eine besonders erfolgreiche Expansion des Unternehmens geschlossen werden. Wesentlicher ist schon der seither, also unter stabilen Geldwertverhältnissen, erfolgte Zuwachs, der insbesondere im Zusammenhang mit sonstigen Produktionsziffern (z. B. Umsatz, Beschäftigungsstand usw.) günstige Schlüsse zuläßt. Die Wertung aller derartigen Momente werden wir erst später versuchen, hier ist es uns zunächst nur um die systematische Darstellung zu tun.

II. Beteiligungen. Bei fast allen größeren Gesellschaften, insbesondere der Industrie, weniger des Handels, folgt auf die Anlagen ein Posten „Effekten und Beteiligungen[1]. Der Besitz von Beteiligungen wird sich bei kleineren

[1] Die Beteiligungen der Banken entsprechen organisatorisch nicht ganz diesem Bild. Erscheinen die Beteiligungen der Industrie wenigstens in idealer Hinsicht als mit dem Unternehmen durch betriebsmäßige Wechselbeziehungen

Betrieben auf 1—2 Nebenbetriebe beschränken, bei den führenden Gesellschaften bildet er den „Konzern", bei Holdinggesellschaften schließlich ist der Besitz von Beteiligungen die einzige Bestimmung.

Die Bedeutung dieses Bilanzpostens variiert also je nach dem Aufbau des Unternehmens von Belanglosigkeit bis zu einer für Erfolg oder Mißerfolg der Muttergesellschaft entscheidenden Rolle.

So war z. B. der Umstand, daß die Oberschlesischen Kokswerke 95% der Schering Kahlbaum A. G. besitzen (einer sehr gutgehenden chemischen Fabrik), wiederholt das einzige Motiv für eine Aufwärtsbewegung in „Oberkoks", deren sonstiger Besitz sich weit weniger günstig entwickelte. In den sonst sehr ruhigen Aktien der Canadian Pacific Ry. Co. kam es im Zusammenhang mit der Kupferhausse Anfang 1929 zu einer Steigerung um etwa 20% (von 220 auf 260 Doll.), weil die Canadian Pacific an der größten kanadischen Kupfergesellschaft maßgebend beteiligt ist. Andererseits mußte die Bau- und Betonwaren-Gesellschaft Dyckerhoff & Widmann A. G. anfangs 1927 durch Zusammenlegung ihres Aktienkapitals von 5:2 sanieren, weil große Buchverluste an einer Beteiligung an einer holländischen Baggerfirma eingetreten waren, die die Gesellschaft zum Zwecke der Substanzerhaltung während der Inflation erworben hatte. Ähnlich waren Verluste an Tochtergesellschaften (Berliner Kraftdroschkenunternehmen) der Hauptgrund für die Sanierung der bekannten Autofabrik N. S. U. (Zusammenlegung 5:1 1928).

Der erste Blick auf diesen oft so entscheidenden Posten ist vom Standpunkt des Bilanzstudiums meist entmutigend. In den Bilanzen finden sich nie Detaillierungen, und in den meisten Fällen wird man überdies die unangenehme Erfahrung machen, daß zwei gänzlich verschiedenartige Posten hier zusammengeworfen erscheinen, nämlich wie die häufigste Bezeichnung: „Effekten und Beteiligungen" sagt, einerseits liquide, oft nur vorübergehende Anlagen in marktgängigen Wertpapieren (Effekten) und andererseits die uns hier interessierenden Dauerbeteiligungen. Nähere Angaben über die Zusammensetzung dieses Postens erhält man vor allem aus den Emissions- und Zulassungsprospekten, weil hier die Börsenkammern in sehr erwünschter Weise auf möglichst genaue Angaben drängen. Aus derartigen Anlässen schöpfen auch die verschiedenen Handbücher und Bilanzbesprechungen in

eng verbunden, so ist es nicht ohne Sinn, bei Banken von einem „Effektenportefeuille" zu sprechen, gleichsam eine Art Schatzkammer, wobei der Bank lediglich die Rolle des finanzierenden Institutes zufällt. Das Verhältnis der Bank zu ihren Industrien durchläuft eine hochinteressante Skala von West nach Ost: Bekanntlich besitzen in England die Großbanken (die sog. Deposit Banks) prinzipiell keine industriellen Beteiligungen. Die Skala verläuft dann über Frankreich, wo neben den den englischen Banken ähnlichen Depositenbanken gerade in den letzten Jahrzehnten Banque d'aiffaires hochgekommen sind, zu unseren deutschen Verhältnissen (Universalitätsprinzip) und weiter nach Osten, wo schließlich die Bank der fast unumschränkte Herr über die ihr nahestehende Industrie ist. Selbstverständlich ist hiermit nur das Verhältnis der für jedes Land typischen Kreditbanken zur Industrie gekennzeichnet. Fast überall finden sich nebenher Spezialbanken (Branchebanken), in Deutschland z. B. Braubank, Bank für Textilindustrie usw., die schon nicht mehr alle Züge einer Bank, vielmehr den Charakter von Holdinggesellschaften mit Betonung der Finanzierungsaufgabe haben.

den Fachzeitschriften ihr Material, und so ergibt sich dann oft doch die Möglichkeit einer Detaillierung bis auf einen kleinen Restposten. Nur wenn also diese Detaillierung — wenigstens annähernd — möglich war, hat es einen Sinn, weitere systematische Berechnungen anzustellen, anderenfalls kann das Beteiligungskonto lediglich als ein je nach seiner Höhe im Verhältnis zum Aktienkapital zu wertender Unsicherheitsfaktor Berücksichtigung finden.

Eine systematische Untersuchung muß zunächst folgende Punkte klären:

1. Bei welchen Beteiligungen handelt es sich um Organische, die in betriebstechnischer Hinsicht mit der Muttergesellschaft verbunden sind, bei welchen um ein loseres Verhältnis? Dies ist aus verschiedenen Gründen wichtig: So bringen erfahrungsgemäß gerade „Gelegenheitsakquisitionen" oft Enttäuschungen. Die meisten derartigen Fehlschläge erklären sich allerdings aus der Mentalität der Inflationsjahre und sie sind durch die Entwicklung seither größtenteils bereinigt worden. Andererseits bilden derartige für den eigentlichen Betrieb nicht lebensnotwendige Beteiligungen oft erwünschte Veräußerungsobjekte. Ein Überblick über den organischen Aufbau des Konzerns ist schließlich auch zu der Beurteilung wichtig, ob sich etwa vorliegende Produktionszahlen nur auf die Muttergesellschaft oder auf die Muttergesellschaft und die Beteiligungen pro rata der Beteiligung oder schließlich auf den Gesamtkonzern, also auch auf den außenstehenden Teil der Tochtergesellschaft bezieht. Wie wichtig Klarheit hierüber ist, wird noch im folgenden (s. S. 84 Bewertungsregeln) deutlich gemacht werden.

2. Besitzt das Unternehmen die Majorität oder besteht nur eine verhältnismäßig kleine Beteiligung? Wichtig, da bei Majorität gewöhnlich wertvolle Nebenrechte bestehen, insbesondere Verträge bezüglich Gewinnverrechnung usw. So können Tochtergesellschaften zu ausgiebigen Verschiebungen von Gewinnpositionen verwendet werden. Ein besonderes Kapitel bilden Tochtergesellschaften, denen eine Rolle in der Beherrschung der Gesellschaft (durch Schutz-Stimmaktien u. dgl.), die bei ihr liegen zugewiesen ist.

Erst nachdem man sich von diesen Verhältnissen ein Bild gemacht hat, kann man an die Arbeit gehen, welche — kurz gesagt — eine Art Bagatellverfahren der Prüfung des großen Unternehmens darstellt: Es gilt also, den Wert der einzelnen Beteiligungen je nach ihrer Bedeutung mehr oder minder flüchtig abzuschätzen. Hier muß man mitunter so weit gehen, sich eine getrennte Meinung über den Kapitalswert und den Ertragswert der einzelnen Tochtergesellschaft zu bilden. Es empfiehlt sich, bei unwichtigen Beteiligungen etwas großzügig vorzugehen, um bei den wirklich wichtigen 2—3 Beteiligungen (selten sind es mehr!) die nötige Geduld aufzubringen. Das Resultat der angestellten Prüfung kann nichts anderes sein, als daß man zu einem Urteil gelangt, welche stille Reserve (oder stille Gefahr) in kapitalsmäßiger, vor allem aber in ertragsmäßiger Hinsicht in dem Beteiligungskonto steckt. Wir werden dem Beteiligungskonto noch als einer der Quellen der detaillierten Ertragsrechnung auf S. 82 begegnen.

Ein Umstand, der für das Schicksal des Unternehmens oft von ähnlicher Wichtigkeit ist wie die Beteiligung, ist das Vorhandensein langfristiger Verträge: Sie sind natürlich fast nie aus der Bilanz zu ersehen. Einige Kenntnis erhält man aus Handbüchern, Prospekten usw. Hierher gehören Verträge über die Gewinnverteilung mit anderen Unternehmen nach einem gewissen Schlüssel, Gewinngarantien usw. In diesem Zusammenhang spricht man oft von einer „Interessengemeinschaft" des betreffenden Unternehmens mit anderen, eine Bindung, die oft nur eine Vorstufe der völligen Verschmelzung (Fusion) ist. Daß alle diese Verträge auf das aufmerksamste beim Bilanzstudium berücksichtigt werden müssen, erscheint klar genug.

Vom Standpunkt der Liquidität des Unternehmens sind Investitionen sowie — in den meisten Fällen — Beteiligungen als illiquid anzusprechen, und hierdurch bilden sie gemeinsam den wesentlichen Gegenposten des unter der Passiva verbuchten Eigenvermögens. Im Gegensatz hierzu ist der nächste Posten als liquid (in der Praxis allerdings meist nur halbliquid) anzusehen. Es sind dies

III. Vorräte. Sofern in der offiziellen Bilanz überhaupt eine Gliederung stattfindet, erfolgt sie etwa in Rohstoffe, halbfertige Waren, Fertigwaren. Aus der Entwicklung der Vorräte im Zusammenhang mit der Gestaltung der Preise der betreffenden Artikel lassen sich eine Unmenge Schlüsse über die Situation der Gesellschaft gewinnen. Allerdings sind hierzu neben der rohen Kenntnis der Preise auch Branchenkenntnisse notwendig, insbesondere über die Art der Lieferungsverträge usw.

Viele Beispiele aus der Textilbranche und der Kupferbranche (langfristige Lieferungsverträge machen die Ausnutzung einer scharfen Preissteigerung teilweise illusorisch): so wirkten sich z. B. die hohen Kupferpreise auf das Geschäftsjahr 1928 bei der Mansfeld A. G. (dem einzigen deutschen Kupferproduzenten) noch kaum aus, da sie jeweils mehrere Monate voraus verkaufte.

Gerade bei der Prüfung der Vorräte ist ein Vergleich mit gleichartigen Unternehmungen notwendig.

IV. und V. Forderungen (Debitoren), Kassa und Wechsel gliedern sich organisch in zwei scharf getrennte Gruppen, nämlich Bankguthaben und Kassa einerseits, kommerzielle Außenstände und Wechsel andererseits. In der Praxis wird hiergegen, wie unten ausführlicher gezeigt, häufig verstoßen. Ein ausgewiesener Wechselbestand — theoretisch „liquide Mittel ersten Ranges" — hat schon oft zur Verschleierung von Mißständen beigetragen. Für eine Bilanzanalyse sind darum Wechsel, deren Sicherheit man als Außenstehender ja nicht zu beurteilen vermag, durchaus mit den sonstigen kommerziellen Außenständen zu identifizieren. In der Praxis wird meist ein (im übrigen gänzlich uninteressanter) Posten von wenigen tausend RM. als Kassa ausgewiesen und die Bankguthaben mit den in ihrer Liquidität unvergleichlich schlechteren Außenständen als Forderungen, ein eventueller Besitz an zinsenbringenden Wertpapieren mit dem einer ganz anderen organischen Verbindung zugehörigen Portefeuillebesitz von Konzernwerten unter

„Effekten und Beteiligungen" zusammengeworfen. Findet hierbei eine Spezialisierung statt, so ist es noch möglich, diese übliche, aber vollkommen unorganische Einreihung wieder umzugruppieren, wenn nicht, so ergibt sich leicht eine Reihe von Fehlerquellen, wie das folgende Schema zeigt:

Richtige Gruppierung vom Standpunkt der Liquidität:	Usuelle Gruppierung:
Dauernde Beteiligungen (Portefeuillebesitz an Tochtergesellschaften usw.)	Effekten und Beteiligungen[1]
Außenstände	Debitoren[2]
Wechsel	Kassa und Wechsel
Liquide Mittel:	
Besitz an marktgängigen Wertpapieren (z. B. Goldpfandbriefe)	
Bankguthaben	
Kassa	

Als letzter Aktivposten einer Bilanz können

VI. durchlaufende Posten figurieren, doch muß dann eben, wie der Name sagt, ein gleich hoher Betrag unter den Passiven erscheinen. Es ist dies in vielen Fällen ein rein buchmäßiger Vorgang ohne weiteres Interesse für die Beurteilung: Dies ist z. B. der Fall, wenn solche Posten aus noch unverrechneten Geschäften herrühren. Gerade in der letzten Zeit hat aber eine andere Art derartiger durchlaufender Posten, nämlich die Avale (übernommene Bürgschaften) einiges Interesse wachgerufen. Leider besteht kein gesetzlicher Zwang, die Summe der übernommenen Garantieverpflichtungen ebenso streng auszuweisen wie Kreditoren und Debitoren. In derartigen Bürgschaften ruhen oft große Verlustmöglichkeiten. Die Buchung als durchlaufender Posten erklärt sich daraus, daß durch die Übernahme einer Garantie ja noch keine Änderung in der Bilanz erfolgt, sondern erst durch die wirkliche Inanspruchnahme. Bürgschaften fallen also unter den Begriff der Kreditleihe, bei der der Kredit nicht in wirklichen Mitteln dem anderen zur Verfügung gestellt wird[3].

VII. Schließlich ist ein eventueller Verlust nach dem Saldoprinzip auf der Aktivseite zu bilanzieren: Es überwiegen dann eben die Passiven und der Ausgleich erfolgt durch Einsetzung des Verlustsaldos auf der Aktivseite.

---

[1] Hier werden also die einen festen Bestandteil des Konzerns bildenden Beteiligungen zusammengeworfen mit den eine Liquiditätsreserve darstellenden Anlagepapieren.

[2] Hier sind die mehr oder weniger liquiden kommerziellen Außenstände mit sofort greifbaren Bankguthaben zusammengeworfen.

[3] Die Kreditleihe liegt — noch bekannter — der ganzen Institution des kommerziellen Wechselverkehrs in Form des Giros zugrunde. Nach den Vorschriften der meisten Notenbanken bedürfen Wechsel zu ihrer Diskontfähigkeit dreier oder wenigstens zweier Unterschriften, und hierdurch erweist es sich in den meisten Fällen als notwendig, neben den kommerziell Beteiligten noch eine Bank als Girant heranzuziehen.

B. PASSIVA.

Die Passivseite des deutschen Bilanzschemas beginnt mit dem Aktienkapital, es so gleichsam den Anlagen auf der Aktivseite gegenüberstellend. Diese Anordnung geht vom Standpunkt der Liquidität aus. Als untere Grenze der Liquidität mag ein Schema gelten, bei dem die Summe der (illiquiden) Investitionen dem Eigenkapital gleichkommt, Vorräte und Außenstände dagegen durch Aufnahme von Schulden (bei Lieferanten und Bank) finanziert werden. Wird diese Grenze unterschritten, so erscheint das Unternehmen nicht mehr liquid. Bei hochliquiden Unternehmen dagegen übersteigen Vorräte und Außenstände die Schulden wesentlich, ja das Unternehmen besitzt nur mehr oder minder unverzinsliche Lieferantenschulden, aber keine Bankschulden.

Eigenvermögen (abgesehen vom Gewinnabschluß, s. unten). Das Eigenvermögen gliedert sich in den Bilanzen fast aller Länder (in Deutschland ausnahmslos) in das Aktienkapital und die offenen Reserven[1].

I. Das Aktienkapital zerfällt entweder nur in Stammaktien oder (seit der Inflation häufiger) in Stammaktien und Vorzugsaktien. Die Vorzugsaktien dienen in weitaus der größten Zahl der Fälle der Beherrschung des Unternehmens seitens des Großaktionärs (also oft der Familie der Vorbesitzer[2]). Sie haben zu diesem Zweck erhöhtes Stimmrecht, das mitunter auf die „bekannten drei Fälle“ (s. S. 68) beschränkt ist.

Das bevorrechtete Stimmrecht wird auf zwei Arten herbeigeführt:

a) dadurch, daß die Vorzugsaktien fast ausnahmslos ein geringeres Nominale haben bei gleicher absoluter Stimmfähigkeit.

b) Verschärft wird diese Ungleichheit oft noch dadurch, daß die Vorzugsaktien auch absolut noch ein erhöhtes Stimmrecht haben, also z. B. 3-, 5-, ja 40faches usw.

Die Blütezeit des Unwesens der Stimmrechtsaktien fällt in die Inflationszeit. Oft wurde von der Gesellschaft hierbei eine wirkliche oder vermeintliche Überfremdungsgefahr vorgeschützt, die durch die Entwertung der Mark gegenüber ausländischen Währungen ja tatsächlich gegeben war. Leider hat es die Gesetzgebung bis in allerletzte Zeit nicht zu verhindern gewußt, daß diese damals zum Teil aus vernünftigen nationalen Belangen heraus geschaffenen Stimmrechtsaktien in der Folge eine mächtige Waffe der Großaktionäre im Kampf gegen den Kleinaktionär wurde. Nur schrittweise ist ein freilich noch ungenügender Abbau dieser Pluralstimmrechte insbesondere dadurch gelungen, daß die Börsenzulassungsstelle die Erlaubnis zur Zulassung von Stammaktien eines derartigen Unternehmens von einer Herabminderung des Stimmrechts ihrer Vorzugsaktien abhängig machten. Neuerdings hat auch endlich die Judikatur Stellung genommen: In mehreren Entscheidungen gab sie den Grundsatz zu erkennen, daß insbesondere in materiellen Fragen nicht das Stimmenverhältnis, sondern das

---

[1] Bei amerikanischen Bilanzen kommt als ein wesentlicher Faktor noch der Surplus hinzu, der jedoch teilweise an Stelle des Aktienkapitals (nennwertlose shares) tritt.

[2] Weit seltener ist, wie bereits erwähnt, daß die Bevorrechtung der Vorzugsaktie rein geldmäßiger Natur ist, derartige Typen ähneln dann durchaus den englischen preferred shares, doch sind sie in Deutschland sehr selten.

Verhältnis der eingezahlten Kapitalien maßgebend sein müsse. Unter diesen Umständen sind die Gesellschaften mehr und mehr dazu übergegangen, das nur aufreizend wirkende Stimmrecht ihrer Vorzugsaktien als äußerste Reserve aufzusparen, so daß es in normal verlaufenden Generalversammlungen kaum je in Erscheinung tritt.

Die Stimmrechtsverhältnisse sind naturgemäß für das Schicksal der Gesellschaft von ausschlaggebender Bedeutung. Die gesetzliche Regelung kennt hierbei — kurz gesagt — folgende wichtige Prozentsätze:

25 % der Stimmen bilden die sog. qualifizierte Minorität: sie sind in der Lage, sich den wichtigsten Änderungen, zu denen a contrario qualifizierte Majorität notwendig ist, zu widersetzen. Diese wichtigsten Punkte, in der Fachsprache die „bekannten drei Fälle" genannt, sind: Änderung des Gesellschaftsvertrags, Auflösung der Gesellschaft, Veräußerung im ganzen (z. B. durch Fusion, § 275 usw. HGB).

Über 50 % bilden naturgemäß die absolute Majorität, die alle diejenigen Entschließungen herbeiführen kann, für die eben vom Gesetz nicht die qualifizierte Majorität vorgeschrieben ist. Daß schließlich

75 % der Stimmen die qualifizierte Majorität ist, geht aus dem oben Gesagten hervor.

In der Praxis sind die Prozentsätze naturgemäß nicht vom gesamten Aktienkapital zu rechnen, da ein Teil desselben, speziell bei älteren Unternehmungen, im Publikum verstreut und daher in der Generalversammlung nicht vertreten ist. Für das Studium der Bilanzen lassen sich aus der Präsenzliste der Generalversammlungen oft sehr wertvolle Fingerzeige gewinnen. In erster Linie natürlich hinsichtlich der Aktienverteilung überhaupt, dann aber auch hinsichtlich der Zusammenhänge mit anderen Konzernen usw. Besonders interessant, was nach dem oben Gesagten ja verständlich ist, sind die Verhältnisse bei den Stimmrechtsvorzugsaktien, die meist mit der Zusammensetzung des Aufsichtsrates parallel laufen.

Für ein Studium erscheint oft weniger das begebene Aktienkapital, als vielmehr die sog. Vorratsaktie interessant. Im Gegensatz zu der in diesem Punkt sehr freien angelsächsischen Gesetzgebung, bei der fast in der Regel zwischen dem autorisierten und dem ausgegebenen Kapital ziffernmäßig so große Unterschiede bestehen, daß der Gesellschaft für alle künftigen Eventualitäten ein ausreichender Spielraum gewährt ist, ist dies in Deutschland nur durch Schaffung von Vorratsaktien möglich.

Während das autorisierte Kapital in der englischen Bilanz bereits eine offizielle Rolle spielt (es wird in den Bilanzen aufgeführt) und die Ausgabe jederzeit vom Aufsichtsrat ohne Befragung der Generalversammlung beschlossen und durchgeführt werden kann, ist der fakultative Beschluß der deutschen Generalversammlung „das Aktienkapital von ..... auf ..... zu erhöhen und die Festsetzung des Zeitpunktes sowie die Modalitäten dem Aufsichtsrat zu überlassen" (dies ist die stereotype Formel), zunächst eine rein interne Angelegenheit der Gesellschaft, und diese Ermächtigung muß innerhalb einer gewissen Frist effektuiert werden, sonst erlischt sie. Die Vorratsaktien stammen heute in Deutschland zum Teil noch aus der Goldbilanz her, in der sie eine besondere Regelung fanden. Soweit es sich um neugeschaffene Vorratsaktien handelt, stehen sie wohl ausnahmslos mit beabsichtigten Expansionsplänen der Gesellschaft im Zusammenhang. Die wichtigsten Zwecke, für welche sie in einem derartigen Zusammenhang Verwendung finden, sind:

1. Angliederungen kleiner Unternehmungen, sei es nun gleichartiger, oder zwecks Abrundung des Konzerns. Hier wird den Aktionären des anzugliedernden Unternehmens ein Umtauschvorschlag gemacht. Bestehen keine Vorratsaktien, so ist hierzu eine Kapitalerhöhung notwendig, und zwar „ohne Bezugsrecht der Aktionäre". Es ist hier nicht der Platz, auf das Thema der Bezugsrechtsentziehung einzugehen, immerhin ist die Angliederung ein verhältnismäßig harmloser Fall. Man darf nämlich, falls man nichts Gegenteiliges weiß, annehmen, daß gegen die seitens des Unternehmens hingegebenen Vorratsaktien (bzw. jungen Aktien) in Form der Angliederung der volle innere Wert eingeht, so daß — abgesehen von dem Erfolg der dieser Angliederung zugrunde liegenden Idee — rein wertmäßig keine Verwässerung des Aktienkapitals, also keine Schädigung der Aktionäre stattfindet. Dies kann ganz anders sein, wenn die Vorratsaktien (bzw. jungen Aktien) nicht zu Angliederungen, sondern

2. zum Aktientausch mit „befreundeten" Unternehmungen verwendet werden oder gar

3. falls die Begebung der Aktien „zu vorteilhaften Bedingungen", „zu einem wesentlich über dem Tagespreis liegenden Kurs" erfolgt und wie die Redensarten alle heißen, hierüber bringen die seriösen Tages- und Fachschriften ja genug Material.

Auch dies ist in den Jahren seit 1924 viel besser geworden, allerdings hat die rückläufige Aktientendenz der letzten drei Jahre nicht gerade zu derartigen Manövern ermutigt.

Zum Aktienkapital im weiteren Sinn gehören neben Stamm- und Vorzugsaktien auch die etwa vorhandenen Genußscheine, die in Deutschland bekanntlich recht selten sind. Ihre Rechte werden auf S. 97 ausführlich beschrieben. Ertragsmäßig beanspruchen sie meist das gleiche wie die Stammaktien. Ihr Hauptunterschied zu den Aktien liegt im Mangel des Stimmrechtes.

Den zweiten Teil des ausgewiesenen Eigenvermögens bilden, wie schon erwähnt,

II. die offenen Reserven. Es erscheint hier notwendig, auf die Frage der Reserven in zweifacher Hinsicht einzugehen. Zunächst auf den Unterschied der offenen Reserve gegenüber der stillen Reserve, dann aber auch auf die Frage der sog. „echten" Reserve gegenüber den „unechten" Reserven, das sind die durch verschiedene Ursachen notwendig gewordenen Rückstellungen.

Offene und stille Reserven: Nur die offenen Reserven stehen in der Bilanz, die stillen — wie schon ihr Name sagt — nicht. Woraus bestehen nun die letzteren, wie kann man sich von ihrem Vorhandensein eine Vorstellung machen? Die stillen Reserven entstehen bei der normalen Entwicklung eines Unternehmens daraus, daß jedes ordentlich geleitete Unternehmen nie seinen vollen Gewinn ausweist, sondern neben der offenen Reservedotierung auch noch stille Rücklagen vornimmt. Es hat dies verschiedene Gründe: um zunächst den heute ausschlaggebendsten zu nennen, erfolgt die Bildung stiller Reserven aus Steuergründen.

Die Besteuerung des Reingewinnes der Aktiengesellschaften ist aus den bekannten Gründen in Deutschland überaus hoch. Sie wird lediglich annähernd von England erreicht, während sie z. B. in Amerika nur etwa ein Viertel beträgt. Zu der Körperschaftssteuer (20%) treten in Deutschland noch die Gewerbesteuer, Vermögenssteuer usw., welche zusammen mindestens weitere 10% ausmachen. Man kann also annehmen, daß die Steuern rund ein Drittel des verfügbaren Reingewinnes absorbieren.

Bekanntlich haben zahlreiche Staaten durch Sondergesetze die Besteuerung des Reingewinnes von Holdinggesellschaften stark herabgesetzt, insbesondere Schweiz, Holland, Liechtenstein, neuerdings auch Luxemburg. In Deutschland gibt es lediglich das sog. „Schachtelungsprivileg" (Steuerbegünstigung hinsichtlich von Tochtergesellschaften zwecks Vermeidung von Doppelbesteuerung), so daß z. B. Investmenttrusts, für die diese Voraussetzungen nicht zutreffen, bisher aus Steuergründen in Deutschland nicht Fuß fassen konnten.

Ein weiterer Grund zur Bildung stiller Reserven bilden kreditpolitische Erwägungen: obwohl es ja der Zweck der offenen Reserve sein könnte, den Dividendenausgleich zwischen besseren und schlechteren Jahren zu schaffen, wie dies zum Teil in Amerika auch so gehandhabt wird, ist dies in Deutschland hinsichtlich des „gesetzlichen Reservefonds" unmöglich und auch hinsichtlich der den gesetzlichen Reservefond (10% des Aktienkapitals) übersteigenden Reserven nicht ohne Schädigung des Rufes des Unternehmens üblich. Die Reserve wird hier eben als eine feste Kapitalaufspeicherung betrachtet und ein Angreifen der Reserve als ein eklatanter Mißerfolg. Allerdings mag dieser Unterschied zwischen deutschen und amerikanischen Gepflogenheiten wiederum auf die verschiedene Höhe der Steuern zurückzuführen sein, indem es sich Amerika mit seinen niedrigen Körperschaftssteuern leisten kann, neben dem, was der hiesigen gesetzlichen Reserve entspricht, noch all das offen auszuweisen, was zum Zwecke einer eventuellen Dividendenergänzung in Deutschland still reserviert wird.

Da es nun das berechtigte Streben jeder Leitung sein soll — naturgemäß unter einer gewissen Berücksichtigung der gesamten Wirtschaftslage —, eine stabile Dividendenpolitik zu treiben, so ergibt sich aus den gesetzlichen und gewohnheitsmäßigen Hindernissen für deutsche Gesellschaften die Notwendigkeit, stille Reserven anzulegen. Bedenklicher vom Standpunkt des Aktionärs sind allerdings die Motive, welche zu einer viel weitgehenderen Reserveaufspeicherung, als sie für diesen Zweck allein notwendig wären, erfolgt: Leider ist hinsichtlich der **„Thesaurierungspolitik"**, wie sie immer wieder in den heutigen Zeiten den Gesellschaften von den kleineren Aktionären vorgeworfen wird, eine Einigung zwischen Leitung und Aktionär schon deshalb sehr schwer möglich, weil eben der heutige enorme Steuerdruck ein gewisses Maß von Thesaurierung, sofern sie eine Steuerersparnis bedeutet, gerade vom Standpunkt einer verantwortungsbewußten Leitung zu rechtfertigen vermag. Sieht man aber von diesem Moment ab und behandelt man nur den Teil des Erträgnisses, der sowieso versteuert werden muß, aber trotzdem nicht an die Aktionäre ausgeschüttet wird[1], so läßt sich etwa folgendes sagen: Eine mäßige Reservebildung zum Zwecke der Stabilität der Dividendenpolitik und der Entwicklung des Unternehmens ist unbedingt zu billigen. Nicht zu billigen ist dagegen, wenn diese überstarke Reservenbildung zu dem Zwecke erfolgt, um der Leitung ihre Verantwortung zu erleichtern: aus den stillen Reserven können nämlich auch fehlgegangene Investitionen bereinigt werden, ohne daß der Aktionär hiervon etwas erfahren muß und „seine Direktion" (eine in Deutschland unfaßbare Vorstellung) zur Rechenschaft ziehen könnte. Ein konstanter Aufspeicherungsprozeß — in vielen Fällen bis zu 100% des Aktienkapitals — wird ferner die Ausschüttung einer gleichen Dividende immer leichter machen, so daß es schließlich bei manchen Unternehmungen so kommen muß, daß eine auf den ersten Blick ansehnliche Dividende (z. B. 8%) gleichsam automatisch verdient wird, ohne besondere Leistung der Direktion. Das ist ein Zustand, wie man ihn gerade bei alten Unternehmungen sehr oft beobachten kann. Auf jeden Fall trat hier zunächst eine Ertragsschmälerung der Aktionäre ein, in deren Interesse es vielleicht gar nicht liegt, daß ihre Aktien schließlich fast den Charakter einer Rente annahmen, freilich — gemessen an den wahren Verdiensten — einer verhältnismäßig mageren.

Von diesem Gesichtspunkt betrachtet, erscheint die Aufstellung einer „überaus vorsichtigen Goldbilanz" in einem etwas anderen Licht: Da eine nach unten unbeschränkte Neubewertung seitens der Leitung der Gesellschaften stattfinden durfte, konnte diese sich ihre künftige Aufgabe durch Anlage reicher Reserven sehr erleichtern. Denn es ist ohne weiteres klar, daß die stillen Reserven — mögen sie nun in einer abnormal niedrigen Bewertung der Anlagen oder sonstwo stecken — genau so den Jahresgewinn mitverdienen helfen, wie das ausgewiesene Eigenvermögen.

Eine besondere Bedeutung kommt stillen Reserven bei Holdinggesellschaften zu; fehlen sie, so kann es sich ereignen, daß ein Rückgang der Börsenkurse der Portefeuilleeffekten, auch wenn er nicht auf ihrer individuellen Verschlechterung, sondern auf der allgemeinen Börsenlage beruht, die Jahreserträgnisse buchmäßig aufzehrt und die Gesellschaft außerstande setzt, trotz befriedigender laufenden Einnahmen eine Dividende auszuschütten.

Eine weitere interessante Folge der Aufspeicherung von Reserven ist folgende:

Es gibt Branchen, bei denen erfahrungsgemäß nur das Vorhandensein großer Reserven (wie sie vor allem in niedrigen Buchwerten gegenüber dem Wiederherstellungswert bei den Anlagen usw. liegen) unter den heutigen Verhältnissen eine Rentabilität gewähren. Es ist klar, daß dies eine sehr prohibitive Maßnahme gegenüber Neugründern darstellen muß, da nämlich der Neugründer genötigt

[1] Der offiziell ausgewiesene Reingewinn ist nämlich mit dem versteuerten Reingewinn in vielen Fällen nicht identisch, sondern er wird durch Reservenbildung, die von der Steuerbehörde als solche nicht anerkannt wird und daher versteuert werden muß, weiter geschmälert. Es ergibt sich also in der Praxis etwa die Skala: wirklicher (streng interner) Gewinn, sodann der von der Steuerbehörde anerkannte Gewinn, schließlich offiziell ausgewiesener Gewinn.

ist, den vollen Preis für alle zu schaffenden Anlagen aufzuwenden und seine Aufwendung zu verzinsen. Wenn nun bei den alten Unternehmungen, mit denen er die Konkurrenz aufnehmen will, nur etwa ein Drittel in Form des Aktienkapitals verzinst werden muß, während zwei Drittel (= 200% des Aktienkapitals) in offenen und stillen Reserven stecken, so bedeutet dies die Unmöglichkeit von Neugründungen. Denn es kommt noch folgendes hinzu: Neu aufgenommenes Kapital muß heute schon von Anfang an mit den zeitgemäßen, also sehr hohen Zinsen verzinst werden, während sich die jahrzehntelangen Aktionäre des alten Unternehmens in Kenntnis der hohen stillen Reserven oft mit einer relativ bescheideneren Verzinsung begnügen. Daß das alte Unternehmen über mehr Erfahrung und Ruf verfügt (was auch wieder auf die Dividendenansprüche zurückwirkt), gehört eigentlich nicht in diese Betrachtung hinein, aber immerhin vermögen diese zwei Faktoren den einzigen Vorteil des Neugründers — die modernsten Anlagen, praktischste Einteilung usw. — wettzumachen.

Das Vorhandensein hoher stiller und offener Reserven geht wohl oft mit einer befriedigenden Liquidität des Unternehmens Hand in Hand, sachlich hat aber beides miteinander nichts zu tun. Man kann sich also keineswegs darauf verlassen, daß ein Unternehmen mit hohen offenen (oder vermuteten stillen Reserven) nicht illiquid werden kann. Hierfür gibt es in der deutschen Wirtschaftsgeschichte Beispiele genug.

Schließlich birgt das System stiller Reserven in der Form niedriger Buchwerte der Anlagen (der häufigste Fall) noch die Gefahr einer Selbsttäuschung hinsichtlich der Rentabilität. Für ihre Ermittlung müssen natürlich Abschreibungen vom wahren Wert (dem Wiederherstellungswert) und nicht vom Buchwert kalkuliert werden.

Wo finden sich nun die stillen Reserven? Sie können fast an jeder Stelle der Bilanz vorkommen und es gibt viele Möglichkeiten, bei denen dem Outsider jedes Urteil unmöglich wird, z. B. dann, wenn die Forderungen eine willkürlich zu niedrige Bewertung erfahren haben, oder umgekehrt, wenn in den ausgewiesenen Schulden auch stille Reserven enthalten sind. Leichter erfaßbar sind dagegen andere Möglichkeiten des Vorhandenseins stiller Reserven, vor allem die niedrige Bewertung der Anlagen, mag sie nun durch fortgesetzte Abschreibungen entstanden sein oder von vornherein bestanden haben. Hierbei spielt der Terrainbesitz eine wichtige Rolle. Insbesondere entstehen nämlich starke stille Reserven dadurch, daß halbländlicher Fabriksgrund durch das Wachsen benachbarter Städte nun auf die gänzlich andere Wertbasis des städtischen Grundes aufsteigt. Dies ist insbesondere dann wichtig, wenn das Unternehmen Grundbesitz, der nicht zum eigentlichen Produktionsprozeß benötigt wird, mit Nutzen abstoßen kann. Eine Aufwertung des Grundbesitzes wird von den Gesellschaften nie vorgenommen, so daß sich hier im Laufe der Jahre erhebliche stille Reserven automatisch bilden mögen. Bei den Fabriksgebäuden, Wohnbauten, Maschinen sind dagegen stille Reserven wohl oft vorhanden, aber nicht so eklatant. (Daß es einen Fingerzeig hinsichtlich einer gewissen reichlichen Reservepolitik bildet, wenn das Inventar bis auf einen Merkposten abgeschrieben ist, haben wir bereits erwähnt.)

In der Regel pflegen auch in den Vorräten Jahr für Jahr stille Reserven zu stecken, doch kommt es (im Gegensatz zu dem früher erwähnten Fall des

Verkaufs von Reservegrundstücken) fast nie zu einer bilanzmäßigen Nutzbarmachung dieser stillen Reserven: sie stellen vielmehr in erster Linie einen Akt ständiger Vorsicht dar, um sich vor Schwankungen des Rohstoffpreises zu schützen und bilden so in ihrer Auswirkung auf die Selbstkostenkalkulation eine ständige leichte Ertragsreserve.

Unter den übrigen Aktiven sind, wie schon erwähnt, stille Reserven entweder nicht zu vermuten oder, wenn doch vorhanden, absolut unkenntlich. Die Aufnahme stiller Reserven unter die Passiva (z. B. Kreditoren) ist der seltenere Fall. Sofern sie hier erfolgt, sind sie gleichfalls unkenntlich.

Echte und unechte Reserven. Eine Erwähnung muß schon deshalb stattfinden, um Klarheit über einen Punkt zu schaffen, bei der — meist unabsichtlich — ziemlich viel Durcheinander gestiftet wird. Wenngleich es einer der Zwecke jeder Reserve ist, die Auswirkungen unvorhersehbarer Ereignisse aufzufangen[1], so muß doch daran festgehalten werden, daß man von einer echten Reserve nur so lange sprechen kann, als eine derartige Verwendung noch nicht am Horizont sichtbar wird. Im Moment, wo nämlich eine derartige Reserve zur Deckung eines auch nur möglichen Verlustes erforderlich ist, ist es schon keine echte Reserve mehr, sondern eine Rückstellung, eine Reservierung (eine unechte Reserve). Man spricht in diesem Zusammenhang auch von zweckbelasteten (gebundenen) Reserven einerseits und echten Reserven andererseits. Der in der Praxis häufigste Fall einer solchen „Reservierung" (Ausdruck, der leicht zu Verwechslungen führt) ist der der Dubiosenreserve (oft auch Delkrederekonto genannt). Hier handelt es sich im Gegensatz zu echten Reserven um die Vorsorge für immerhin wahrscheinliche, in manchen Fällen sogar bereits fast sichere künftige Ausfälle. Die Rückstellung ist also ein Akt selbstverständlicher kaufmännischer Vorsicht, gewissermaßen eine Versicherung in sich selbst. Der Grund, weshalb uns die echten Reserven für die Bewertung eines Unternehmens oder einer Aktie interessieren — ihr Beitrag zum Ertrag bzw. die erhöhte Deckung durch sie im Falle einer Liquidation — entfällt hier also, da ja in jedem Moment diese Rückstellungen von den Ereignissen, für die sie dienen, in Anspruch genommen werden können.

Durch das Gesagte glauben wir, jeder Verwechslung zwischen offenen und stillen Reserven, echten Reserven und unechten (Rückstellungen) andererseits vorgebeugt zu haben.

Die offenen Reserven sind schon dadurch bemerkenswert, daß einige der wenigen zwingenden Bilanzvorschriften des HGB. sie betreffen: Laut § 262/1 HGB. müssen nämlich Aktiengesellschaften so lange $^1/_{20}$ ihres Reingewinnes dem offenen Reservefond zuweisen, als er nicht 10% des Aktien-

---

[1] Die weiteren Zwecke: Steuerersparnis oder Mitarbeit am Ertrag können selbstverständlich gleichzeitig laufen. Keine Reserven in diesem Sinn sind die „versicherungstechnischen" Reserven der Versicherungsgesellschaften, da ja gerade bei ihnen derartige Ereignisse keineswegs unvorhersehbar sind, sondern recht eigentlich „zum Handwerk" gehören.

kapitals beträgt[1]. Über diese minimale Vorschrift hinausgehende statutenmäßige Vorschriften sind zulässig, aber im allgemeinen nicht sehr häufig. Aus dieser Bestimmung läßt sich für eine flüchtige Überprüfung der Bilanz ein erneuter Fingerzeig gewinnen: dort, wo noch nicht 10% des Aktienkapitals an offenen Reserven beisammen sind, mag an ein Unternehmen — sofern es sich nicht um eine Gründung jüngsten Datums handelt — sofort ein etwas vorsichtigerer Maßstab angelegt werden.

Die offenen Reserven treten unter verschiedenen Bezeichnungen (Reservefond, Rücklage usw.) auf, ihre Höhe ist in den einzelnen Ländern verschieden (Deutschland meist 10—20, selten mehr als 30%), Schweiz etwa ebenso hoch, östliche Länder eher höher.

Nicht zu den Reserven gehören — abgesehen von den Rückstellungen — einige andere Passivposten der Bilanz, die mit den echten Reserven Ähnlichkeit haben. Hierher gehört vor allem

a) die Erneuerungsreserve; manchmal steckt hierin eine gewöhnliche echte Reserve, meist aber die Abschreibungen der Anlagewerte. Es handelt sich hier um die zweite Methode der Abschreibung (s. S. 60);

III. b) verschiedene Fonds, z. B. „.....-Gedächtnisfond". Ihr Zweck ist meist Pensionsvorsorge und Wohltätigkeit. Im allgemeinen werden sie auch im Liquidationsfall durch ihren Bestimmungszweck voll in Anspruch genommen und kommen für die Aktionäre bzw. Masse nicht in Frage. Abgesehen von dem Fall der Liquidation aber sind sie für ein Bilanzstudium vollkommen interesselos, da ihr Ertrag nicht dem Unternehmen, sondern ihnen selbst zuwächst. Mitunter bildet die mehr oder minder stattliche Höhe (im Vergleich zum Aktienkapital oder noch besser — falls bekannt — der Angestelltenzahl) einen Fingerzeig.

Nach Aktienkapital und Reserven folgen unter den Passiven

IV. die Schulden. Die wichtigste Gliederung ist hierbei in langfristige (fundierte) Schulden und kurzfristige.

1. Langfristige: Aus der Art der Geldbeschaffung ergeben sich eine Fülle interessanter Fingerzeige, vor allem aus dem Zinssatz. Eine gewisse Kenntnis des jeweiligen Zinsniveaus für Industrieanleihen ist erforderlich:

So erfolgt heute in Deutschland die Finanzierung der Industrie auf dem Anleiheweg im allgemeinen durch Begebung 8proz. Anleihetypen mit hypothekarischer Sicherheit. Seltener sind die 7proz. Typen, während höher verzinsliche, z. B. 10%, fast vollkommen fehlen. Hierbei notieren derartige 8proz. Papiere, bei denen die Bonität des Schuldners immerhin Wertunterschiede von mehreren Prozenten verursacht, im Durchschnitt heute (anfangs 1930) kaum schlechter als die 8proz. Pfandbriefe der Hypothekenbanken. Dies ist eine Entwicklung der letzten Monate; bis dahin waren von allem Anfang an, also seit vielen Jahrzehnten, Industrieobligationen beim Publikum weit weniger beliebt als die anderen festverzinslichen Kategorien:

In der Vorkriegszeit erfolgte die Finanzierung der Industrie (zum Unterschied von 3%-Konsols von Preußen, 4proz. Pfandbriefen) meist durch $4^1/_2$proz. Industrieobligationen für die führenden Unternehmungen, durch 5proz. für die kleineren, bei ungefähr gleichem Kursstand aller Kategorien.

---

[1] Überdies ist das Agio aller Kapitalerhöhungen (§ 262, 2 HGB.) gleichfalls dem gesetzlichen Reservefond zuzuführen.

Es ist im folgenden Kapitel ausführlicher dargestellt, daß die Finanzierung der Industrie im Ausland zum Teil wesentlich andere Wege einschlägt:

Vor allem in dem angelsächsischen System der Rangordnung und der Gliederung der Kapitalisation, wobei dem preferred share-Kapital teilweise dieselbe Rolle zufällt wie in Deutschland den Obligationen (hierüber s. S. 88).

Neben Zinsfuß und Kurs bildet die Frage der für die Anleihe eingeräumten Sicherheiten ein gewisses Kriterium für Lage und Standing des Unternehmens: In diesem Sinn rangiert ein Unternehmen, das in der Lage war, eine emissionsfähige Anleihe herauszubringen, naturgemäß weit vor solchen, die sich die Mittel durch Schuldenaufnahme ohne Emission verschaffen müssen. Der Kredit eines Unternehmens, das ungesicherte Schulden aufnehmen kann, ist naturgemäß meist feiner als der eines Unternehmens, das hypothekarische oder sonstige Sicherheiten[1] stellen muß usw.

Die wichtigsten für eine deutsche Industriebilanz in Frage kommenden Formen langfristiger Verschuldung sind:

a) Hypothekenschulden: Falls in beträchtlicher Höhe vorhanden und mit zeitgemäßem Zinsfuß ausgestattet, meist kein gutes Zeichen. Kleinere Beträge entstehen dagegen oft durch die Angliederung einzelner Objekte, auf denen Hypotheken lasten, und das ist dann bedeutungslos. Niedrig verzinsliche Hypotheken (4—5%) sind schließlich Reste aus der Vorkriegszeit (Aufwertungshypotheken siehe c.) und gleichfalls bedeutungslos.

b) Anleihen: Die Begebung einer Anleihe, speziell einer ungesicherten, zu den üblichen Bedingungen ist für das Standing eines Unternehmens immer ein gutes Zeichen.

c) Aufwertungsschulden: Sie sind die selten bedeutenden Reste der einstigen Vorkriegsverschuldung. Im Gegensatz zur Aufwertung der Staats- und Hypothekenbankanleihen, die prinzipiell mit einem festen Satz erfolgte, wurden den Papiermarkgläubigern der Industrieobligationen neben der Aufwertungsobligation noch sog. Genußrechte, deren Ertrag von der Dividende des Unternehmens abhängig ist, gewährt. Diese Restposten sind im allgemeinen wenig interessant. Einen Anhaltspunkt über den Geschäftsgang des Unternehmens bieten sie lediglich im Falle ihrer Ablösung. Auf Verlangen der Gesellschaft kann nämlich die zuständige Instanz (Spruchstelle) für die Ablösung dieser Restposten einen Prozentsatz (z. B. 60, 70% des Aufwertungsnominales) festsetzen, wobei die Spruchstelle ein gewisses Mittel zwischen den seit 1924 gezahlten Dividenden und dem inneren Wert des Unternehmens, natürlich auf Grund ihr übermittelter interner Daten, zugrunde legt. Dies bildet also in manchen Fällen einen, freilich recht unsicheren, Anhaltspunkt.

2. Kurzfristige Verbindlichkeiten: Sie gliedern sich vor allem in kommerzielle Kreditoren und Bankschulden. An die Entwicklung der kommerziellen Kreditoren ist ein wesentlich anderer Maßstab anzulegen als an die Entwicklung der Bankschulden. Ihre Zunahme, welche mit der Entwicklung der Debitoren Schritt hält, ist vollkommen unbedenklich, ja ein erfreuliches Zeichen, wenn gleichzeitig die Bankschulden nicht wachsen oder gar zurückgehen. Ein Sinken der kommerziellen Kreditoren bei gleich-

[1] Gerade diese sonstigen Sicherheiten (Hinterlegung von Wertpapieren, Verpfändung von Vorräten) gehen leider fast nie aus der Bilanz hervor.

zeitigem Ansteigen der Bankschulden ist dagegen fast immer ein schlechtes Zeichen, denn es bedeutet zumindest gesunkenen Umsatz, wenn nicht gar gesunkenen Kredit. (Das Unternehmen bekommt von den Lieferanten weniger Kredit, von den Banken, die bereits „hängen", hingegen, um eine Katastrophe zu vermeiden, Notstandskredite oder Stundung der aufgelaufenen Zinsen.)

V. Eine Bagatelle ist schließlich ein sehr häufig unter den Bilanzpassiven erscheinender Posten: der der unbehobenen Dividenden.

Das sind die eigentlichen Passiven: es folgen nun **(VI.)** die bereits von der Aufzählung der Bilanzaktive bekannten durchlaufenden Posten und schließlich **(VII.)** der **Reingewinn** (vgl. S. 66 Verlustsaldo). Dieser Gewinnsaldo kommuniziert mit der Gewinn- und Verlustrechnung, über die wir noch nicht gesprochen haben, mit anderen Worten, die Gewinn- und Verlustrechnung ragt in diesem einzigen Punkt in die Bilanz hinein.

DIE GEWINN- UND VERLUSTRECHNUNG.

Im allgemeinen wird sie von den Gesellschaften noch viel unzulänglicher aufgemacht als die Bilanz. Neben der Unsitte, Betriebsergebnisse mit finanziellen in einen Posten zusammenzuwerfen, so daß das Gewinn- und Verlustkonto zu einer Farce ausartet, üben manche Gesellschaften auch den Brauch, Einnahme- und Ausgabeposten miteinander zu kompensieren und nur den Saldo auszuwerfen. So kompensieren sie z. B. die vereinnahmten mit den verausgabten Zinsen usw. Dieses Vorgehen wird mit der der Konkurrenz gegenüber gebotenen Vorsicht begründet. In der Tat sind ja zwei Elemente der Gewinnrechnung, nämlich der Kostenkoeffizient (Verhältnis des Brutto- zum Nettogewinn) sowie Verhältnis des Gewinnes zum Umsatz für die Beurteilung eines Unternehmens von entscheidender Bedeutung, doch gehen viele Gesellschaften in der hierdurch gebotenen Zurückhaltung entschieden zu weit.

Schema des Gewinn- und Verlustkontos:

a) summarisch aufgemacht
— mangelnde Gliederung —

EINNAHMEN	AUSGABEN
Vortrag v. Vorjahr	Unkosten
Betriebsgewinn	Reingewinn

b) genügend gegliedert

EINNAHMEN	AUSGABEN
Vortrag v. Vorjahr	Verwaltungskosten (Generalregie)
Betriebsgewinn	soziale Lasten
sonstige Einnahmen, z. B. Erträgnis aus vermieteten Objekten, Div. d. Tochterges. oder Beteiligg. und dergleichen	Steuern
	Schuldzinsen
	Abschreibungen
	Reingewinn

Ebenso ungeregelt wie das Schema der Gewinn- und Verlustrechnung ist auch seine Terminologie im Wirtschaftsleben und in der Praxis: Manchmal wird unter Reingewinn das bezeichnet, was gerade Bruttogewinn heißen sollte, nämlich der Gewinn, welcher sich nach Abzug der Betriebskosten ergibt, also ein Reingewinn vom Standpunkt der technischen Leitung, jedoch ein typischer Bruttogewinn vom Standpunkt der Gewinn- und Verlustrechnung. Immerhin ist es hier verhältnismäßig leicht, aus der absoluten Höhe einen etwaigen Irrtum aufzudecken. Verfänglicher ist es schon, wenn sich der Reingewinn in Wirklichkeit „vor Abzug der Abschreibungen" oder „vor Steuern" versteht, ohne daß dies ausdrücklich hinzugefügt ist. Im allgemeinen sollte mit Reingewinn nur das bezeichnet werden, was man oft präzise als „verteilungsfähigen Reingewinn" umschreibt. Auch von diesem verteilungsfähigen Reingewinn wird nun keineswegs alles als Dividende ausgeschüttet, sondern je nach der Geschäftslage und der Reservenpolitik des betreffenden Unternehmens meist zwischen 60 und 90%.

Schema der Verteilung des Reingewinns. Verfügbar inkl. Vortrag vom Vorjahr x RM., davon:

1. statutenmäßige (oder gesetzliche, solange noch nicht 10% des Aktienkapitals erreicht ist) Dotierung der offenen Reserve.
2. 5% Dividende an Vorzugsaktien, hernach
3. 5% Grunddividende an Stammaktien,
4. Tantieme an Direktion und Aufsichtsrat, Dotierung evtl. sozialer Fonds (Pensionsreserve u. dgl.), außerordentliche Rückstellungen (z. B. Neubauten) u. dgl.,
5. z. B. 3% Superdividende auf das Stammaktienkapital, das somit insgesamt 8% erhält,
6. Vortrag auf neue Rechnung.

Während das Gewinn- und Verlustkonto einen integrierenden Bestandteil der Jahresbilanz bildet, wird die Verteilung des Reingewinnes in Form eines (im Text des Geschäftsberichts stehenden) Vorschlags an die Generalversammlung gebracht und kann daher viel leichter als die Bilanz Abänderungen durch die Generalversammlung erfahren.

Hinsichtlich der Publizität der Gewinnrechnung kann beim heutigen Stand der Dinge Europa von den U. S. A. sehr viel lernen. Zunächst bieten die amerikanischen Gesellschaften ihren Aktionären viel häufiger einen Überblick über ihre Einnahmenentwicklung dadurch, daß — abgesehen von den Eisenbahnen, die zu Monatsausweisen gesetzlich verpflichtet sind — auch die Industriegesellschaften im allgemeinen Halbjahrs-, ja sogar Vierteljahrsausweise veröffentlichen, bekanntlich in Europa ein fast unbekannter Vorgang. Abgesehen von der Häufigkeit dieser Informationen sticht auch die Klarheit derselben wohltuend ab. Grundlage jeder Ermittlung über Ertrag ist hier eine genaue Aufstellung des Bruttogewinnes, der Abschreibungen, Steuern und der „fixed charges" — also der Lasten für den festverzinslichen Teil der gesellschaftlichen Kapitalisation usw. Jede Gewinnrechnung gipfelt schließlich in der Bekanntgabe, wieviel in Dollars und Cents netto pro ausgegebenen common share verdient worden sei — eine Angabe, die man sich bei europäischen Bilanzen ähnlich den Angaben über die Deckung der Renten erst mühsam errechnen muß.

Bei allen methodischen Untersuchungen der Gewinnrechnung muß man sich (so wie immer in Fällen, in denen es sich um Erträgnisse und nicht um Kapital handelt) vergegenwärtigen, daß jede ziffernmäßige Verschiebung bedeutungsvoller ist als bei der Bilanz. Es ist klar, daß eine stille Reservierung aus dem Jahresertrag von z. B. $^1/_4$ Million RM. für den inneren Wert unendlich viel mehr zu sagen hat, als eine Kapitalreserve in der gleichen Höhe, da ja die erstere ein Ausfluß des Ertrages ist und daher erst mit 10 oder 15 multipliziert mit der zweiten verglichen werden kann. Die Rekonstruktion der internen Gewinn- und Verlustrechnung ist also eine wesentlich heiklere Aufgabe als die Rekonstruktion der internen Bilanz. In die Gewinnrechnung ragen verschiedene nicht ausgewiesene, aber rekonstruierbare Posten hinein, deren Erfassung nun die größte Sorgfalt erfordert und einer der Hauptpunkte der Berechnungen des inneren Wertes ist:

Zugänge, sofern sie aus den laufenden Betriebseinnahmen bestritten werden, Abschreibungen, soweit sie sich — über das nötige Ausmaß hinausgehend — als Reservebildung darstellen usw.

Die Gewinnberechnung bietet oft einen Anhaltspunkt dafür, ob der Ertrag eines Unternehmens über den Sachwert (Bilanzwert) hinausgeht, in welchem Fall man von einem zu den Aktiven tretenden „good will" sprechen, ja ihn auch im Kurs bewerten darf. Umgekehrt bedeutet ein Zurückbleiben des Ertragswertes unter den Sachwert das Vorhandensein ertragsloser, toter Substanz. Für ersteres, den wirklichen oder vermeintlichen good will, bietet seit jeher die chemische Industrie (Patente) und in den Jahren 1927—1928 die Kunstseidenindustrie ein Beispiel, umgekehrt für das Vorhandensein weniger ertragsreicher Substanz bis vor kurzem die Montanindustrie.

Im vorstehenden wurden die typischen Posten einer deutschen Industriebilanz und Gewinnrechnung geschildert: Jede Branche wird dabei gewisse Unterschiede aufweisen, noch verschiedener ist das Bilanzbild von Handelsunternehmungen oder gar bei der Bilanz einer deutschen Kreditbank (s. n.).

Weisen schon die Bilanzen der deutschen Branchen, die doch alle auf den gleichen Gesetzen beruhen, weitgehende Unterschiede auf, so werden diese noch größer je nach dem Land. Gering sind die Unterschiede zur französischen und italienischen Bilanz und damit zu den Finanzierungsmethoden des europäischen Kontinents überhaupt. Zu erwähnen ist, daß Österreich und die übrigen Sukzessionsstaaten genau die gleichen Bilanzvorschriften wie Deutschland haben, was auf die seinerzeitige Gleichheit der Handelsgesetzgebung (geschaffen in der Zeit des Deutschen Bundes) zurückgeht. Zahlreiche andere Staaten (z. B. Spanien, Belgien, der Balkan) ahmen das französische Bilanzbild nach, bei Belgien ist das Vorhandensein nennwertloser Kapitalsanteile (ähnlich den amerikanischen common shares) bemerkenswert. Einzelnes über die verschiedenen Bilanzierungsmethoden ist noch in Kapitel VIII (Weltbörsen) erwähnt.

Weit größer als die Verschiedenheit innerhalb des europäischen Kontinents ist der Unterschied zum englischen System und erst recht zur ameri-

Bilanzschema einer Kreditbank:

AKTIVA	PASSIVA
Kassa (aus Liquiditätsgründen bedeutend höher als bei Industrie, etwa $^1/_{15}$ des Aktienkapitals)	Aktienkapital (meist nur Stammaktien)
Wechsel	Reserven ziemlich hoch
Gedeckte Debitoren Lombard, Reports, Vorschüsse auf Waren	Fonds reichlich, insbesondere wegen Pensionen
Ungedeckte Debitoren (das sind die normalen Kredite)	Schulden Kreditoren, und zwar: a) gegen Akzepte b) hereingenommene Gelder c) Einlagen der Kundschaft d) länger laufende Schulden, z. B. ausgegebene Kassenscheine
Wertpapiere a) marktgängige, frei verkäuflich b) syndizierte (gesperrte) Konsortialbestände usw.	Durchlaufende Posten (natürlich bedeutend höher als bei Industrie)
(Sonstige) Beteiligungen	Gewinnabschluß
Immobilien Bankgebäude Inventar meist mit O bewertet; hierher gehören auch Büromaschinen	
durchlaufende Posten	
(Verlustabschluß)	
Bilanzsumme	Bilanzsumme

kanischen Bilanz seit dem Überhandnehmen der Bilanzierung des Aktienkapitals in Form von nennwertlosen common shares. Hierüber ist im folgenden Kapitel ausführlicher die Rede.

STUDIUM DER BILANZEN DURCH DEN PRIVATMANN.

Möglichkeiten der Information. Die Bilanzen aller Aktiengesellschaften müssen laut gesetzlicher Vorschrift im Reichsanzeiger veröffentlicht werden, die von Gesellschaften, deren Aktien an einer Börse notiert sind (und hierum handelt es sich für uns fast ausschließlich) überdies noch in einer Tageszeitung des betreffenden Platzes. Außerdem stehen die Jahresberichte wenigstens der führenden Gesellschaften 14 Tage vor der Generalversammlung den Aktionären zur Verfügung. Man erhält sie unter Berufung auf seine Aktionärseigenschaft (wie gesagt, nur für die größeren Gesellschaften) anstandslos spesenfrei von den Gesellschaften, im übrigen liegen Exemplare zur freien Mitnahme meist am Tagungsort der Generalversammlung auf[1]. Von dem etwas unwahrscheinlichen Fall abgesehen, daß ein Privatmann als Lektüre

[1] Während also der Geschäftsbericht ziemlich mühelos erhältlich ist, sind die „Statuten“ der Gesellschaft, die für mitunter auftauchende Fragen (z. B. Kapitalserhöhung, Bezugsrecht usw.) von Wichtigkeit sind, nicht so leicht erhältlich, schon deshalb, weil sie bei vielen älteren Gesellschaften meist vergriffen sind.

den Reichsanzeiger hält und von den wenigen Fällen abgesehen, in denen er die Generalversammlungen tatsächlich besucht, bleibt also die gesetzlich vorgeschriebene Veröffentlichung in den Tageszeitungen als Informationsquelle übrig. Weit wichtiger als dieser formelle Abdruck der Bilanz ist dabei ihre Besprechung durch die führenden Handelsblätter.

Sofern man nicht bereits Bilanzkenntnisse besitzt, ist es ratsam, sich zunächst auf die aufmerksame Lektüre derartiger Bilanzbesprechungen durch ein führendes Handelsblatt zu beschränken. Eine wertvolle Erweiterung bildet es, wenn man sich eine Fachschrift hält. Für ihre ausgezeichneten Bilanzbesprechungen sind insbesondere der „Deutsche Volkswirt", Berlin, sowie das „Magazin der Wirtschaft", Berlin, bekannt. Beides sind Wochenschriften.

In diesen Wochenschriften werden die Bilanzen der führenden Unternehmungen, darüber hinaus aber fast sämtliche Bilanzen der an der Berliner Börse notierten Werte im Verlaufe des Jahres systematisch besprochen. Der Nachteil gegenüber der Bilanzbesprechung der Tageszeitung liegt naturgemäß darin, daß sie aus Raumgründen die Bilanzen oft erst monatelang nach ihrem Erscheinen besprechen können. Andererseits liegen die Vorteile auf der Hand: Während die Tageszeitung in Wetteifer die Bilanzbesprechung möglichst rasch, wenn möglich am Tage des Erscheinens des Berichtes bespricht, hat die Wochenschrift aus dem früher erwähnten Grund Zeit genug, die der Gründlichkeit der Besprechung zugute kommt. Hierher gehört z. B. die Möglichkeit der Einholung von Informationen bei den Gesellschaften selbst, die den führenden Fachschriften meist in beträchtlichem Ausmaß gewährt werden und so gleichsam eine offiziöse Ergänzung des offiziellen Berichtes bilden. Auch wird das Urteil dadurch wertvoller, daß während des — wie gesagt — oft monatelangen Zeitraumes die Entwicklung seither und ein Vergleich mit ähnlichen Unternehmungen möglich ist.

Erst wenn man mit der Materie auf diese Weise einigermaßen vertraut ist, kann man selbständige Schritte tun: einerseits, indem man nun das Bilanzlesen des einzelnen Unternehmens auf Grund gedruckter Geschäftsberichte oder der Bilanzveröffentlichung in den Tageszeitungen in Angriff nimmt und das eigene Urteil mit den Bilanzbesprechungen derselben vergleicht. Ein weiterer Schritt liegt darin, daß man über die Bilanz des konkreten Unternehmens hinausgreifend die Lage der gesamten Branche untersucht, schließlich den Einbau des Gesellschaftsbildes in die gegenwärtige Wirtschaftslage versucht. Auch hier liefern die Fachschriften wertvolle Ergänzungen und naturgemäß tritt hier zu der Handels- und Börsenliteratur, wie wir sie bisher allein benötigt haben, als wichtigste Ergänzung die Literatur der betreffenden Branche hinzu. Leider ist eine über Einzelfälle hinausgehende systematische Erweiterung des Studiums in dieser Richtung dem Privaten nicht mehr mühelos möglich, setzt sie doch meist die Anhäufung einer gewissen Menge von Material, also eines kleinen Archivs, voraus.

Die nachstehende Reihenfolge dürfte also praktisch dem Verlauf entsprechen, den heute das Studium des privaten Anlegers nimmt.

1. Kennenlernen der einzelnen Werte des eigenen Besitzes aus ihren Bilanzen usw.,
2. Vergleich mit anderen, Übergang zur Kenntnis der betreffenden Branche,
3. Kenntnis der betreffenden Börse und der Eigenart der betreffenden Wertpapierkategorie.

Unmerklich wird sich aber neben derartige konkrete Kenntnisse eine Summe von allgemeinen Erfahrungen im Bilanzlesen ansammeln: So wird es gelingen, sich mit der Zeit einen ungefähren Begriff davon zu machen, wie weit die Bilanzverschönerung (das „Frisieren" der Bilanzen) und alle derartigen Kunstgriffe gehen, andererseits, wie eine Bilanz, bei der ein großer Teil des Gewinnes thesauriert wird, in der Regel aussieht, u. dgl. mehr.

Hiermit ist die Möglichkeit von Informationen natürlich noch lange nicht zu Ende. Im weiteren Sinn dienen ihr alle Arten von Statistiken, Nachrichten von den Warenmärkten, Einzeldarstellungen insbesondere der Wirtschaft der einzelnen Länder usw. Inwieweit man Informationen von seinem Bankier, von Insidern der einen interessierenden Gesellschaften usw. einziehen, wie man diese bewerten soll, hierüber wird noch einiges gesagt werden.

METHODEN ZUR INNEREN WERTBERECHNUNG.

Alles das, was bisher über Bilanzstudium gesagt wurde, hatte schon den Zweck, die Punkte hervorzuheben, an denen eine Beurteilung des inneren Wertes einer Aktie ansetzen kann. Im folgenden versuchen wir — hierauf fußend — die Ergebnisse zusammenzufassen zu etwas, was freilich kaum die Bezeichnung „Methode" im exakten Sinn verdient. Hierbei möchten wir noch einmal folgendes vorausschicken: Für jeden Versuch, den inneren Wert eines Unternehmens festzustellen, ist die Beibringung möglichst zahlreichen Materials Voraussetzung. Zumindest muß man sich darüber klar sein, daß ein Versuch fast zwecklos ist, wenn nur eine einzige, selbst die letzte Bilanz, vorliegt. Immer sollte der Vergleich mehrerer Jahre die Basis bilden. Neben der hierdurch gegebenen Möglichkeit, die Entwicklung des Unternehmens zu verfolgen, ist der Vergleich des Unternehmens mit anderen seiner Branche ebenso wichtig. Man muß sich also dieses Vergleichsmaterial beschaffen, wobei der Fehler zu vermeiden ist, etwa internes Material des einen Unternehmens mit offiziellen Daten des anderen zu vergleichen, ein Fehler, der deshalb naheliegt, weil man sehr oft für das in Frage kommende Unternehmen selbst interne Aufstellungen erhält, während man zum Vergleich naturgemäß auf die offiziellen Bekanntmachungen der anderen Unternehmungen beschränkt ist. Schließlich ist hier wieder auf den verschiedenen Standpunkt des Bilanzprüfers als Aktienkäufer oder als Anleihegläubiger zu verweisen. Ein Unterschied liegt z. B. darin, daß der Anleihegläubiger gar keinen Grund hat, Zukunftsentwicklungen bereits zu bewerten, im Gegenteil, künftige Expansionspläne bergen für ihn eben solche Verlustmöglichkeiten. Demgegenüber ist das Wesen der Aktie, dem sich der prüfende Käufer anzupassen hat, das der zukünftigen Entwicklung, denn nur von dem künftigen Ertrag hängen ja die Dividendenaussichten, hängt die Kurschance der Aktie ab.

Was die eigentlichen „Methoden“ betrifft, so wird bald diese, bald jene anzuwenden sein und in Ergänzung derselben alles das, was überhaupt geeignet ist, einen Fingerzeig zu liefern.

1. Die früher so beliebte **Vergleichsrechnung** mit der Vorkriegszeit wurde vielfach noch in den Jahren 1925—1927 angewendet, um sich über die Chancen der französischen Aktien ein Bild zu machen. Sie erscheint besonders verlockend dort, wo durch Inflation die verschiedenartigsten Bilanzziffern durcheinandergemengt werden, also Ansätze in Friedenseinheiten (z. B. nichtaufgewertete Anlagewerte) mit vollkommen inflationierten Posten (wie z. B. das momentane Bankguthaben). Da aber nicht nur die total inflationierten Länder (Deutschland, Österreich usw.), sondern auch die Länder mit geringerer Inflation inzwischen schon zu sog. Stabilisierungsbilanzen übergegangen sind, die wenigstens die ärgsten durch diese Buchungspraxis eingerissenen Mißstände beseitigten, erscheint die vorstehende Methode heute nur mehr wenig interessant. Für Deutschland ist die Anwendung dieser Methode nach den starken Umwälzungen, die der Neuaufbau der deutschen Wirtschaft seit 1924 gebracht hat, sehr beschränkt, dann auch durch die Veränderung der industriellen Lage, durch Hochschutzzölle und Konkurrenz (z. B. seitens Amerika); allenfalls ein Vergleich der Buchwerte der Grundstücke und Anlagen von 1913 mit heute ergibt mitunter noch wertvolle Informationen.

2. Bilanzwertmethode. Es ist dies nur eine Rohprüfung: Immer wieder trifft man Kurse in Verbindung mit Bilanzen an, bei denen schon die primitivste Überlegung ihre Unrichtigkeit dartut: Die Bilanzwertmethode besteht darin, daß man den Prozentkurs einer Aktie im Verhältnis zu ihrem Wert auf folgende rohe Weise abwägt:

a) das Nominalkapital entspricht natürlich einem Kurs von	100%
b) hierzu offene Reserven laut Bilanz, z. B.	15 „
c) Auflösung der wichtigsten stillen Reserven (z. B. bei Anlagen, s. S. 61, Beteiligungen s. S. 64) usw.	40 „
	155%

Es erscheint klar, daß unter diesen Umständen ein Kurs von z. B. 250% von vornherein unkonvenabel erscheint, falls nicht irgendwelche ganz besonderen Momente ihn rechtfertigen. Andererseits läßt sich „über die Sache reden“, wenn im Vergleich zu dieser primitiven Rechnung ein Kurs von z. B. 180% in Frage kommt. Das Ganze stellt sich lediglich als einen ersten Versuch dar, um von vornherein aussichtslose Bewertungen auszuschalten.

3. In Verfeinerung der unter 1. genannten Methode führt mitunter eine **genetische Methode** zum Ziel, indem man, ausgehend von der Goldbilanz, die Entwicklung des Unternehmens seither (in Form von Angliederungen, Neuinvestitionen) verfolgt und das Resultat mit dem Tageswert vergleicht.

Diese drei Methoden (insbesondere die ersten beiden) sind „Vorproben“, gleichsam Bagatellverfahren, um sich einen Überblick zu verschaffen, ob eine eingehende Untersuchung überhaupt lohnt. Diese, das Kernstück eines jeden definitiven Urteils, besteht in der

4. Ertragsrechnung. Schon aus unseren allgemeinen Bemerkungen über das Verhältnis von Substanz und Ertrag ging — wie erinnerlich — der Ertrag als unbedingter Sieger hervor. In einer unter Zuhilfenahme aller möglichen Anhaltspunkte erfolgenden Rekonstruktion der wirklichen (inneren) Ertragsrechnung muß also die Methode der Wertberechnung einer Aktie kulminieren. In diesem Ziel vereinigten sich folgende Überlegungen:

a) Wieviel hat das Unternehmen (in Prozent des Tageskurs seiner Aktien) offen verdient? Hier handelt es sich also nicht etwa nur um die augenblickliche Rendite auf Grund der letzten Dividende, sondern um den weiteren Begriff, wie man ihn etwa aus dem amerikanischen „earned per share" kennenlernt; nicht die Dividende, sondern der „verteilungsfähige" Reingewinn ist in Beziehung zum Aktienkapital zu setzen, der — wie auf S. 77 erwähnt — bei den meisten Gesellschaften um 10—50% höher als das reine Dividendenerfordernis ist (Tantiemen und andere nicht in das Eigentum des Aktionärs fallende Aufwendungen sind allerdings von diesem Reingewinn abzusetzen: es handelt sich im wesentlichen darum, die offenen Reservierungen usw. mit zu berücksichtigen).

b) Wieviel hat das Unternehmen vor Ausweisung des Reingewinnes vorweg sichtbar in Reserve gestellt? Hier wird die Unterscheidung zwischen Reserve und (notwendiger) Rückstellung, welche letztere natürlich nicht in Frage kommt, wichtig: Derartige Vorwegreservierungen finden sich in Form der Aufstellung von „Neubautenreserven" usw., häufiger aber darin vor, daß das Disagio einer im Geschäftsjahr begebenen Anleihe oder die Kosten einer Kapitalserhöhung mit einemmal (oder doch in einem, den jährlichen Amortisationsdienst weit übersteigenden Ausmaß) getilgt werden.

c) Wieviel hat nun — das ist die Hauptfrage — das Unternehmen über die unter a) und b) gewonnenen Ziffern hinaus intern verdient. Hier lassen sich öfters zusätzliche Ziffern aus dem Verhältnis der Zugänge zu den Abgängen errechnen, wobei man aber sehr vorsichtig sein muß: Es entspricht ja dem Wesen der Bilanz, daß einem Zugang auch ein entsprechender Gegenposten gegenübersteht, und wenn dieser z. B. in der Vermehrung der Bankschulden liegt, so ist der Zugang naturgemäß nicht aus dem Ertrag erfolgt und gehört daher nicht herein. Es wird im allgemeinen nicht leicht sein, aus diesem Posten etwas herauszulesen. Verhältnismäßig einfach ist es, die Abschreibungen daraufhin zu untersuchen, ob ihre Höhe das mutmaßlich nötige Ausmaß übersteigt: Übergroße jährliche Abschreibungen sind eben die normalste Art der Gewinnverheimlichung bzw. der Bildung von stillen Reserven, wie dies bereits ausführlich dargestellt wurde. Welche Überlegungen im einzelnen zu der Lösung der Aufgabe „Schätzung des internen Gewinnes" beitragen, hierüber lassen sich — allgemein gesprochen — keine festen Regeln aufstellen: Häufig liegt auch die Lösung in dem zu niedrig ausgewiesenen Ertrag des Beteiligungskontos usw.

Hierbei leistet die Kenntnis von **Bewertungsregeln** die wichtigsten Dienste, deren ständige Anwendung überhaupt Grundlage jeder Wertberechnung sein soll, mag sie nun exakt oder in Form eines flüchtigen Überschlages erfolgen: So wie der Baumeister, lange bevor sich die Wissenschaft mit dieser Frage beschäftigte, eine Summe von Kenntnissen („Faustregeln") z. B. über Luftwiderstand, Bruchfestigkeit usw. besaß, ebenso finden sich hinsichtlich des finanziellen Aufbaues eines Unternehmens in jeder Branche eine Menge von Erfahrungssätzen hinsichtlich Kapitalisierung, Gewinnspanne, Wert der Anlagen im Verhältnis zur Produktion usw. Diese Sätze, die also von vornherein branchenmäßig aufgebaut sind, modifizieren sich nun je nach Zeit und Land, je nach dem Zinsfuß (bzw. den Kapitalisationsansprüchen des Publikums).

So kapitalisieren sich heute z. B. deutsche Elektrizitätslieferungsgesellschaften mit etwa 25 Pfg. pro abgegebener Kilowattstunde, italienische (entsprechend den niedrigen Tarifen) mit 15—20 Pfg. usw. Recht bekannt ist auch die Kapitalisation der Tonnage der großen Schiffahrtsgesellschaften usw. Einige weitere Beispiele sind im Kapitel IX (Branchen) gegeben.

In der Praxis werden die Überlegungen a), b), c) mitunter etwa folgendes Bild liefern:

Beispiel. Mittleres Unternehmen (seine Aktien sind als Kassawert an der .... Börse notiert) A.-K. 10 Millionen, letzte Dividende 10%, Kurs 125%, Rendite auf Grund der Dividende also 8%.

ad a) Der ausgewiesene Reingewinn beträgt 1450000 RM. (kein Vortrag vom Vorjahr), wovon 100000 RM. Tantieme, 50000 RM. Zuweisungen an soziale Fonds, 200000 RM. für diverse Reservedotierungen, 1000000 RM. für Dividende, 100000 RM. für Vortrag auf neue Rechnung, „offen verdient" daher (200000 plus 1000000 plus 100000) 13% (bzw. 10,4% des Tageskurses).

ad b) Vorweg wurde das Disagio einer Anleihe (5 Millionen à 92%, Disagio daher 400000 RM.) zur Hälfte getilgt (also mit 200000 RM.), während die rechnerische Tilgungsquote für eine z. B. 25jährige Anleihe nur 70000 RM. ausgemacht hätte. Die Differenz (200000 minus 70000) ist also eine in diesem Jahr erfolgte Reservierung, sie entspricht weiteren 1,3% des Aktienkapitals (bzw. 1,04% des Kurswertes).

ad c) An übergroßen Abschreibungen glaubt man (vorsichtig) einen Betrag von 200000 RM. zu errechnen = 2% des Aktienkapitals (bzw. 1,6% des Kurswertes).

Aus a), b), c) ergibt sich daher, daß der mutmaßliche interne Gewinn 16,3% des Aktienkapitals, die interne Rendite auf Grund des Tageskurses daher 13,4% beträgt.

Vorstehendes Beispiel ist natürlich rein schematisch angelegt: Es werden keinesfalls immer alle drei Erwägungen ein greifbares Resultat liefern: Ziffernmäßig betrachtet dürfte aber das vorstehende Beispiel für den Durchschnitt der deutschen Kassawerte bei den heutigen Kursen eher noch zu niedrig sein. Sehr häufig findet man einen internen Gewinn von rund dem Doppelten der Dividende.

Entwicklung der Einnahmen: Wie schon erwähnt, genügt das Resultat eines Jahres absolut nicht, um sich über die Ertragsentwicklung ein Bil zu machen. Andererseits hat obige Rechnung nur für das letzte Jahr und in Beziehung mit dem Tageskurs einen Sinn. Es gilt also, Reihen aufzustellen, deren Verlauf mit etwas Wahrscheinlichkeit einen Schluß auf die künftige Einnahmegestaltung zuläßt.

Das Primitivste ist hierbei der einfache Vergleich der in den letzten 3 bis 4 Jahren gezahlten Dividenden, primitiv deshalb, weil die eventuelle Veränderung des Aktienkapitals (z. B. Verwässerung) vernachlässigt wird. Vollständiger ist daher die Methode, nicht die gezahlten Dividendensätze (%), sondern die ausgeschütteten Beträge (Dividendensummen) zu betrachten und hierbei etwaige Kapitalsvermehrung (durch Abspaltung eines entsprechenden Ertragsteiles) zu berücksichtigen. Hat man sich solche „Reihen" aufgestellt, so gilt es, über die trockenen Ziffern hinaus, sich mit aller Phantasie und gestützt auf das sonstige Material, ein Bild von der Entwicklung des Unternehmens zu machen, wobei insbesondere die erste Bauperiode bei Neugründungen, dann eventuelle Rationalisierungsperioden — beide mit geminderter Ertragskraft — zu berücksichtigen sind. Dies führt zur letzten Phase, dem

5. Einbau der Ertragsrechnung in das Endurteil. Neben der Ertragsrechnung, dem „Kernstück", sind nun verschiedene Momente — richtig abgewogen — zu berücksichtigen, die wir versuchsweise wie folgt gruppieren:

A. Ruf des Unternehmens, Leitung, finanzielle Lage und technische Situation; sonstige Fingerzeige (z. B. Art der Finanzierung, Zinsfuß und Kurs seiner Anleihen usw.).

B. Alle außerhalb des Unternehmens liegenden dauernden Faktoren

1. die Wertpapierkategorie (in unserem Fall also die Aktie),
2. die Nationalität,
3. Lage der betreffenden Branche an sich.

C. Die momentane Börsenlage im allgemeinen und die Kurslage des betreffenden Wertes im besonderen. Sonstige börsentechnische Momente.

Dies ist der rein schematische Weg: Der Leser braucht nicht zu erschrecken, in der Praxis wird die Analyse selten so vollständig sein müssen, die Entscheidung sich oft auf andere Faktoren gründen. Viele der oben skizzierten Erwägungen vollziehen sich bei einiger Kenntnis der Dinge blitzschnell, ja unbewußt. So ist z. B. schon seit zwei Jahren bei jedem mit der Erwägung „Lage der Autobranche an sich" s. o. B3) die unmittelbare Feststellung europäischer schlechter Entwicklung und amerikanischer Konkurrenz verbunden usf.

SECHSTES KAPITEL.

SKALA DER INTERNATIONALEN ANLAGEMÖGLICHKEITEN: IHRE ENTWICKLUNG.

In früheren Jahrzehnten erklärte sich die geringe Zahl der Anlagemöglichkeiten hauptsächlich durch die gesetzlich geschaffenen Grundlagen und die Bedürfnisse und Möglichkeiten des *Geldsuchenden*. So gewährte die Landwirtschaft, die langfristiges Geld brauchte und im wesentlichen eine einzige Sicherheit, die reale ihres Bodens, bieten konnte, Hypotheken, die durch die Institution der Landschaften und Hypothekenbanken in marktgängige Form gebracht und im Publikum placiert wurden. Der Aufbau der Industrie vollzog sich vorwiegend dadurch, daß man in Form von Stammaktien an das Publikum appellierte. Hierdurch waren, wie man sieht, nur wenige Spielarten geschaffen, und hierbei blieb es im großen ganzen, bis die finanzielle Vorherrschaft Amerikas auch in Europa den vielfältigen amerikanischen Emissionsmethoden Eingang verschaffte.

Die internationale Praxis kennt heute eine Skala von etwa 5—6 verschiedenen größeren Wertpapiertypen, die mit einem Wertpapier beginnt, das ein reines, fast an Bargeld erinnerndes Forderungsrecht darstellt und über Renten, Mischformen und Aktien hinweg bei einer Gattung endet, die kaum mehr Substanzcharakter hat, sondern nur mehr Chancen auf eine besondere Entwicklung des betreffenden Unternehmens bietet, wie z. B. Nachzugsaktien, Genußscheine u. dgl.

Ertrag und Sicherheit laufen dabei natürlich in entgegengesetzter Richtung, so daß bei absteigender Sicherheit — in erster Linie des Kapitals, dann aber auch des Ertrags — von der Schatzanweisung zur Nachzugsaktie die Profitchance entsprechend ansteigt.

Es bedarf dabei wohl kaum der Erwähnung, daß dieser Begriff der Sicherheit ein durchaus relativer ist. So kann die in der Skala verhältnismäßig spät kommende Stammaktie eines erstklassigen Unternehmens natürlich viel sicherer sein als die hypothekarisch gesicherte Anleihe eines schlechteren Unternehmens, wenngleich an sich hypothekarisch gesicherte Anleihen weit vor Stammaktien rangieren. Die Rangordnung der Sicherheit hat dagegen unbedingte Geltung, wenn es sich um *verschiedene Typen des gleichen Unternehmens* handelt, so rangieren z. B. die 8proz. Obligationen eines Montanunternehmens in bezug auf Sicherheit vor seinen Stammaktien, mag auch die Anleihe selbst wenig bekannt sein und die Aktie als Terminwert täglich genannt werden.

Die Finanzierung der deutschen Unternehmungen kennt im wesentlichen nur zwei große Gruppen: die Eigentümer, also vor allem die Stammaktionäre und die Gläubiger, meist gleichrangige Obligationenbesitzer und Kreditoren, das angelsächsische System dagegen schon immer die stufenweise Finanzierung durch eine Vielzahl verschiedener Kategorien. So setzt sich die Kapitalisation eines großen englischen Unternehmens etwa wie folgt zusammen:

a) Schulden: Meist keine Bankschulden, sondern Guthaben, dagegen
   5% first mortgage bonds (durch I. Hypothek gesicherte Obligat.)
   6% second „ „ („ II. „ „ „)
   $6^1/_2$% debentures (nicht hypothekarisch gesicherte Schuldverschreibungen).

b) Aktienkapital:
   7% preferred shares,
   ordinary shares,
   deferred shares (Nachzugsaktien).

Der Nachteil dieser Methode ist die geringere Übersichtlichkeit und der Umstand, daß die einzelne Emission bei gleichem Gesamtkapital keinen so breiten Markt haben kann wie ein einheitlicher Typ — der Vorteil hingegen liegt darin, daß die bevorrechteten Typen mit einem niedrigeren Zinsfuß ausgestattet sein können, ohne daß — wie die Praxis erwiesen hat — die nachfolgenden hierbei entsprechend schlechtere Bedingungen aufweisen müssen, so daß eine Verbilligung gegenüber einer einheitlichen Finanzierung unverkennbar ist.

Die Skala. Systematisch erscheinen die einzelnen Anlagemöglichkeiten in folgender Reihenfolge der Sicherheit:

1. Kurzfristige, barforderungsähnliche Anlage. Die wichtigsten Typen sind hierbei:

kurzfristige Schatzscheine von Staaten und öffentlichen Körperschaften,
Kassenscheine erstklassiger Bankinstitute, wie z. B. die Kassenscheine der Schweizer Großbanken, die zur Zeit bei einer Verzinsung von 5% um pari herum notieren. Laufzeit bis zu drei Jahren.

Der bargeldähnliche Charakter einer derartigen Kapitalsanlage wird noch dadurch verstärkt, daß sie meist lombardfähig, teilweise sogar diskontfähig ist, also etwa einem erstklassigen Wechsel gleichgestellt werden darf. Sinngemäß kann auch eine derartige Anlage in allen ursprünglich länger laufenden erstklassigen Anleihen erfolgen, deren Fälligkeit in die beabsichtigte kurze Frist fällt.

Auf diese Type trifft also all das zu, was über die Anlage „auf kurze Sicht“ (s. S. 26) gesagt wurde: für den privaten Investor kommt sie wegen der Unmöglichkeit, neben der Verzinsung einen Gewinn zu erzielen, wohl nur selten in Frage, hingegen spielt sie eine große Rolle bei Geldern (z. B. der Versicherungsgesellschaften, der Industrie usw.), die ihrem Zweck nach nur vorübergehend zur Anlage gelangen sollen.

2. Langfristige, reine Anlagetypen. Hierher gehören die reinen Rentenwerte, bei denen neben der (sich aus Verzinsungs- und Tilgungsbestimmungen ergebenden) Rendite und der durch die Ausstattung umschriebenen Sicherheit des Kapitals keine sonstigen Rechte vorhanden sind.

Es gibt eine Unzahl von Typen: für den innerdeutschen Markt[1] gruppieren sie sich etwa in drei Gruppen: Pfandbriefe der privaten und öffentlichen Hypothekenanstalten. Staatsanleihen und Anleihen anderer öffentlicher Körperschaften (also insbesondere Länder- und Städteanleihen), Industrieanleihen.

Für das Ausland fällt fast überall das Gebiet der hypothekarisch gesicherten Anleihen mit dem der privaten Anleihen zusammen, so daß man zwei große Gruppen: öffentliche Anleihen oder Renten und private Anleihen, Obligationen, Bonds usw. unterscheidet. Wichtige Teilgebiete, für die sich in Deutschland kaum ein Beispiel findet, sind hierbei die ungeheueren (speziell amerikanischen) Eisenbahnanleihen, dann die Anleihen von Kolonialgesellschaften usw.

Als wichtiger, fast nur dem Ausland eigentümlicher festverzinslicher Typ kommt die obligationenähnliche Vorzugsaktie (preferred share) hinzu.

3. Die obligationenähnlichen Vorzugsaktien des Auslandes können in zwei große Gruppen unterschieden werden, in den reinen preferred share ohne sonstige Zusatzrechte, eine Type, die in den letzten Jahren etwas an Beliebtheit eingebüßt hat, und den preferred share mit Zusatzrechten, der dem Gedanken der „capital appreciation" Rechnung trägt. Hier handelt es sich uns zunächst darum, den Begriff des angelsächsischen preferred share gegenüber der deutschen Vorzugsaktie herauszuarbeiten.

Der angelsächsische preferred share genießt stets eine feste, jeder Gewinnausschüttung auf das Stamm-Aktienkapital vorausgehende Verzinsung sowie bevorrechtete Behandlung im Falle der Liquidation. Er ist meist nur mit einem geringfügigen Agio (105, 110, 115%, selten darüber) kündbar bzw. tilgbar, wenn er nicht — allerdings der seltenere Fall — vollkommen unkündbar seitens der Gesellschaft ist. Seine Bevorrechtung besteht also lediglich in der größeren Sicherheit des Ertrages und Kapitals, hingegen nicht in einer Bevorrechtung hinsichtlich des Stimmrechtes. Im Gegenteil, der typische preferred share hat auf die Leitung der Gesellschaft normalerweise gar keinen Einfluß, er ist oft stimmrechtslos. Sein Stimmrecht wird in diesem Fall erst lebendig, wenn es um seine eigentlichsten Rechte geht: Wenn z. B. seine preferred-Dividende in einem Jahr ausblieb oder wenn er im Falle der Liquidation nicht voll befriedigt werden könnte, erhält er ein von dem Stimmrecht des Stammaktienbesitzers meist gesondertes Mitbestimmungsrecht. Hierin liegt der diametrale Gegensatz zu der Mehrzahl der deutschen Vorzugsaktien. Wenn man von wenigen in den Anfängen steckengebliebenen Versuchen des deutschen Aktienwesens, diesen obligationenähnlichen Typ auch in Deutschland einzubürgern, absieht, die übrigens in die Vorkriegszeit fallen (fast das einzige Beispiel aus der Privatindustrie sind die nunmehr zur Einziehung gelangten 6proz- AEG.-Vorzugsaktien), so findet man, daß die große Masse der speziell in der Inflationszeit üppig vorkommenden deutschen Vorzugsaktie gerade durch ihr erhöhtes Stimmrecht auf die Leitung der

[1] Der Konstruktion nach bemerkenswert sind die Sachwertanleihen und die Ablösungsanleihen — beide einmalige Schöpfungen der Inflation bzw. der Aufwertung.

Gesellschaft mitbestimmenden Einfluß ausüben sollte, wogegen ihre materielle Vorzugsstellung in den Hintergrund tritt.

Beispiele des angelsächsischen Typs: 7%-Vorzugsaktien der Deutschen Reichsbahngesellschaft (Kurs ca. 90%, Rendite ca. $7^3/_4$%, Details s. S. 48). 6%-preferred shares vieler amerikanischer Eisenbahngesellschaften (Kurs ca. 95%, Rendite ca. $6^1/_4$%) usw.

Reine Rentenwerte (ohne Zusatzrechte) und preferred shares müssen einen wesentlichen Teil jeder Effektenanlage bilden. Das Ausmaß richtet sich dabei nach den verschiedenen Gesichtspunkten, die wir gleich zu Anfang (s. Risikoverteilung und Anlageplan) besprochen haben.

4. Zwischenwerte, also Werte, die eine feste Grundverzinsung haben und darüber hinaus noch in irgendeiner Form am Ertrag des Unternehmens beteiligt sind.

Träger solcher Zusatzrechte kann theoretisch genommen jeder festverzinsliche Wert sein. In der Praxis scheiden im allgemeinen kurzfristige Werte ebenso wie alle öffentlichen Anleihen aus[1]. Da nämlich die Zusatzrechte meist auf eine Gewinnbeteiligung gerichtet sind, entfällt für öffentliche Schuldner die Möglichkeit, eine solche Chance zu bieten.

Zur größten Beliebtheit ist diese Type für die Anleihen industrieller Schuldner in letzter Zeit gelangt, indem sich die Emittenten das starke Interesse der Investoren an „capital appreciation" zunutze machen. Die Konstruktion derartiger Anleihen soll es ermöglichen, die Anleihelast für den Schuldner in den ersten Jahren niedriger zu halten, um andererseits dem Gläubiger bei günstiger Entwicklung eine sich steigernde Beteiligung an der Prosperität des Unternehmens zu sichern. Die Typen, welche mit solchen Zusatzrechten am häufigsten ausgestattet werden, sind Anleihen und preferred shares.

Das Zusatzrecht variiert im aufsteigenden Sinn wie folgt:

a) Die gelindeste Form einer Gewinnbeteiligung ist eine Zusatzverzinsung, die von dem Ausmaß der Stammaktiendividende des Unternehmens (die also die normale Prosperität widerspiegelt) abhängig gemacht wird. Das Ausmaß dieser Zusatzverzinsung kann abgestuft sein, indem der partizipierende Wert — der Einfachheit halber legen wir im folgenden immer einen Bond mit Zusatzrechten zugrunde — mit der Stammaktiendividende über ein gewisses Ausmaß hinaus gleichen Schritt hält. Meist ist jedoch kein paritätisches Ansteigen der Zusatzverzinsung vorgesehen, sondern sie beträgt nur einen Bruchteil, also z. B. $^1/_2$, $^1/_3$, $^1/_5$ oder — seltener — die Zusatzverzinsung steigt nie über ein gewisses Ausmaß (z. B. 8 oder 10%) hinaus, oder aber sie bleibt in höheren Sätzen gegenüber der Stammaktienverzinsung zurück. Oft wird — es ist dies für den Anlagesuchenden nicht unwichtig — die Zusatzverzinsung schöner aufgemacht als sie in Wirklichkeit ist. Ein

---

[1] Ausnahme: Schatzanweisungen der deutschen Städte von 1928, denen als Anreiz ein Optionsrecht auf eine langfristige 7proz. Anleihe à ca. 93% beigegeben war: ein typischer Fall der Spekulation auf Senkung der Zinssätze.

nüchterner Überschlag über die für das Unternehmen voraussichtlich mögliche Stammaktiendividende und die dann hieraus resultierende Gesamtverzinsung (normale Verzinsung plus eventueller Zusatzverzinsung) muß daher vom Kapitalisten vor dem Kauf angestellt werden.

Zu den bekanntesten Repräsentanten dieses Typs gehören die participating Kreuger & Toll debentures, die dieselbe Dividende wie die Stammaktien genießen, ja sogar an allen Bezugsrechten, Kapitalerhöhungen usw. beteiligt sind, also praktisch alle Chancen der Aktien haben. Durch sie ist im wesentlichen der schwedische Zündholztrust finanziert worden[1]. Ähnliche Konstruktion haben die neuen Siemens-Dollar-Bonds. Einen besonderen Reiz können diese Typen in Deutschland erhalten, wenn — wie es augenblicklich geplant ist — im Herbst 1930 die Kapitalertragssteuer für festverzinsliche Werte abgeschafft wird, jedoch nicht für Aktien. Dadurch würde evtl. der ganze Zinsbetrag (also garantierte Verzinsung plus Zusatzverzinsung) kapitalertragsteuerfrei, sicherlich aber die garantierte Grundverzinsung.

b) Eine beliebtere Form des Zusatzrechts bildet die Option, d. h. das Recht des Anleihebesitzers, zu einem festen oder doch genau im vorhinein festgelegten Preis — innerhalb einer bestimmten Frist — Aktien des gleichen Unternehmens zu erwerben. Auch hier partizipiert also der Anleihekäufer an den künftigen Entwicklungschancen, da sich ein Prosperieren des Unternehmens ja in steigenden Aktienkursen äußern muß, wodurch gleichzeitig die Option immer wertvoller wird. Hier kommt es nun sehr auf die genaue Ausstattung des Optionsrechtes an. Der vorstehende Fall ist weitaus der häufigste, es gibt aber auch Abarten, wie z. B., daß die Option nicht auf Stammaktien, sondern auf andere Kategorien sich bezieht, u. dgl. Die Option kann im Moment der Einräumung bereits einen Wert haben, wenn nämlich der Optionspreis niedriger ist als der Tageskurs. In diesem Fall ist die Einräumung der Option eine versteckte Verbilligung des Zeichnungspreises, eine Methode, die mit dem ursprünglichen Gedanken nichts zu tun hat. Dieser ging dahin, daß der Anleihezeichner dem Unternehmen auf mehrere Jahre „Luft läßt" und erst an der dann sichtbar zutage tretenden Prosperität sich beteilige. Dies ist auch heute noch der häufigere Fall: die Option hat keinen Gegenwarts-, sondern nur einen Zukunftswert, der Optionspreis liegt etwas über dem Tagespreis. Neben einem festen Optionspreis ist auch die Statuierung stufenförmig sich erhöhender Optionspreise häufig (selten der Fall der Ermäßigung des Optionspreises). Die steigenden Optionspreise beruhen auf einem logischen Gedanken: Je länger der Anleihebesitzer der Entwicklung des Unternehmens zusehen darf, ohne weiteres Kapital — nämlich den Optionspreis — zu riskieren, desto höher soll er diese Chance bezahlen. Bekannteste Repräsentanten solcher Optionsanleihen, die z. B. den deutschen und italienischen Auslandsanleihen der Jahre 1926—1927 das Gepräge gegeben haben, sind:

Rhein-Elbe-Union-Doll.-Bonds, Stahlverein-(Doll.- und RM.-)Anleihen, (ital.) Montecatini-Doll.-Bonds usf.

---

[1] Die Raison für diese Konstruktion liegt in Steuer- und Stimmrechtsgründen.

c) Eine sofortige Zuwendung enthält das System der Bond- oder preferred share-Emission mit einem common stock-bonus, also mit der Beigabe einer meist geringen Quantität Gratis-Stammaktien. Der Unterschied zu der vorerwähnten Option liegt darin, daß beim bonus eben die Entrichtung eines Optionspreises in Wegfall kommt, so daß die Partizipation an der Kursentwicklung des bonus sofort paritätisch und unverkürzt einsetzt.

Beispiel: 7% American Glanzstoff preferred shares mit common stock bonus.

d) Die vollkommenste Ausprägung dieses Gedankens ist schließlich das Konversionsrecht, weil hier nicht wie bei den früheren Spielarten nur eine mehr oder minder große Beigabe an Prosperitätschancen neben der festen Verzinsung eingeräumt wird, sondern die ganze, zunächst in festverzinslicher Form eingeschossene Substanz späterhin gewinnberechtigt (profit sharing) ist. Die Konversion besteht also in dem Recht des Gläubigers, seine Anleihe zu einem bestimmten Schlüssel in Stammaktien einzutauschen. Es ist klar, daß dies viel Reiz haben wird, indem man speziell bei Neugründungen usw. die Entwicklung des Unternehmens gleichsam in gesicherter Stellung als Gläubiger abwarten und — wenn alles gut gegangen ist — doch am vollen Ertrag (nach Ausübung des Konversionsrechtes) beteiligt sein kann. Selbstverständlich verstehen sich die Unternehmungen selten dazu, das Konversionsrecht unverkürzt — d. h. unter Zugrundelegung des Tageskurses — zu bewilligen. In der Regel muß der Anleihebesitzer es sich gefallen lassen, ein wesentlich darüber liegendes Konversionsrecht zu besitzen. Hierher gehören die bekannten, übrigens auch mit einer Zusatzverzinsung ausgestatteten

6%-I. G. Farbenindustrie-Bonds (Wandelanleihe),

deren reichlich komplizierte Konstruktion zum Teil auf Steuergründe zurückzuführen ist. Als Beispiel einer besonders geglückten derartigen Emission nennen wir die

$7^1/_2$%-Rheinstahl convertible RM.-Anleihe, deren Konversionsrecht am 31. 12. 1929 abgelaufen ist. Zahlreiche amerikanische Beispiele: z. B. $4^1/_2$% American Telephone und Telegraph convertible Debentures — die größte Industrieanleihe der Welt (219 Millionen Doll.).

e) Als letzte der in jüngster Vergangenheit systematisch ausgebildeten Gruppen von Zusatzrechten ist das Wahlrecht zwischen Bardividende und stock-dividend zu nennen:

Stock-dividend ist der vorläufig noch auf Amerika beschränkte Brauch, die Dividende nicht in bar, sondern in jungen Aktien auszuschütten. Diese jungen Aktien werden dann sofort an der Börse lieferbar gemacht und hierdurch dem Aktionär die Möglichkeit gegeben, die als Dividende erhaltenen Aktien zu verkaufen und hierdurch doch auf Bargeld zu kommen. Der Vorteil für die Gesellschaft liegt darin, daß dies einer ohne weitere Schwierigkeiten und Spesen erfolgenden Aktien-Teilemission gleichkommt, und daß sie die flüssigen Mittel, welche andere Gesellschaften bei der Ausschüttung der Bardividende verlieren, sich erhält. Dieser Modus empfiehlt sich also in erster Linie für in Expansion begriffene Unternehmen.

Kam ursprünglich die stock-dividend mehr als Superdividende neben der üblichen Bardividende, also in Form eines Bonus, zur Ausschüttung, so sind in der letzten Zeit gerade solche Gesellschaften, auf die die frühere Voraussetzung zutrifft, also z. B. die großen Elektrizitätslieferungsgesellschaften der U. S. A. (Public Utilities) mehr und mehr dazu übergegangen, die stock-dividend als alleinige Ausschüttung zu wählen oder sie wenigstens in der Wahl des Aktionärs ebenbürtig mit einer Bardividende anzubieten. Hierbei wird, um einen Anreiz zugunsten der stock-dividend auszuüben, das Ausmaß des an Stelle der Bardividende hingegebenen stocks so bemessen, daß er, zum Tageskurs umgerechnet, die Bardividende etwas übersteigt.

Wohl das bedeutendste Beispiel ist die stock-dividend-Politik, welche die North American Co. (eine der größten Holdingsgesellschaften für Public Utilities in den U. S. A.) seit Jahren verfolgt. Jahr für Jahr verteilte dieses Unternehmen 10% stock-dividend, und dies bedeutete, da ja die stock-dividend jederzeit zum Tageskurs verkauft werden konnte, eine ohne Rücksicht auf den Kurs gleichbleibende Rendite von 10%. Dies hatte zunächst zwei Folgen:

Der Kurs der North American stieg, seit das Publikum hinter dieses System kam, ganz außergewöhnlich,

ferner wurde dieses System von einer Reihe von Investmentgründungen ausgenutzt, da diese einen Portefeuillewert mit einer automatisch wirksamen 10proz. Verzinsung bilanzmäßig sehr gut brauchen konnten. So wurden in der Tat im Laufe des Jahres 1928 mehrere große Investmenttrusts an die North American „angesetzt", u. a. American Cities Power & Light, Electric Shareholdings Corp., Central States Electric Corp., zuletzt Shenandoah Corp. Im Fall der North American und auch sonst ist für eine derartige stock-dividend-Taktik eine jährliche Zunahme des Geschäftes um ein die Ausschüttung prozentuell übersteigendes Maß die unbedingte Voraussetzung. Und in der Tat hat sich die geschäftliche Entwicklung der North American in den letzten vier Jahren wie folgt gestaltet:

	1925	1926	1927	1928
Zunahme des Stromabsatzes in Kilowattstunden (kWh) in Prozent	Basis	+50	+7	+20
stock-dividend in Prozent	10	10	10	10

Die Vermehrung des Geschäftsumfanges und damit der Aktiva des Unternehmens ging also mit dem durch die stock-dividend neu geschaffenen Kapital nicht nur Hand in Hand, sondern übertraf diese sogar. Bilanzmäßig wurde hierbei den neu ausgegebenen Aktien durch eine verhältnismäßig ausreichende Stärkung des Surplus Genüge getan — eine Aktivierung auf Kapitalskonto war, da es sich hier, wie heute meist in den U. S. A., um nennwertlose common shares handelt, nicht nötig.

Die Gefahren der stock-dividend-Politik liegen auf einem ähnlichen Gebiet wie die der Emission festverzinslicher Werte mit Zusatzrechten: alles ist auf eine weitere Prosperität abgestellt. Es besteht immerhin eine gewisse Gefahr, daß ein derartiges Unternehmen aus dem Zwang heraus, entsprechend der stock-dividend Expansion treiben zu müssen, im Mangel an wirtschaftlich geeigneten Objekten zu einer rein äußerlichen Expansion greift, was sich schließlich auch auf einem so soliden Gebiet, wie es die Elektrizitätsbranche an sich ist, durch Fehlinvestitionen rächen kann.

Eine weitere, bis jetzt nicht sichtbar gewordene Gefahr kann theoretisch darin erblickt werden, daß sich derartige Unternehmungen die Barzahlung abgewöhnen, doch bietet dagegen die bekannte große Liquidität angelsächsischer Unternehmungen einen guten Schutz.

Derartig ausgestattete Emissionen nennt man „optional stock-dividend (bond)"[1]. Ihr Reiz liegt darin, daß eine Steigerung des common share den

[1] Oder natürlich (preferred share) usw., je nachdem, welche Kategorie Träger des Wahlrechts ist.

erreichbaren Wert der stock-dividend oft wesentlich über den Normalzinsfuß der Anleihe bringt, so daß z. B. 6proz. preferred shares nun mit 8 Doll. und mehr für je 100 Doll. preferred Nominale rentieren. Die von dem Emittenten und von dem Käufer gewünschte Kurssteigerung ist die Folge.

Die mannigfachen Spielarten dieser Zwischenwerte verdanken ihre reiche Ausbildung vor allem der amerikanischen Aktienhausse der Jahre 1928 bis 1929, während der sich das Publikum immer mehr von normalen festverzinslichen Werten ab- und common shares zuwandte, so daß auch allererste Unternehmen, vor allem aber die schon mehrfach erwähnten Public Utilities ihren Kapitalbedarf nur durch Ausgabe solcher Zwischenwerte befriedigen konnten. Im Herbst 1929 ist mit dem Zusammenbruch der amerikanischen Spekulation diese Entwicklung vorläufig in ein langsameres Tempo geraten. Obwohl während der amerikanischen Aktienbaisse einzelne derartige Emissionen, die bei dem Überangebot noch nicht verdaut sein konnten, beinahe noch stärker als common shares fielen (was also ihrer Aufgabe als Mittelding zwischen Aktie und Rente vollkommen widersprach), sind in den ersten Monaten 1930 doch wieder die meisten Emissionen mit Zusatzrechten ausgestattet worden (z. B. $4^1/_2$% comvertible bonds Emissionen einer Reihe führender Bahnen, 6%-Doll.-Anleihe des R.W.E. mit Aktienoption usw.). Dies beweist, daß der Typ an sich nichts an Beliebtheit eingebüßt hat.

Je nach der „Dosierung" ihrer Zusatzrechte weisen also die Zwischenwerte alle Schattierungen — fast beim reinen Rentenwert beginnend bis zur Stammaktie — auf, und dies spiegelt sich in ihren Kursen wider.

So notieren z. B. diverse deutsche und italienische Optionsanleihen nur 1 bis 2% höher als gleichartige Anleihen ohne Option, wogegen die aktienähnlichen Kreuger & Toll debentures entsprechend der 25% Verzinsung einen — für Renten vollkommen unmöglichen — Kurs von mehreren 100% haben. Im allgemeinen ist diese Gruppe spekulativer als die reinen Rentenwerte: Immer entrichtet der Erwerber einen Teil des Kaufpreises für die Einräumung des Zusatzrechtes, das — aufgebaut auf der Prosperität des Unternehmens, also einem Aktienelement — viel leichter wertlos werden kann als der reine Rentenwert. Der Anleger muß sich also den Charakter des in Frage kommenden derartigen Wertes gründlich überlegen, vor allem, welcher Teil des Preises auf den „Rententeil" und welcher auf die Zusatzchance entfällt. Dies geschieht durch Vergleich mit ähnlichen Renten ohne Zusatzrecht. Für die planmäßige Anlage kommen solche Werte nie im gleichen Ausmaß wie die normalen Rentenwerte in Frage: Die meisten Chancen bieten sie nach einer Baisse (also bei durchschnittlich tiefen Kursen, wie z. B. anfangs 1930), weil dann — auf Grund der tatsächlichen Verhältnisse, vor allem aber aus Stimmungsgründen — ihre Chancen meist unterwertet werden. Nachdem die Aufwärtsbewegung schon eine Weile gedauert hat, ist es oft zweckmäßig, aus Aktien in derartige Werte (sofern ihr „Rententeil" unbedingt sicher ist) umzusteigen; im späteren Verlauf allerdings nähert sich ihre Kursbewegung immer mehr der der Aktien. (Vgl. graphische Darst. S. 41.)

5. Die Stammaktie ist neben den reinen Rentenwerten die wichtigste Wertpapiergattung. Nach den gesetzlichen Vorschriften muß in Deutschland jede Aktie auf ein Nominale lauten, das, mit der Anzahl der umlaufenden Aktien multipliziert, das Gesellschaftskapital ergibt. Es entspricht dem

Wesen der Aktie als Teileigentum, daß dieses Nominale in der weiteren Entwicklung des Unternehmens von nicht allzu großer Bedeutung ist. Schon durch das Vorhandensein offener und stiller Reserven wird der innere Wert der Aktie meist über das Nominale erhöht, und ein Blick auf den Kurszettel zeigt ja auch durch die in Deutschland übliche Prozentnotierung auf den ersten Blick, daß eine Bewertung einer Aktie mit ihrem Nominale — zu pari — ein purer Zufall ist, ja daß sich die Aktien nicht im mindesten etwa häufiger um pari herum gruppieren. Nicht das ausgewiesene Kapital, sondern der innere Wert bestimmen den Kurs. Aus der Erwägung, daß der Wert der Stammaktien einzig durch den Gesamtwert des Unternehmens, dividiert durch die Anzahl der anteilsberechtigten Aktien, gegeben sei, erklären sich die seit wenigen Jahrzehnten aufgetauchten nennwertlosen Aktien (common shares without par-value), welche erstmals 1912 in Amerika gesetzlich für zulässig erklärt wurden und seitdem dort ungeheure Verbreitung gefunden haben. Man kann direkt von einem Siegeslauf des nennwertlosen common share sprechen, der bereits auch in Europa Fuß zu fassen vermochte (in Belgien). Es erscheint außer Zweifel, daß die künftige Entwicklung noch mehr als bisher im Zeichen dieses neuen Gedankens stehen wird, wenn ihm auch formell in sehr verschiedener Weise von den Gesetzgebungen der einzelnen Länder Rechnung getragen werden dürfte.

Die Bilanzierung der common shares erfolgt ganz richtig, indem man sie als Überschuß der Aktiva über die Passiva als „capital account" unter die Passiva einstellt, also genau so wie die Bilanzierung des europäischen Eigenkapitals. Aus Gründen der Vorsicht ist dieses capital account meist viel niedriger, als dem wahren Wert des Unternehmens entspricht. Ein weiterer sehr wesentlicher Teil des Eigenvermögens wird nämlich in Form des Surplus ausgewiesen, einer gleichfalls unter den Passiven stehenden Generalreserve (gewissermaßen das „Mädchen für alles" der amerikanischen Bilanz), der eine doppelte Rolle zufällt: Einerseits wird, wie gesagt, ein weiterer Teil des Eigenvermögens der Gesellschaft durch sie bilanziert, andererseits bildet sie einen jederzeit heranziehbaren Dividenden-Ergänzungsfond.

Um den Bilanzwert des einzelnen common shares zu erhalten, muß man also capital account und surplus addieren und durch die Anzahl der ausstehenden common shares dividieren. Der Bilanzwert, den man so erhält, ist — wie schon erwähnt — in der Regel weit tiefer als der Kurs, der sich fast ausschließlich nach den Einnahmen (earned per share) und der Entwicklung des Unternehmens überhaupt richtet.

Hieraus ergibt sich der grundlegende Unterschied zwischen der Stammaktie — common share — des amerikanischen Rechtes von der deutschen. Der englische ordinary share[1] steht seinem Charakter nach zwischen beiden: Von der deutschen Stammaktie unterscheidet er sich dadurch, daß meist die Vorwegnahme des sichersten Teils des Gewinns durch preferred shares

[1] In England sind Aktien ohne Nominale nach wie vor nicht gestattet. Als Ersatz für nennwertlose common shares werden daher Aktien kleinsten Nominales (sh 1/—, sh 5/— pro Stück) geschaffen, denen insbesondere, wenn die ihnen vorangehenden Kategorien auf einen festen Zinssatz beschränkt sind, ein wesentlicher Teil des Gewinnes und vor allem die Zukunftsentwicklung zufällt.

seine Earnings stark schmälert. Vom common share trennt ihn der Umstand, daß er immer ein Nominale haben muß und die besonders vorsichtige Dividendenpolitik der soliden englischen Gesellschaften. Ein weiterer Unterschied zum common share liegt darin, daß erst die häufig vorhandenen deferred shares, die das amerikanische Recht nicht kennt, die Spitze der Spekulation bedeuten und den ordinary share vor den stärksten Schwankungen in der Prosperität des Unternehmens sichern.

6. Die eben erwähnten deferred shares bilden mit einer Reihe anderer, ähnlicher Typen die letzte, spekulativste Gruppe der Anlagemöglichkeiten. Ihnen allen ist gemeinsam, daß sie prinzipiell keine Sicherheit mehr besitzen — weder hinsichtlich eines Kapitals, es entfallen also in den Bilanzen für sie keine oder fast keine Aktiven — noch auch hinsichtlich des Ertrages. Selbstverständlich kann eine durch Jahre sich fortsetzende Prosperität schließlich zu so starker Reserveanhäufung führen, daß auch diese Kapitalisierungsstufe mehr und mehr festen Boden unter den Füßen erhält. In allen Fällen ist aber der bei Schaffung solcher Typen leitende Gedanke maßgebend, irgendwelchen Interessentengruppen eine Beteiligung an dem über das normale Ausmaß hinaus etwa erzielten Übergewinn zu geben. Der verhältnismäßig wenig substanziierte Charakter des amerikanischen nennwertlosen common share bringt es mit sich, daß er diese Aufgabe mitlöst, so daß im Gegensatz zu Europa in Amerika hinter dem common share nichts mehr folgt. In Europa aber, das seit jeher die Stammaktie gesetzlich auf einen festen Boden gestellt hat, führten Wünsche von Sonderinteressenten zur Ausbildung verschiedener derartiger Typen.

Der deferred share (Nachzugsaktie) hat meist ein sehr geringes Nominale (z. B. sh 1/— per Stück). Dies deshalb, weil die Ausgabe von shares ohne Nominale, was seiner Natur als purer Gewinnschein durchaus entspräche, in England nicht zulässig ist. Der deferred share kommt erst nach einer gewissen Verzinsung des ordinary shares (und natürlich erst recht der preferred shares) zum Zug, wobei er dann meist paritätisch mit dem ordinary share behandelt wird. Selten ist es der Fall, daß neben den auf eine feste Verzinsung beschränkten preferred shares nur deferred shares existieren. Diese erhalten dann den vollen Supergewinn und nehmen so eine ähnliche Stellung wie die amerikanischen nennwertlosen common shares ein. Die deferred shares wurden in der Praxis nicht nur an Stelle von Bartantiemen an die Leitung gegeben (dies war wohl die Entstehung), sondern oft auch an die Gründer und Finanzkonsortien mit dem Zweck einer Partizipation an einer guten Entwicklung des Unternehmens. In diesem Fall gewinnen sie große Ähnlichkeit mit den im französischen Recht ausgebildeten parts de fondateur. Die deferred shares werden, mag ihre Entstehung nun wie immer sein, sobald dies möglich ist, an die Börse gebracht und es entwickelt sich in ihnen ein Handel, der, ihrer Natur als Gewinnschein entsprechend, starke Schwankungen aufweist. In manche bereits seit Jahrzehnten bestehende deferred shares sind ihre Gesellschaften durch ständige Gewinnaufspeicherung so hineingewachsen, daß zwischen ihnen und normalen ordinary shares kein großer Unterschied besteht. Dies gilt naturgemäß insbesondere dort, wo die Kapitalisation sich nur aus preferred shares und deferred shares zusammensetzt. Während sonst deferred shares für den deutschen Investor — wenn überhaupt — nur als spekulative Anlage in Frage kommen, bilden einzelne derartige Werte (z. B. die deferred shares einiger Brauerei- und Bahnwerte) infolge ihrer relativ hohen Rendite durchaus räsonable Anlagen.

Die parts de fondateur (Gründerscheine) sind — wie der Name sagt — ein für die Gründer einer Gesellschaft bestimmter Typ, dessen Ertrag gleichfalls vom Prosperieren der Gesellschaft abhängt. Sie haben im allgemeinen nach Zahlung einer Grunddividende auf die Stammaktien einen Anteil am Übergewinn, und zwar in der Regel in einem festen Schlüsselverhältnis. Dies führte durch die französische Inflation zu einer grotesken Werterhöhung dieser Type. Da nämlich die feste Anfangsdividende den Vorkriegsverhältnissen angepaßt war und meist 4—6% betrug, so wurde sie vor allem bei Unternehmungen, die ihre Substanz bewahren konnten, materiell immer bedeutungsloser.

Nimmt man an, daß ein Unternehmen sein Vermögen in Gold voll bewahren konnte, so ist bei einem Entwertungskoeffizienten des französischen Franks gegenüber der Vorkriegszeit von genau 5:1 ja tatsächlich eine 5proz. Vorwegdividende der Stammaktien materiell nichts anderes als eine 1proz. Verzinsung des Gesellschaftskapitals. Wenn nun an dem Überschuß die parts in einem festen Schlüsselverhältnis partizipieren, so bedeutet dies dann praktisch genommen, daß sie am Reingewinn minus 1 % Anteil haben, und dieser Anteil war, da ursprünglich die Grunddividende der bürgerlichen Verzinsung gleich sein sollte, recht ansehnlich, oft die Hälfte oder doch 30—40 % des Übergewinnes.

Genußscheine. Einem anderen Ideengang verdankt die den parts de fondateurs ähnliche Type der außerdeutschen Genußscheine (action de jouissance) ihr Dasein. Emittenten derartiger actions de jouissance sind fast ausnahmslos Gesellschaften, deren Lebensdauer beschränkt ist, also vor allem konzessionierte Gesellschaften, deren Konzessionsdauer nach 30, 50, 99 usw. Jahren abläuft (z. B. Privatbahnen, Wasserwerke usw.). Nach französischem Recht (und in Nachbildung desselben auch nach österr.-ungar. Recht) hatten solche Gesellschaften, damit ihre Aktionäre möglichst sicher wieder zu ihrem Geld kämen, einen Tilgungsplan für das ausgegebene Aktienkapital aufzustellen, der mit der Konzessionsdauer abschließen mußte. Es fand also sukzessive (durch Auslosung) eine Rückzahlung des gesamten Kapitals zu pari statt. Es erschien nun unbillig — und vor allem hätte es einen starken Unsicherheitsfaktor im Kurs der betreffenden Aktie mit sich gebracht —, auch dann nur den Pariwert zurückzuzahlen, wenn das Unternehmen durch gute Prosperität inzwischen einen Wert erlangt hatte, der vielleicht ein Mehrfaches des Pariwertes betrug. Man verfiel daher auf die Idee, dem Besitzer einer zu pari ausgelosten Aktie neben dem rückgezahlten Betrag einen Genußschein auszufolgen, durch den er — mit Ausnahme der fixen Vorwegverzinsung des Pariwertes, den er ja zurückerhalten hatte — an allen Superdividenden gleichmäßig mit den noch unverlosten Aktien partizipierte sowie auch am Liquidationserlös, soweit er über das Pari der etwa noch ausstehenden Aktien hinausging. Solche Genußscheine erhielten also in dem Maße, als das Aktienkapital heimgezahlt und durch Genußscheine ersetzt wurde, einen immer breiteren Markt und waren auch deshalb beim Publikum beliebt, weil man die Chancen des Unternehmens mit einem um die festverzinsliche Einzahlung verringerten Kursbetrag kaufen konnte[1].

Für den Anleger kommen actions de jouissance, Gründerscheine usw. — wegen ihres spekulativen Charakters und meist schlechten Marktes — eher noch weniger als die deferred shares in Frage.

[1] In keinem Zusammenhang hiermit stehen die in Deutschland während Inflation und Aufwertung geschaffenen Genußscheine einiger Gesellschaften, die ohne Stimmrecht meist die gleichen Dividendenrechte wie die Stammaktien haben und von der Gesellschaft zum Tageskurs der Stammaktie gekündigt werden können. Repräsentanten hiervon sind z. B. Ilse Bergbau-Genußscheine. Erfreulicherweise hat die Schaffung dieser reichlich unorganischen Wertpapiertype keine weitere Verbreitung gefunden.

SIEBENTES KAPITEL.

TECHNIK UND TAKTIK DER VERMÖGENSVERWALTUNG.

ÄUSSERE EINWIRKUNGEN AUF DEN KURSSTAND.

Außer den Ursachen des Kursstandes, welche im einzelnen Wert selbst liegen und deren Besprechung den Hauptinhalt dieses Buches bildet, spielen technische Momente für die Kursbildung eine große Rolle. Die Tragweite dieser Momente ist sehr verschieden, sie wirken bald international, bald erstrecken sie sich nur auf eine einzelne Börse oder eine Gruppe von Werten. Andererseits gibt es Einflüsse, die sich vorwiegend auf Renten (und darunter speziell Staatsrenten) oder aber auf Aktien erstrecken. Im folgenden möchten wir lediglich einige Streiflichter auf derartige Ursachen und ihre Einschätzung durch das Publikum werfen[1].

1. Die Geldmarktlage ist der wichtigste äußere Faktor für die Kursgestaltung. Über die Zusammenhänge zwischen Geldmarkt, Rentenmarkt und Aktienkurse ist vieles schon gesagt worden. Wir haben es also mit drei sich gegenseitig beeinflussenden Faktoren zu tun, von denen gewöhnlich der Geldmarkt den beiden anderen in der Entwicklung vorausläuft. Das Interessante hierbei ist, daß die Grenzen zwischen Geldmarkt und Rentenmarkt insofern fließend sind, als bald das Angebot kurzfristigen Geldes, bald der Wunsch nach langfristiger Anlage überwiegt.

Der Begriff Kapitalmarkt umfaßt dabei alle zur langfristigen (mehrjährigen) Anlage bestimmten Gelder, gleichgültig, ob diese nun in Renten- oder Aktienform erfolgt. Es ist wesentlich, dies festzuhalten, da auch langfristiges Geld (z. B. 3—6-Monatsgeld) im börsenmäßigen Sinn keineswegs „Kapital", sondern immer noch Geld ist (vgl. Kap. IV). Ähnlich sind die Grenzen zwischen Rentenmarkt und Aktienmarkt fließend, da bald die Finanzierung durch Renten, bald durch Aktien beim Publikum mehr Anklang findet. Schließlich besteht ein ständiger starker Zusammenhang zwischen Aktienmarkt und Geldmarkt durch die berufsmäßige Spekulation, die — meist nur am Aktienmarkt, weit seltener am Rentenmarkt tätig — auf den Geldmarkt als ihrer wesentlichen Kreditquelle angewiesen ist. Wie stark der Zusammenhang zwischen Spekulation und Geldmarkt und dadurch zwischen Kursniveau und Geldmarkt ist, zeigt am drastischsten ein Vergleich der Kursbewegung der New Yorker Börse mit den sog. Maklerdarlehen,

[1] In dieses Kapitel gehört auch nicht die Kursentwicklung langer Jahre, wie sie von der Konjunkturforschung heute als säkulare Schwankungen, als „Trend", bezeichnet werden. Dies ist kurz im Schlußkapitel behandelt.

in denen sich der Hauptteil der in Anspruch genommenen Börsenkredite verkörpert (s. graphische Darstellung S. 120).

Die Geldmarktlage findet ihren stärksten Ausdruck in der Diskontpolitik der Notenbanken jedes Landes. Es ist nicht möglich, hier auch nur einen kurzen Überblick über die Taktik zu geben, welche Notenbanken in ihren zwei Hauptaufgaben — Regelung des Währungs- und des Geldmarktstandes — zu beobachten pflegen. Dies gehört zu den von der Fachliteratur am häufigsten dargestellten klassischen Themen.

In unserem Zusammenhang interessiert — ohne Rücksicht auf die Währungslage, Golddeckung usw. — nur die Einwirkung der Notenbanken auf den Geldmarkt: Hier hatte sich die Politik der Notenbanken bis vor wenigen Jahren mit einem quantitativen Vorgehen begnügt: durch Veränderungen des Satzes, zu welchem die Bank Wechsel diskontierte, beeinflußte sie die Höhe des jeweiligen Landeszinsfußes in entscheidender Weise. Während der Inflations- und Deflationsjahre trat zu dieser „Zinsfußschraube" nun noch die „Kreditrestriktionspolitik" hinzu, gleichsam eine qualitative Ergänzung bildend. Die Notenbank pflegte dem Angebot von Wechseln nicht mehr durch eine bloße Hinaufsetzung des Diskontsatzes zu begegnen, sondern auch durch eine Rationierung der Aufnahme des angebotenen Wechselmaterials nach gewissen Richtlinien, eine Maßregel, die naturgemäß wirksamer war als die bloße Diskonterhöhung. Die Anwendung dieser Kreditrestriktion seitens der Reichsbank während der Pariser Konferenz (Frühjahr 1929) ist noch in frischer Erinnerung. Eine Diskonterhöhung oder der weit schärfere Notbehelf, eine Kreditrestriktion, hat bei stabiler Währung weitreichende Folgen auf das Kursniveau. Besonders betroffen wird die Berufsspekulation, der insbesondere durch Reportgeldkündigungen, mit welchen die maßgebenden Banken dann vorgehen müssen, die Möglichkeit des Durchhaltens ihrer Hausseengagements geraubt wird. Das bekannteste Beispiel für eine derartige, auf Börsengeld beschränkte Kreditrestriktion bildet die Reportgeldkürzung der Reichsbank im Mai 1927, die zum schwarzen Freitag (13. 5.) führte. Schon eine Diskonterhöhung um etwa $^1/_2$% wird als ein Warnungszeichen meist mit einer starken Abschwächung der Kurse beantwortet, während andererseits eine Diskontermäßigung in der Regel Kurserhöhungen auslöst. Es läßt sich vielleicht sagen, daß Diskonterhöhung und Kreditrestriktion am schärfsten die Berufsspekulation, also den Aktienmarkt, treffen, während es bei einer Diskontermäßigung auf Kursniveau und Börsenstimmung ankommt, ob von ihr mehr der Aktien- oder der Rentenmarkt oder beide gleichmäßig profitieren.

2. Währung. Ihr Einfluß, sofern er auf Inflation (oder der Furcht hiervor) beruht, ist bekannt: In den letzten zwei Jahren hat dieses früher übermächtige Element für die Effektenanlage keine ausschlaggebende Rolle mehr gespielt, seitdem auch als letzte Weltbörse Paris auf stabiler Währung fußt.

Immerhin kann man Auswirkungen von Devisenschwankungen (z. B. der Peseta und des argent. Pesos) eben heute beobachten. Ein längeres Sinken der

Valuta löst stets die aus der Inflationszeit bekannten Erscheinungen der Flucht des Publikums in Substanzwerte (also Aktien und Valutawerte) aus, während einheimische Renten vernachlässigt bleiben.

3. „Technische" Situation des Marktes. Hierunter versteht man insbesondere den sog. Engagementsstand, also ob die berufsmäßige Spekulation vorwiegend à la Hausse oder à la Baisse engagiert zu sein scheint, ob auf dem Markt noch zahlreiche „unverdaute" Emissionen drücken oder andererseits der Markt „leer" (wenig Ware vorhanden) ist. Beim Vorwiegen von Baisse-engagements in bestimmten Werten kann in denselben „Stückemangel" eintreten, was bei einem Tendenzumschwung zu überstürztem Rückzug der Contremine, zu Deckungen, führt, die dann gerade diese Werte emporschnellen lassen.

4. Einfluß der Nachbarmärkte. Hierüber wird im folgenden Kapitel (Weltbörsen und ihre Zusammenhänge) ausführlicher gesprochen.

5. Politische Nachrichten. Seit jeher hat die Börse hierauf besonders stark reagiert. Dies mag sich vor allem davon herleiten, daß ursprünglich Staatsrenten die Hauptwerte waren und bei ihnen ein genauer Zusammenhang mit der jeweiligen politischen Lage durchaus gegeben ist. Auch mag der Gedanke von dem im Verhältnis zu wirtschaftlichen Momenten „unabsehbaren" Folgen politischer Verschiebungen deren Berücksichtigung in den Vordergrund rücken.

Trotz dieser zwei Erklärungen hat es aber oft einen lächerlichen Beigeschmack, wie die Börse zu allen in dieses Gebiet fallenden Ereignissen Stellung nehmen zu müssen glaubt. Selbst Nachrichten, die im wesentlichen auf politisch-repräsentativem Gebiet liegen, wirken oft auch auf die Börse, obwohl ein tatsächlicher Zusammenhang auch nicht im mindesten gegeben ist. So ist es bekannt, daß die Krankheit des Königs von England im Jahre 1929 vielfach als Begründung für eine gewisse Lustlosigkeit der Londoner Börse herangezogen wurde, zumindest, daß Veränderungen seines Gesundheitszustandes Schwankungen in der Gesamttendenz zur Folge hatten usw.

Neben politischen Ereignissen, die also von den wichtigsten bis zu den unbedeutendsten reichen, sind soziale Veränderungen von Bedeutung. So wird z. B. ein Sieg der Linken seit jeher mit gesteigerten Löhnen, gesteigerter sozialer Fürsorge und daher mit der Begebung von Notstandsarbeiten u. dgl. in Verbindung gebracht, in Staaten mit Militärmacht ein Sieg der Rechten z. B. mit der Durchführung bereits zur Diskussion stehender Rüstungsprogramme (Marineaufträge, Heereslieferungen usw.).

Neben der äußeren und inneren Politik spielt die Handelspolitik eine große Rolle. Handelsverträge, insbesondere Zollfragen, wirken auf die betroffenen Gruppen ein.

6. Stärker noch ist die Auswirkung von **Mode, Sitten** und Kulturentwicklung. Es wäre nicht richtig, diese Umstände zu unterschätzen. So erklärt sich der enorme Aufschwung der Grammophonbranche zweifellos durch die Tanzmode. Gleichzeitig verfiel die Klavierfabrikation. Ähnliche nachhaltige Auswirkungen hat die schlanke Mode auf den Konsum von Zucker und Kleingebäck usw.

7. Wirtschaftliche Nachrichten. Den stärksten Einfluß üben Ziffern der Montanproduktion, des Verkehrs (Wagengestellung), Handelsbilanz, Sparguthabenentwicklung, Insolvenzen usw., aus denen man auf die Gesamtentwicklung der Wirtschaft schließen kann.

Dies sind einige versuchsweise herausgegriffene allgemeine Ursachen. Was schließlich die Auswirkungen auf ein einzelnes Unternehmen betrifft, so sollen als Beispiel erwähnt werden: Bewegter Verlauf der Generalversammlung (z. B. Auftreten einer Opposition), Erfindungen in der betreffenden Branche, ein konkreter Auftragseingang (z. B. zur Zeit Reparationsaufträge für eine bestimmte Firma), Elementarverluste, personelle Momente (Zwistigkeiten in der Leitung, Unterschlagungen u. dgl.) usw. Die richtige Berücksichtigung solcher Umstände ist ihrer Entstehung nach äußerst schwer. Allenfalls läßt sich hierüber sagen, daß das Publikum geneigt ist, sie zu überschätzen. Gerade für deutsche Verhältnisse darf man nicht vergessen, daß die Unternehmungen ja nur einmal im Jahr mit ihrem Ergebnis an die Öffentlichkeit treten und daß hierdurch ein genügend langer Zeitraum vorliegt, innerhalb welchem sich solche außerordentliche Ereignisse, sofern sie nicht allzu weit reichen, ausgleichen können. Hierzu kommt noch die starke Thesaurierungspolitik und innere Reservenbildung, die als Stoßdämpfer dienen.

Verhalten des Investors. Es ist nun nicht so, daß es für den privaten Anleger, sobald er zur Kenntnis derartiger Ereignisse gelangt, bereits immer zum Handeln zu spät ist. In vielen Fällen — z. B. bei politischen Nachrichten — ist die Einsicht des Privatmannes weit besser als die der Berufsspekulation. Die erste Überlegung wird immer sein, welchen Einfluß dieses Moment auf die Gesamtlage der Börse haben kann und wieweit die Kurse der Situation bereits Rechnung getragen haben. Natürlich kann man diese Frage nicht mit Sicherheit beantworten, indessen kann eine genaue Untersuchung der wichtigsten Momente, insbesondere eine genaue Beobachtung des Geldmarktes, doch einen Anhaltspunkt geben, um sich wenigstens vor argen Fehlern zu bewahren, wie sie z. B. im eigensinnigen Durchhalten von Hausseengagements bei ständig sich verschärfender Kreditnot liegen. Kommt z. B. der Rückgang des Aktienniveaus von einer Verknappung des Geldmarktes her und tritt er allmählich ein, dann hat man — richtige Verteilung der Anlagen hinsichtlich der Verkäuflichkeit vorausgesetzt — wohl meistens noch Zeit, mit einem blauen Auge aus dem Engagement heraus und auf Bargeld zu kommen. Anders, wenn sich die Tendenz in Form eines plötzlichen Kurseinbruches (z. B. auf eine ungünstige politische Nachricht hin) ändert. Hier ist es sehr fraglich, ob man der Panikstimmung folgen und verkaufen oder aber die häufig eintretende Besinnung abwarten soll.

Technik des Kursverlaufs. Die Festsetzung der Kurse amtlich notierter Werte erfolgt durch vereidigte Kursmakler. Hier ist zwischen den Terminwerten und variabel gehandelten Werten, bei denen in der Regel mehrere

Kurse gemacht werden, und den zum „Einheitskurs" gehandelten Werten zu unterscheiden. Dies deckt sich — wie man sieht — nicht mit der Unterscheidung in Terminwerte und Kassawerte. Kassawerte sind vielmehr — ohne Rücksicht, ob zum Einheitskurs oder sonstwie gehandelt — alle Werte, deren Bezahlung sofort erfolgt; hierher gehören also auch die variabel gehandelten Werte, ja auch Terminwerte, falls sie zum Kassakurs gehandelt wurden, was vor allem dann der Fall ist, wenn ihr Betrag die Terminschlußeinheit von 6000 RM. (für Berlin; für die Provinzbörsen 3000 RM.) nicht erreichte.

Ein wichtiges Element der Ordererteilung seitens des Kunden bildet die Möglichkeit der Limitierung seiner Aufträge. Den Begriff setzen wir als bekannt voraus. Die Festsetzung der amtlichen Kurse durch die Makler erfolgt nach dem Grundsatz, daß unter Berücksichtigung der „bestens"-Aufträge und der vorhandenen Limite der Kauf- und Verkaufseite der Kurs so festzustellen ist, daß eine möglichst große Anzahl der erteilten Orders zur Ausführung gelange. Nur, falls dies eine unverhältnismäßig starke Kursschwankung zur Folge hätte, ist der Makler berechtigt, im Einvernehmen mit dem Börsenkommissar die Notierung zu streichen bzw. den Kurs zu repartieren. Dies hat zur Folge, daß auch Bestensorders nur teilweise oder gar nicht ausgeführt werden müssen. Auf die zahlreichen anderen Einzelheiten, wie z. B. Erklärung der verschiedenen Zusätze zu den Kursen, z. B.

— G (gestrichen Geld: Käufer ohne Angebot),
— B (gestrichen Brief: nur Verkäufer ohne Nachfrage),

möchten wir aus Raumgründen nicht näher eingehen. Sie sind in jedem einschlägigen Handbuch ausführlich dargestellt (teilweise auch in den Kurszetteln erklärt).

VON DER PREISWÜRDIGKEIT.

Wir haben uns bisher — besonders in Kapitel V — bereits eingehend mit allem auseinandergesetzt, was der Erforschung des „inneren Wertes" einer Anlage dienen kann. Hierbei ergab sich, daß der „äußere" Wert von Effekten, wie er ja ständig im Kurs zum Ausdruck kommt, noch von einer Reihe anderer Umstände abhängt und sich wohl nie mit dem inneren Wert deckt. Der Investor hat also nicht den inneren Wert allein zu berücksichtigen, wenn er sich die Preiswürdigkeit eines zu kaufenden Wertes überlegt. Besonders, wenn der innere Wert, wie dies aus börsentechnischen Gründen oft jahrelang der Fall ist, über dem Tagespreis liegt, wären sonst Fehlinvestitionen unvermeidlich.

Was die Preiswürdigkeit betrifft, so ist ein betonter Unterschied zwischen dem Standpunkt eines Anlegers auf längere Sicht und dem Käufer aus den Kreisen der Spekulation zu machen. Es ist wichtig, diesen Unterschied etwas näher auszuführen, weil der Privatmann in der Regel doch aus Berufskreisen seine Anregungen empfängt, deren Ratschläge oft von ihrem Standpunkt aus gerechtfertigt sind, aber für ihn nichts taugen.

Auf eine kurze Formel gebracht, könnte man etwa sagen: Ideal jedes Investors muß es sein, binnen Jahresfrist 30, maximal 50% an Kurssteigerung und Rendite zu erzielen. Ziel des Börsianers dagegen ist es, binnen 8 Tagen (das soll nicht heißen jede Woche!) 4—5% zu gewinnen, wobei er bei solchen kleinen Margen die Spesen kalkulieren muß, aber nicht an die laufende Rendite denkt. Schon wegen seiner wesentlich höheren Spesen sollte der Investor selbst eine spekulative Anlage nur dann treffen, wenn doch eine 10—15proz. Kurschance wahrscheinlich ist. An allzu häufigen Tauschen ist er (ein weiterer Unterschied) in vielen Fällen durch die 3-Monatsgrenze für Spekulationsgewinne behindert. Während der Zeitpunkt des Kaufs — richtige Beratung und Initiative vorausgesetzt — zwischen Privatmann und der Spekulation kaum auseinanderliegen muß, kann dem privaten Anleger gar nicht oft genug empfohlen werden, speziell bei überhitzten Steigerungen rechtzeitig, lange vor der Spekulation, „auszusteigen". Eine nähere Begründung dürfte sich erübrigen. Es ist ein mitunter schwerer, aber auf die Dauer heilsamer Entschluß, von jeder größeren Kurssteigerung nur etwa das mittlere Drittel mitzunehmen. In den Erzählungen vieler Börsianer und Privater hört es sich ja sehr elegant an, wie jemand sich noch rasch die letzten 5% einer Steigerung geholt und damit im Handumdrehen einige Hunderte, ja Tausende verdient hat. Das Gefährlichste wäre es, derartige wirkliche oder angebliche Erfolge nachahmen zu wollen: es fehlt dem Privatmann an der Möglichkeit der blitzschnellen Glattstellung und vor allem belasten ihn die Spesen, die ein Herausgehen im Moment, in dem man sieht, daß die Sache nicht eingeschlagen hat, psychologisch so sehr erschweren. Ein Trost mag immerhin sein, daß es auch fast nie dieselben Spekulanten sind, die mit ihrem Besitz etwa die ganze Steigerung mitmachen, sondern daß sie ununterbrochen wechseln.

Eskomptieren von Chancen. Neben der Erkenntnis des Unterschiedes seiner Anlagemöglichkeiten zum Börsianer hat sich der Anleger bei jeder Anlage die Frage vorzulegen, wieweit etwaige Chancen eines Papiers bereits im Kurs vorweggenommen — „eskomptiert" — sind. Es handelt sich hier nicht um eine Überlegung über den inneren Wert vom Standpunkt des Investors, sondern um die Prüfung, ob die Kursentwicklung der letzten Zeit — rein börsentechnisch gesehen — überstürzt ist. Ferner muß der Wert mit ähnlichen verglichen werden, um zu sehen, ob sein Kurs relativ zurückgeblieben ist oder vorauseilt. So kommt es häufig vor, daß die großen und allgemein bekannten Terminwerte zu Beginn einer Hausse bereits gestiegen sind, während Kassawerte von der Entwicklung noch kaum ergriffen wurden. Ähnlich läuft die Kursgestaltung junger Branchen ihren realen Ergebnissen durch Eskomptierung der Zukunftschancen weit voraus, während sich die Börse bei einer Erholung alter Branchen oft recht abwartend verhält, so z. B. bei den deutschen Montanwerten im Jahre 1929.

Überhaupt spielen unwägbare (immaterielle) Momente für die Kursgestaltung eine große Rolle. Es sind dies Begriffe wie Alter der Firma[1]), Ruf, Beliebtheit ihrer Fabrikate (z. B. Markenartikel) usw.

In wenigen Worten läßt sich über derartige immaterielle Werte sagen, daß auch sie ähnlich den stillen Reserven — eine wirklich vorhandene, wenn auch nicht sichtbare — Tatsache sind. Hierdurch unterscheiden sie sich von puren Möglichkeiten: Entwicklungschancen des Unternehmens, in dasselbe gesetzte Erwartungen usw., wenngleich in vielen Fällen die Grenzen fließend sein mögen. Alle diese Umstände, angefangen von den vorhandenen oder auch nur vermuteten stillen Reserven, kommen in gleicher Weise in dem, das Eigenkapital der betreffenden Gesellschaft übersteigenden Agio zum Ausdruck.

Kurskonvention. Das Wichtigste für die Erkenntnis der Preiswürdigkeit ist natürlich eine möglichst umfassende Kenntnis des jeweiligen internationalen Kursniveaus. In dieser Beziehung sind viele Einzelheiten bereits gesagt worden. Neben rationalen Überlegungen spielen hier Sentimentsgründe merkwürdigerweise eine Rolle, so z. B., wenn in der Vorkriegszeit Deutschland seine wenigen Kolonialgesellschaften weit höher bewertete als England, das auf Grund seiner alten Erfahrungen und der ungeheuren Auswahl weit nüchterner vorging. Weitere unberechtigte Preisunterschiede ergeben sich je nach der Kapitalsversorgung der einzelnen Länder: so sind z. B. die Renditen italienischer Elektroaktien beinahe doppelt so hoch wie die von in der Schweiz oder in Frankreich notierten südamerikanischen gleichartigen Werten usw. Die Anlagekapitalien der einzelnen Länder kommunizieren eben weit weniger als etwa die einzelnen Geldmärkte, was sich vor allem aus dem viel größeren Risiko der langfristigen Kapitalsanlage gegenüber einer kurzfristigen Geldanlage erklärt. Interessant ist die länderweise Abtönung, welche der Renditenanspruch, der seitens des internationalen Anlegers an die Staatsanleihen der verschiedenen Länder gestellt wird, zeigt: Naturgemäß ist es zu diesem Zweck notwendig, die Anleihen der verschiedenen Staaten auf einen gemeinsamen Nenner zu bringen, und dies ist dadurch möglich, daß fast alle Staaten

[1] Die Firma, d. h. der Geschäftsumfang, der Kundenstock usw., alle Imponderabilia, die im Erfolg des Unternehmens zum Ausdruck kommen, werden in der Fachsprache als „good will" bezeichnet. Während die deutschen Bilanzvorschriften (§§ 40, 41 bzw. 261 HGB.) eine Aufnahme dieser Werte unter die Aktiva nicht zulassen, ist dies speziell im angelsächsischen Recht durchaus gestattet, und so finden wir unter den Aktiven speziell bei Gesellschaften jüngeren Datums in den meisten Fällen einen Posten „good will". Dieser Posten good will bietet — in entfernt ähnlicher Weise, wie dies beim Surplus der amerikanischen Gesellschaften möglich ist — eine vielleicht allzu bequeme Handhabe für Bilanzmanöver: wenngleich prosperierende Gesellschaften Wert darauf legen, jährlich einen reichlichen Teil des aktivierten good will abzuschreiben (z. B. $^1/_5$—$^1/_6$) und der bilanzierte good will überhaupt keinen allzu großen Betrag ausmacht, bot er weniger soliden Gesellschaften schon oft die Möglichkeit, den Verlust eines Jahres wegzueskamotieren, da ja der Außenstehende keine Ahnung davon haben kann, welche echte Aktiva (neu erworbene Patente usw.) im Laufe des Jahres auf diesen Bilanzposten eingingen.

in den Nachkriegsjahren Dollaremissionen in New York kontrahierten, so daß die Verschiedenheiten der jeweiligen Landeszinsfüße und der heimischen Geldmärkte weitgehend ausgeschaltet sind. Die Rendite der Dollaranleihen der einzelnen Staaten stellte sich am 1. 7. 1929 wie folgt:

Europa:

Holland	4,6	Tschechoslowakei	6,9
Schweiz	5,0	Finnland	7,0
England	5,1	Österreich	7,1
Schweden	5,2	Griechenland	7,2
Norwegen	5,5	Italien	7,3
Dänemark	5,5	Ungarn	7,5
Frankreich	6,0	Bulgarien	8,0
Belgien	6,0	Polen	8,3
Deutschland	6,7	Serbien	9,0

Übersee:

U. S. A.	4,25	Japan	6,5
Kanada	5,0	Chile	6,8
Australien	5,3	Brasilien	7,2
Argentinien	6,0		

Nach den Erfahrungen, die Europa und speziell Deutschland mit seinen Überseeanlagen machen konnte, erscheinen die Renditenansprüche, welche an einzelne politisch und wirtschaftlich keineswegs über jeden Zweifel erhabene Länder gestellt werden, gering, wenn man sie mit den Zinsansprüchen vergleicht, die an die Privatindustrie des gleichen oder gar eines qualitativ weit besseren Landes gestellt werden. Während in Deutschland der Privatkredit heute deutlich vor den öffentlichen rangiert, herrschen für den größten Teil der Welt eben noch die Vorkriegsauffassungen, wonach der Staatskredit um 1—2% besser sei als der seiner ersten Privatunternehmen.

Das Verkaufenkönnen. Eine alte Bankierregel sagt darüber: „Überlege dir, ob du jeden einzelnen deiner Werte heute von neuem kaufen würdest. Ist dies nicht der Fall, dann ist es Zeit, den Wert zu verkaufen."

Die starre Einhaltung dieser an sich einleuchtenden Regel kann man aber trotzdem nicht unbedingt empfehlen. Nicht nur, daß ein ständiges Kaufen und Verkaufen die Spesen für den privaten Anleger zu sehr erhöhte, so brächte es auch ständige Unruhe und Planlosigkeit in die Verwaltung. Hiermit soll aber auch nicht dem „Auf-den-Werten-Sitzenbleiben" das Wort geredet werden, insbesondere, wenn die Verschlechterung in dem betreffenden Wert bei vorsichtiger Überlegung nicht als nur vorübergehend erkennbar ist. Generell hat man dann zu verkaufen, wenn man unter Hintansetzung des Entdeckerstolzes und der Hoffnungen sich sagen muß, daß die Dinge nicht den gewünschten Verlauf genommen haben, wenn also die für einen Kursgewinn in Aussicht genommene Frist verstrichen ist usw.

Bei der Realisierung von Gewinnen ist insbesondere ein Fehler zu vermeiden, in den gerade der Anfänger leicht verfällt: Das Bestreben, das „Letzte herausholen zu wollen". Nach der Erfahrung, die jeder Bankier in seiner Praxis immer wieder macht, ist dabei der Verlauf der, daß sich der Kunde (aus eigenem oder über fremden Rat) entschlossen hat, seinen Gewinn glattzustellen. Im letzten Moment gibt ihm dann die Kleinlichkeit noch einen Ruck, er limitiert die Verkaufsorder 2—3% über dem Tagespreis — und bleibt auf seinen Papieren sitzen.

Tauschoperationen. Daß die laufende Kontrolle des Kontos eine ständige Aussonderung der nicht mehr wünschenswerten Anlagen und bestmöglichste Neuanlage des Erlöses beinhaltet, ist schon gesagt worden. Während sich hierbei aber Kauf und Verkauf ohne Zusammenhang miteinander abspielen und es z. B. vorkommen mag, daß der Verkaufserlös zunächst eine Weile unangelegt stehenbleibt, möchten wir hier planmäßige Täusche besprechen.

Hierher gehört speziell in Zeiten sinkenden Zinsfußes der Tausch aller derjenigen Rentenwerte, die, nahe bei pari stehend, die Zinsfußänderung nicht in einer entsprechenden Kurssteigerung zum Ausdruck bringen können, in Werte, die noch ein starkes Disagio haben usw.

Bei Aktien bieten mitunter markttechnische Momente (Lockerwerden eines Paketes u. dgl.) Gewinnmöglichkeiten, doch ist hier selbstverständlich mehr Vorsicht am Platze als bei Renten, da sich die Kursentwicklung weit eher auf tatsächliche, nur den Insidern bekannte Wertverschiebungen zurückführen mag.

Der materielle Erfolg dieser Täusche mag von Fall zu Fall immerhin willkommene kleine Beträge oder Renditensteigerungen ergeben, die man dann mitnehmen kann, wenn der Tausch tatsächlich keine Qualitätsverschlechterung bewirkt.

Auf einer weit höheren Stufe stehen Tauschoperationen aus einer wirtschaftlichen Erwägung heraus, die planmäßige Ausnutzung von zwischen den Ländern und Branchen sich vollziehender Wertverschiebungen. Das Wichtigste bei solchen Operationen ist (nehmen wir an, daß man 1928 französische Elektrowerte mit ihrer nur mehr 2% betragenden Rendite zu hoch, italienische und amerikanische mit ihren Renditen von 6—8% für billig hielt), sich über die Motive des Wertunterschiedes klar zu werden und nur, wenn sich dieser auf eine logische Weise erklärt, soll man den Tausch durchführen. Eine ähnliche Konstellation bot sich z. B. im Verlauf des ganzen Jahres 1929. Da durch die Spekulation an der New Yorker Börse, die im wesentlichen common share und preferred shares mit Zusatzrechten zum Gegenstand hatte, die Zinssätze für Börsengeld sehr stark anstiegen, fielen die Kurse der reinen Anlagewerte ganz beträchtlich, teilweise mehr als 10%. Besonders gedrückt waren die Kurse derjenigen festverzinslichen Emissionen, die ursprünglich irgendein Zusatzrecht — z. B. Option — gehabt hatten, nach dessen Ausübung. Da nämlich der Erwerb dieser Emissionen ausschließlich im Hinblick auf das Zusatzrecht erfolgt war, empfand der Erwerber den „leeren" Bond als unnützen Ballast und warf ihn meist, da er am Zusatzrecht stark verdient hatte, zu Kursen weg, die noch unter dem übrigen Niveau lagen. Angesichts dieser

Situation, bei der also nicht der Kursstand durch innere Schäden, sondern durch markttechnische Umstände hinreichend motiviert erschien, war fast das ganze Jahr 1929 hindurch ein Tausch nicht betroffener europäischer Werte in gleichwertige amerikanische mit starkem Kursgewinn möglich, da viele gute 6% amerikanische Anlagewerte bis an 80% heruntergingen gegen ein Durchschnittsniveau ähnlicher europäischer Werte von über 90%. In diesen beiden Beispielen hat sich in der Folgezeit der krasse Bewertungsunterschied weitgehend ausgeglichen.

Das Dazumischen ist oft eine Operation, mit der man sich aus sonst rettungslos verfahrenen Engagements einigermaßen heraushilft.

Es bedeutet, daß man zu einem zu viel zu hohen Kurs gekauften Bestand möglichst tief nun die gleiche — oder wenn möglich doppelte — Quantität hinzukauft und sich so seinen Durchschnittspreis stark verbilligt. Geht man hierbei nicht mit der nötigen Ruhe und Umsicht zu Werke, so kann natürlich gerade das Gegenteil der beabsichtigten Wirkung eintreten, der Verlust sich mit dem Engagement noch vergrößern. Speziell Spielernaturen wollen, je ärger der Verlust, die Dinge dann zwingen, indem sie immer von neuem dazumischen. Oft geht ihnen dann so früh der Atem aus, daß sie die eigentlichen Tiefstkurse gar nicht mehr ausnutzen können. In der Börsensprache nennt man dies „er hat sich zu Tode gemischt". Etwas Ähnliches besagt die zivilere Redensart „gutes Geld schlechtem nachwerfen". Wo liegt hier der Fehler und wie läßt sich das System doch nutzbringend anwenden?

Voraussetzungen sind: erstens, daß der innere Wert bekannt ist, der erste Kauf also keine reine Spekulation war, denn nur so werden die darauffolgenden billigeren Hinzukäufe immer chancenreicher werden. Die zweite Voraussetzung heißt Abwarten: Es ist sinnlos, bereits bei einem nur wenig gefallenen Kurs schon hinzuzumischen, es muß vielmehr ein einschneidender Rückgang eingetreten sein, der ein deutliches Mißverhältnis zum inneren Wert bedeutet. Drittens: mit seinen Kräften haushalten. Man muß in der Lage sein, bei weiterem schlechten Verlauf der Dinge noch einmal hinzuzumischen. Das Wichtigste ist (wir möchten es als selbstverständlich kaum erwähnen), sich über die Motive des Kursrückganges klar zu sein: nur wenn sie nicht im Wert selbst begründet sind, ist das Verfahren am Platze.

Die Hypnose des Einstandspreises ist unter den heutigen Umständen einer der gefährlichen Fehler, besonders gefährlich deshalb, weil sie von an sich durchaus wünschenswerten Eigenschaften diktiert zu sein scheint, von Besonnenheit und Konsequenz. Hinzu tritt der Wunsch des Publikums, irgend etwas zu haben, woran es sich halten kann (gegenüber der typischen Erscheinung, daß es gerade bei den höchsten Kursen hinein, bei den tiefsten Kursen herausgeht). So begreiflich dies ist, so muß eine schematische Lösung, wie sie etwa in der häufigen Weisung an den Bankier liegt, nichts unter dem Einstandspreis zu verkaufen, auf die Dauer zu sehr unbefriedigenden Resultaten führen: während man alle Werte, welche sich günstig entwickelten, bei etwa 10—20% Nutzen herausverkauft, können die ungünstigen (die man ja nicht unter dem Einstandspreis verkaufen will) ins Bodenlose fallen. Während man also seinen Nutzen selbst limitiert, bleibt der Schaden unlimitiert und dies muß, wenn man nicht eine günstige Entwicklung a priori voraussetzt, schließlich per Saldo zu einem Verlust führen. Die alte Vorkriegsregel „Man sieht jeden Kurs wieder", hat eben in der heutigen Zeit bei den raschen Umwälzungen auf allen Gebieten nur eine sehr beschränkte Gültigkeit. Am ehesten mag sie noch für Anlagen gelten, die man auf lange Sicht gekauft hat und von deren Bonität und Entwicklung man überzeugt ist. Aber auch diese Werte würde man oft genug billiger wieder zurückkaufen und so einen Kapitalgewinn machen können.

Verhalten bei Bezugsrechten. Der Wert des Bezugsrechtes hängt naturgemäß von dem Grad der Verwässerung ab, die das bisherige Aktienkapital hierdurch erleidet. Maßgebend ist also der Bezugsrechtskurs und das Bezugsverhältnis. In eine Formel gebracht, läßt sich der Wert des Bezugsrechtes wie folgt errechnen:

Rechnerischer Wert des Bezugsrechtes:

$$\frac{\text{Tageskurs der alten Aktie minus Bezugspreis}}{\text{durch Bezugsverhältnis plus 1.}}$$

Rechenbeispiel:

Kurs der alten Aktie 160%,
angeboten 2 junge Aktien auf 5 alte zum Preise von 125%.

Rechnung:

$$\frac{160 \text{ minus } 125}{\frac{5}{2} \text{ plus } 1} = 10\,\%.$$

Diese Rechnung berücksichtigt nicht den Umstand, daß die jungen Aktien meist nicht die gleiche Dividendenberechtigung haben wie die alten. Hierüber ist bereits einiges gesagt worden. Man kann diesen Umstand durch entsprechende Korrektur des Bezugspreises mühelos berücksichtigen.

Der rechnerische Wert des Bezugsrechtes wird aus Stimmungsgründen, vor allem aber aus markttechnischen Gründen mit der Wirklichkeit nie genau übereinstimmen: In Haussezeiten werden Bezugsrechte meist überwertet, in Baissezeiten sind sie dagegen fast ausschließlich auf die Fürsorge des betreffenden Konsortiums angewiesen, das sie einige Prozent unter dem rechnerischen Wert „aufnimmt".

Als gröbste Regel mag gelten, daß bei andauernd fester Tendenz es sich fast immer empfiehlt, das angebotene Bezugsrecht auszuüben, wogegen bei ruhiger und vor allem bei rückgängiger Tendenz die Wahl schwer wird und oft ein Verkauf des Bezugsrechtes zwecks Vermeidung einer größeren Investierung das Rätlichere ist. Ein rein technischer Übelstand ergibt sich bei Ausübung des Bezugsrechtes sehr oft dadurch, daß zu geraden Schlußeinheiten kleine Spitzenbeträge hinzuwachsen, die dann die Ordnung am Konto stören.

Nicht minder wichtig wie die Beurteilung der allgemeinen Börsentendenz ist das Motiv der Kapitalserhöhung: wiegt bei der Gesellschaft der Wunsch vor, dem Aktionär durch ein Bezugsrecht eine Art Bonus zukommen zu lassen, so ist ein Bezug meist rätlich, ist bei der Gesellschaft die Aufbringung neuen Kapitals das Hauptmotiv, so gilt das Umgekehrte. In der Praxis ist speziell in Deutschland wegen des Verbots der Unter-pari-Emission das Motiv rein äußerlich nicht leicht erkennbar, da durch die Rückgänge der letzten Jahre die meisten Aktien nicht mehr allzu stark über pari notieren: immerhin kann man die sehr häufigen Bezugspreise wie 105, 110, 115%, wenn die alte Aktie über z. B. 200% steht, als ein Vorwiegen des billigen Bezugsrechtes, ein Bezugsrecht von z. B. 150% bei einem

Aktienkurs von unter 200% als die Grenze zu einer neuen Kapitalseinforderung betrachten. Natürlich kommt es hierbei sehr auf das Bezugsverhältnis (2:1, 5:1, 10:1) an. Bezugsrechte, die eine starke Kapitalsvermehrung im Gefolge haben, kommen je nach dem Bezugspreis einer mehr oder minder großen Verwässerung der stillen Reserve des Unternehmens gleich. Viele Gesellschaften verfolgen die Politik einer stufenweisen, ziemlich gleichmäßigen Erhöhung des Kapitals, gleichsam so mit der soliden Expansion des Unternehmens Schritt haltend. Musterbeispiel hierfür sind die Schweizer Kreditanstalt oder die Handelsvereeniging Amsterdam, während bei den meisten Bezugsrechten deutscher Gesellschaften in den letzten Jahren Kapitalsbedarf, bei den amerikanischen Gesellschaften Sensation und börsentechnische Momente (Stückelung zu schwer gewordener Aktien) das Motiv bildeten.

Konversionsangebote. Wie in Kapitel IV ausführlicher dargelegt, wird der Schuldner von Anleihen von dem ihm zustehenden Kündigungsrecht dann Gebrauch machen, wenn ihm eine Erleichterung der Geldsätze billigere Kapitalbeschaffung ermöglicht. Das Konversionsangebot erfolgt also im allgemeinen in der Form, daß der Anleihebesitzer vor die Wahl gestellt wird, entweder sein Kapital zu den Kündigungsbedingungen (also pari oder etwas darüber) zu empfangen oder aber den bisherigen Typ in einen niedriger verzinslichen zu tauschen. So wurde z. B. nach der starken Gelderleichterung in Deutschland anfangs 1927 eine Reihe 10proz. Emissionen seitens der Schuldner in 8proz. konvertiert, wobei den Anleihebesitzern eine Konvertierungsprämie entweder in bar ausgezahlt oder aber die neue 8%-Anleihe nicht zu 100% (dem Rückzahlungskurs der alten 10%-Anleihe), sondern z. B. zu 97% angerechnet wurde. Die Überlegung, ob man von einem solchen Konversierungsangebot Gebrauch machen oder sich auszahlen lassen solle, ist im Gegensatz zur Entscheidung über die Ausübung des Bezugsrechtes sehr einfach: Wenn man überhaupt zur Wiederanlage entschlossen ist, hat man das Konversionsangebot mit der billigsten im freien Markt erhältlichen gleichwertigen Type zu vergleichen: In vielen Fällen wird sich dabei ergeben, daß man im freien Markt preiswürdigere Werte kaufen kann.

Sperrstücke. Bei Neuemissionen genießt die Zeichnung von Sperrstücken meist besondere Begünstigung:

Hinsichtlich der Zuteilung, indem bei Überzeichnung der Emission Sperrstücke vorzugsweise Berücksichtigung finden; hinsichtlich des Preises, indem das Emissionshaus an die subskribierenden Banken für Zeichnung von Sperrstücken eine Bonifikation von (heutzutage) bis zu mehreren Prozenten gewährt, von der allerdings nur ein Teil an das Publikum weitergegeben werden darf. Hierbei übernimmt die subskribierende Bank — bzw. letzten Endes der private Zeichner — die Verpflichtung, während der Sperrfrist (3,6 Monate, in der letzten Zeit auch oft bis zu einem Jahr) die Stücke nicht an den Markt gelangen zu lassen, widrigenfalls die Bonifikation an den Emittenten rückvergütet werden muß. Durch die Bonifikation, von der — wie gesagt — nur ein Teil dem Privaten bei Eingehung einer Sperrverpflichtung weitergegeben werden darf, verteuert sich naturgemäß der Preis der Emission gegenüber den bereits notierten Serien.

Ein weiterer Grund, weshalb alte Serien oft 1—2% unter den Neuemissionen liegen, besteht auch in der mangelnden Kurspflege durch das Emissionshaus. Am besten ist es in dieser Hinsicht um Hypothekenbankwerte bestellt, während

z. B. Stadtanleihen und Industrieobligationen verhältnismäßig wenig Kurspflege erfahren. Da die Bonifikation auf Neuemissionen ein Mehrfaches der für den Kauf eines bereits notierten Wertes berechtigten Effektenprovision beträgt, ist es klar, daß die Banken ein Interesse daran haben, dem Kunden jeweils Neuemissionen statt bereits notierter bei gleicher Güte und bei gleichem Kursstand zu verkaufen.

Inhaber- und Namensaktien. Besondere Beachtung verdienen unter den Namensaktien die nicht vollgezahlten, bei denen eine Nachzahlungsverpflichtung des jeweiligen Inhabers besteht[1]. Unter den marktgängigen Werten handelt es sich hier nur um Versicherungswerte, da sonst nur vollbezahlte Aktien von der Börse zugelassen werden. Übrigens haben Versicherungsaktien gerade in den letzten Jahren auch in anderer Hinsicht ein Kapitel für sich gebildet:

Ausgehend von verschiedenen Machtkämpfen innerhalb des Versicherungsgewerbes kam es hier zu langwierigen Oppositionsprozessen, in denen die Gesellschaften oft die Umschreibung ihrer (fast ausnahmslos auf Namen lautenden) Aktien auf die neuen Erwerber ablehnten oder sogar die bereits eingetragenen nachträglich strichen. Die Zulassungsstellen haben in jüngster Zeit energische Maßnahmen eingeleitet, die diesem unerwünschten Zustand abhelfen sollen.

Stückelung. Die Größe des einzelnen Abschnitts, auf welchen die Wertpapiere lauten (z. B. à 100, 1000 RM. usw.), spielt in der Praxis kaum je eine Rolle, bei Aktien nur insofern, als die Stückelung anläßlich der Goldumstellung es erklärt, weshalb einzelne Werte nicht in den üblichen Schlußeinheiten (6000 bzw. 3000 RM.), sondern abweichend hiervon gehandelt werden. Das bekannteste Beispiel bildet die Siemens-Aktie, bei der aus diesen Gründen die Schlußeinheit 7000 bzw. 3500 RM. beträgt. Lediglich bei Renten hat die Stückelung innerhalb der letzten Jahre einen Einfluß auf den Kurs gehabt, da hohe Einheiten (z. B. RM. 10000-Stücke) oft angesichts des schlecht funktionierenden Marktes nur zu einem bis zu 1, ja 2% schwächeren Kurs anbringlich waren. Es empfiehlt sich daher, beim Kauf runder Beträge in Renten (z. B. 10000 RM. einer Industrieobligation) die Zuteilung eines einzigen Stückes abzulehnen, schon deshalb, weil Teilverkäufe hiervon nicht immer glatt möglich sind. Die Stückelung ersieht man aus der Nummernaufgabe, die der Kunde für verlosbare Rentenwerte in der Regel erhält.

---

[1] Ähnlich liegen die Dinge bei einer bisher von uns noch nicht erwähnten Wertpapierkategorie: den Kuxen. Dies sind Anteile von Bergwerksgesellschaften, die noch in der historischen Form der Gewerkschaft konstituiert sind. Zum Unterschied von der A.-G. besteht (wie bei Genossenschaften mit unbeschränkter Haftung) eine Nachschußpflicht der „Gewerken", der jeweiligen Kuxeninhaber: die Kuxe lauten daher ausnahmslos auf Namen. Um den mehr persönlichen Charakter gegenüber der anonymen A.-G. zu bewahren, zerfällt die Gewerkschaft in der Regel in 100, maximal 1000 Kuxe.

Infolge der Nachschußpflicht und des Umstandes, daß die Kuxe bei ihrer geringen Zahl nur einen sehr engen Markt haben, kommen sie für den Investor ohne spezielle Montaninteressen wohl kaum in Frage. Ihre Bedeutung konzentriert sich auf die Essen-Düsseldorfer Börse.

ACHTES KAPITEL.

DIE EINZELNEN WELTBÖRSEN.

BEDEUTUNG DER WELTBÖRSEN FÜR DEN INVESTOR.

An Nebenplätzen nur gelegentliche Anlage. Vorausschicken möchten wir, daß es vom Standpunkt des internationalen Anlegers ganz wenige Börsenplätze gibt, die den Namen Weltbörse verdienen, so daß, wenn man von Spezialgebieten absieht, ein erster Überblick über diese 7—8 wichtigsten Weltbörsen gar nicht so unmöglich ist, als dies zunächst scheinen möchte. So ist es z. B. durchaus möglich, für die Bedürfnisse eines ausländischen Anlegers das Börsenwesen Italiens durch die Mailänder Börse allein zu repräsentieren und ihre Anlagemöglichkeiten durch 1—2 Dutzend Werte kurz zu charakterisieren.

Die Gründe, welche einen so weitgehenden Unterschied zwischen der nötigsten, oberflächlichen Kenntnis des internationalen Anlegers und den eingehenden Kenntnissen des Fachmannes an Ort und Stelle rechtfertigen, sind etwa folgende:

Es ist klar, daß man an einer ausländischen Börse nur viel „größere" Werte kaufen darf als bei sich zu Hause, mit dem nahen Überblick über die Dinge, daß neben der kapitalsmäßigen Größe auch eine größere Bonität unbedingte Voraussetzung ist, und daß man schließlich die Prinzipien der Marktgängigkeit strenger beobachten muß als bei heimischen Werten.

Die Anlagemöglichkeiten an jeder Börse sind sehr großen Schwankungen unterworfen. Zeiten, in denen man z. B. 50 verschiedene Werte mit großem Umsatz an einer eben in Mode befindlichen kleineren Börse handeln kann, folgen Perioden starker Stagnation. Hieraus folgt ein weiteres wichtiges Gebot: Man soll für A n l a g e zwecke (zum Unterschied von einem kurzen spekulativen Engagement) nur an solche Märkte gehen, die nicht nur vorübergehend von der internationalen Spekulation heimgesucht werden, sondern die kraft ihrer einheimischen Käuferschichten eine wenn auch Schwankungen unterworfene, so doch ständige Marktfähigkeit bieten.

Dies trifft beispielsweise kaum für die nordischen Börsen (Stockholm) und auch nicht für die ganzen östlichen Börsen inkl. Wien zu, die immerhin ihre Periode starken ausländischen Geschäftsandranges hatten, bei denen aber heute die Kaufkraft des eigenen Publikums — von wenigen führenden Werten abgesehen — zu gering ist, um den internationalen Bedürfnissen der Marktfähigkeit, die der par distance-Käufer stellen muß, Genüge zu leisten.

Was über die Schwankungen der Marktweite ganzer Börsen eben gesagt wurde, gilt noch mehr für den einzelnen Wert: Für eine Daueranlage im Ausland verringert sich deshalb nicht nur der Kreis der überhaupt in Betracht kommenden Börsen, sondern erst recht die Zahl der an diesen in Betracht kommenden einzelnen Werte.

Diese Einschränkungen haben aber keineswegs den Zweck, den Investor von einer Betätigung an ausländischen Börsen abzuschrecken, im Gegenteil: Nach allem, was wir schon bisher gesagt haben, ist ein weltweiter Blick eine der wichtigsten Voraussetzungen erfolgreicher Vermögensanlage. Abgesehen von dem Gebot geographischer Risikoverteilung sprechen noch folgende Erwägungen dafür: Zunächst, daß es lange Perioden geben wird, in denen man am heimischen Markt so gut wie gar keine Chancen hat, während die eine oder die andere Weltbörse diese überreich darbieten mag; wichtiger noch ist die Erwägung, daß man langedauernden Niedergangsprozessen, wie sie sich in jeder Wirtschaft (schon als Reaktion auf vorangegangene Steigerungen) einstellen, wenigstens hinsichtlich seines Aktienbesitzes aus dem Wege gehen und ihn an andere Börsen verlegen soll.

Gerade die letzten Jahre bieten hierfür Beispiele genug: So waren z. B. die deutschen Börsen ab Mai 1927 einem ständigen, bald auf diesem, bald auf jenem Spezialgebiete stärkere Formen annehmenden Niedergang unterworfen, ein Niedergang, der das Spiegelbild der internationalen Kapitalsentwicklung im allgemeinen, der inner- und außenpolitischen Zuspitzung der Lage Deutschlands im Zusammenhang mit der Reparationsfrage war. Nach Mitte 1927 boten nur zwei Börsen noch auf Jahre hinaus die Chance einer fast 100proz. Aufwertung ihres Aktienindex: zunächst die Pariser, dann die New Yorker Börse. Die indexmäßige Entwicklung dieser beiden Börsen ist in den Abbildungen Nr. 2 und 3 dargestellt. Gewiß, es läßt sich im nachhinein leicht zeigen, wie man durch einen Tausch deutscher Aktien etwa Mitte 1927 zunächst in französische, hernach in amerikanische sein Kapital vielleicht hätte vervierfachen können. Kein Vernünftiger wird behaupten, daß man das ganze Ausmaß dieser Bewegungen durch systematisches Vorgehen hätte erfassen können. Was aber gezeigt werden soll, ist doch, daß beide Börsen während langer Zeiträume das Bild einer breiten Aufwärtsbewegung boten und daß man, wenn man auch nur je ein Drittel dieser Aufwärtsbewegung erfaßt hätte (also schon verhältnismäßig sehr früh ausgestiegen wäre), wesentlich mehr besäße als bei unverändertem Beibehalten deutscher (oder englischer, oder holländischer) Aktienbestände.

ZUSAMMENHÄNGE ZWISCHEN DEN WELTBÖRSEN.

Ein naheliegender Einwand ergibt sich gerade aus der Entwicklung der letzten Monate des Jahres 1929. Hier boten in Reaktion auf die vorausgegangenen Kurssteigerungen so ziemlich alle Börsen ein trostloses Bild, und es war schwer festzustellen, an welcher Börse der internationale Investor am meisten verloren hätte. Dies bringt uns auf die Frage des Zusammenhanges der einzelnen Weltbörsen. Wenn man von gemeinsamen Antriebsmomenten (wie internationale Gelderleichterung oder umgekehrt Geldverknappung usw.) absieht und auch von einem nur scheinbaren Zusammenhang der einzelnen

Börsen, der dann gegeben ist, wenn Werte der gleichen Branche[1] an verschiedenen Plätzen von einer einheitlichen Bewegung erfaßt werden, so kann man über die gegenseitige Beeinflussung der einzelnen Börsen, um die es sich hier handelt, etwa folgendes sagen:

Man muß zwischen einem dauernden Zusammenhang (einer Art Affinität) der Börsenplätze und vorübergehender Beeinflussung unterscheiden. Die dauernden Zusammenhänge haben wir nach Möglichkeit in den folgenden, die einzelnen Börsenplätze charakterisierenden Abschnitten hervorgehoben. So ist z. B. die traditionelle Verbundenheit der Amsterdamer Börse mit London bekannt, die übrigens in den wirtschaftlichen Beziehungen und in einem gemeinsamen Moment — dem starken Interesse an Kolonialwerten — ihre Erklärung findet. Dagegen ist die bekannte tendenzmäßige Abhängigkeit der Budapester Börse von der Berliner rein stimmungsmäßiger Natur und daher ein nicht uninteressantes psychologisches Detail.

Diese dauernden Zusammenhänge wirken — soweit uns bekannt — fast ausschließlich in gleichlaufendem Sinn, d. h. also, daß eine Verflauung der einen Börse ein Gleiches bei der anderen Börse auslöst. In ihrer Wirkung geteilt ist dagegen die vorübergehende Beeinflussung, wie sie insbesondere durch die internationale Tätigkeit der Spekulation von Börse zu Börse stattfindet. Einerseits findet man auch hier das Gleichlaufen der Tendenzen in der Art, daß sich ein Krach an einer Weltbörse wellenförmig ausbreitet und mehr oder minder stärkere Erschütterungen an den anderen Börsen auslöst.

Bekannteste Beispiele: Internationale Börsenkrise von 1873: Ausgangspunkt Wien. Börsenkrise von 1907: Ausgangspunkt U. S. A., schließlich die letzte Krise aller Börsen vom Herbst 1929: latent bereits vorhanden, verschärft durch den Krach der New Yorker Börse.

Bei Haussebewegungen einer einzelnen Börse dagegen und bei weniger scharfen Tendenzänderungen nach beiden Seiten findet man aber häufig eine inverse Bewegung der anderen Börsen, d. h. also, daß sie sich entgegengesetzt verhalten: Eine Hausse einer Weltbörse bringt durch „Umsteigen der Spekulation" eine Verflauung anderer (ein langsames Zurücksinken einer Börse, aus dem gleichen Grund, mitunter neue Impulse für andere Börsen). Selten reicht eben die Kaufkraft der Spekulation, sofern ihr nicht die eingangs erwähnten allgemeinen Antriebsmomente zu Hilfe kommen, dazu aus, auf allen Börsen gleichzeitig Haussen zu inszenieren.

Vorbemerkung zu den einzelnen Börsenplätzen. Im folgenden haben wir die wichtigsten Börsenplätze der Welt kurz und nach Möglichkeit schematisch charakterisiert, so daß zwischen den einzelnen Plätzen eine gewisse Vergleichsmöglichkeit gegeben ist. Nicht behandelt wird hierbei die deutsche

[1] So wurden z. B. durch die Kupferhausse des Frühjahrs 1929, die von den führenden Werten der New Yorker Börse ausging, zunächst die an der Londoner Börse gehandelten rhodesischen Kupferwerte und dann die Kupferwerte der ganzen Welt erfaßt.

Börse, deren Verhältnisse ja dem Buch im allgemeinen zugrunde gelegt sind. Hierdurch werden über einen wichtigen Punkt — die Spesenfrage — noch einige Erklärungen notwendig: Bei den einzelnen Börsenplätzen haben wir die Spesen einer Transaktion genau angeführt. Es sind hierbei die Sätze zugrunde gelegt, die ein ausländischer Bankier jeweils zu zahlen hat. Für den deutschen Anleger, der sich ja in der Mehrzahl der Fälle der Vermittlung seiner ständigen inländischen Bankverbindung für den Kauf ausländischer Wertpapiere bedienen wird, treten also zu den Spesen des einzelnen Platzes (den „fremden" Spesen) noch die inländischen Spesen hinzu, welche insgesamt betragen:

Kauf oder Verkauf je				
Kassa-Aktien	Termin-Aktien	Renten		
		Staats-	Hyp.-Bk.-	Industrie-
$6^7/_8$‰	$6^5/_8$‰	3,65‰	3,85‰	4,25‰

Der Hauptunterschied zwischen den Spesen der Aktien und Renten liegt hierbei in der Provision, die bei Aktien 4‰, bei Renten 2,5‰ beträgt[1]. Bei direkter Auftragserteilung an eine ausländische Stelle entfallen diese selbstverständlich, wogegen sich in den meisten Fällen die ausländischen Spesen (durch den Unterschied zwischen Bankiers- und Kundenkonditionen) um 1—2‰ erhöhen werden. Die direkte Auftragserteilung im Ausland kommt aus technischen Gründen nur dort in Frage, wo das verwaltete Effektenvermögen bedeutend ist, da sie ja das Unterhalten einer ständigen Bankverbindung und eines Depots an den verschiedenen wichtigen Plätzen des Auslandes zur Voraussetzung hat. Daß ferner die Auswahl einer ausländischen Bankverbindung mit Vorsicht zu erfolgen hat, und daß der Verkehr mehr Mühe und Spesen verursacht als mit der Bankverbindung am gleichen Ort, bedarf kaum der Erwähnung.

NEW YORK.

Bedeutung und internationale Verflechtung. Bekanntlich ist die Wallstreet durch die Entwicklung der letzten 15 Jahre zum finanziellen Mittelpunkt der Welt geworden. Nicht so sehr hinsichtlich des kurzfristigen Geldmarktes, auf dem London einen Teil der einstigen Vorherrschaft zu bewahren vermochte, als hinsichtlich der langfristigen Geldbeschaffung und als Aktienmarkt. In dieser Entwicklung wird auch die Kursderoute der Herbstmonate 1929 keine definitive Änderung bedeuten, schon deshalb, weil auf Grund der Kriegsschuldenabkommen mit den ehemaligen Alliierten von Jahr zu Jahr immer größere Zahlungen Europas nach Amerika fließen. Neben diesen politischen Schulden sind einzelne Länder auch privatwirtschaftlich in

[1] Aus Gründen der Einheitlichkeit mit den anderen Börsen seien an dieser Stelle die zwei wichtigsten deutschen Börsenhandbücher angeführt: Salings Börsenjahrbuch, Verlag für Börsen- und Finanzliteratur A. G., Berlin — Das Grünbuch der Aktiengesellschaften, R. u. H. Hoppenstedt, Verlagsanstalt, Berlin.

starker finanzieller Abhängigkeit, so Deutschland und Italien[1]. Wenn Europa politisch und kommerziell gleich tief an Amerika verschuldet ist, so stellt dies nur einen Teil des amerikanischen Kapitalexportes dar. Der überwiegende Teil ging nicht nach Europa, sondern nach Kanada, wo die U. S. A. übrigens rein kommerzielle Zwecke verfolgen, dann (nicht ohne politischen Beigeschmack) nach Südamerika, wo die amerikanische Kapitalsmacht in erster Linie auf England stieß, dessen südamerikanische Vormachtstellung im Besitz der meisten Bahnen liegt. Übrigens erklärt sich ein Teil des Kapitalexportes nach Kanada auch aus steuerlichen Gründen, da Kanada bzw. Neufundland zu den Ländern gehört, die durch ihre Gesetzgebung internationale Holdinggesellschaften besonders begünstigen (in Europa bekanntlich ähnlich: Schweiz, Luxemburg, Liechtenstein). So ist ein Teil der von den U. S. A. nach Kanada exportierten Kapitalien in Form der verschiedenen bekannten internationalen Holdinggesellschaften kanadischen Rechts gleichfalls indirekt nach Südamerika geflossen, das das Haupttätigkeitsgebiet der genannten kanadischen Konzerne ist.

Seit alters her bestehen die engsten Beziehungen zur Londoner Börse, nur daß sich auch hier die Rollen zu vertauschen beginnen[2]. Heute bestimmen amerikanische Käufe, die sich auf eine ziemlich scharf umrissene Gruppe von Werten beschränken (die sog. anglo-amerikanische Gruppe, s. London), sehr häufig die Tendenz der Londoner Börse. Gewisse Abhängigkeit zeigt auch Holland (s. d.), bei den übrigen Staaten bestehen trotz ihrer erwähnten finanziellen Abhängigkeit kaum direkte börsenmäßige Zusammenhänge, jedoch natürlich stimmungsmäßige.

Charakteristik und Entwicklung der letzten Jahre. An der New Yorker Stock Exchange (s. unten) besteht die Vorschrift, daß jedes zustande gekommene Geschäft unverzüglich nach Anzahl, Gattung und Kurs einer Zentralstelle mitgeteilt werden muß, die diese Meldung sofort durch den Ticker (ein automatischer Kursmelder) publiziert. Da die Institution des

[1] Darüber hinaus hat Amerika den Löwenanteil der Anleihen fast aller europäischer Staaten im letzten Dezennium beigestellt, so z. B. die diversen Stabilisierungsanleihen (Österreich, Polen, aber auch Frankreich, Dänemark usw.).

[2] Die Geschichte der Finanzierung der Neuen Welt würde — auch nur in größten Zügen — ein Buch für sich bilden: Die Hauptrolle fiel hierbei England zu, in geringem Maße (hauptsächlich durch Vermittlung des Frankfurter Platzes) auch Deutschland. Frankreich, das doch in den Jugendjahren der Union an ihr stärkstes politisches Interesse genommen hatte, hielt sich trotz seines Kapitalüberschusses merkwürdig zurück. Sein enormer Kapitalexport ging, wenn man von der politischen Richtung (Rußland, Orient) absieht, weit mehr nach Südamerika, wofür die Affinität des lateinischen Wesens eine, freilich ungenügende Erklärung bietet. Ein Großteil des Kapitals der amerikanischen Eisenbahnen, die ja universelle Mittel der Erschließung waren, wurde zunächst von europäischen Geldgebern aufgebracht, doch fand schon in den letzten Dezennien vor dem Krieg ein ständiger starker Rückfluß statt. Der Krieg und die Zeit seither führte bekanntlich zu einer fast völligen Entschuldung der U. S. A. gegenüber Europa, dessen Kapital heute auf gar keinem Gebiet der U. S. A. mehr führend beteiligt, sondern höchstens Mitläufer der dortigen Entwicklung ist.

Ticker bis vor kurzem auf einen Maximalumsatz von 4 Millionen St. Aktien eingestellt war, blieb der Ticker in den Haussemonaten der Jahre 1928 und 1929 bald nach Beginn der Börse im Rückstand, an stärksten Tagen bis zu 1—2 Stunden. Seine Institution war von ausschlaggebender Bedeutung für die ungeheure Entwicklung des Umsatzes an den New Yorker Börsen, da er alle Vorfälle binnen weniger Minuten im ganzen Land verbreitet und so die Möglichkeit gibt, dauernd neue Ordres an die Börse zu erteilen. Durch diese amtliche Registrierung jedes einzelnen Umsatzes ist es ohne weiteres möglich, nicht nur den täglichen Gesamtumsatz der New Yorker Börse, sondern auch den Umsatz jeder einzelnen Aktie festzustellen, für das Publikum eine unschätzbare Kontrolle.

Die New Yorker Börsenumsätze betrugen:

	1924	1925	1926	1927	1928	1929
Aktien (Millionen Stück)	282,0	452,2	449,1	777,0	926,4	1127,7
Bonds (Millionen Doll. Nomin.) .	3828,0	3398,3	3029,7	3321,5	2927,7	3030,1

Wenn man — lediglich der Einfachheit halber — für die einzelnen Aktien einen durchschnittlichen Kurswert von 100 Doll. zugrunde legt (dies dürfte wenigstens für das Jahr 1929 annähernd der Wirklichkeit entsprechen, eher zu niedrig sein), so ergibt sich zunächst, daß der Aktienumsatz im Jahr 1929 rund das 30—40fache des Bondumsatzes betragen hat. Die Vermehrung des Aktienumsatzes des Jahres 1929 gegenüber 1913 betrug hierbei das 14fache, während der Bondumsatz „nur" auf das 6fache gegenüber 1913 stieg. Auch hierin liegt also eine Bestätigung des „Siegeslauf des common share".

Unter der gleichen Annahme eines mittleren Kurswertes von 100 Doll. pro share ergibt sich ein mittlerer Umsatz pro Börsentag von fast $^1/_2$ Milliarde Doll. oder fast 2 Milliarden RM. Dies läßt die überragende Bedeutung der New Yorker Börse erst recht erkennen, wenn man z. B. dagegenhält, daß die Mailänder Börse, die einzige europäische Börse, die täglich amtliche Umsatzziffern bekannt gibt, nicht viel mehr als etwa $^1/_2$ Million Doll., also etwa $^1/_{1000}$ davon umsetzen dürfte.

Angesichts solcher Dimensionen fällt ein Versuch schwer, die wichtigsten Tätigkeitsgebiete der New Yorker Börse zu charakterisieren, wie dies z. B. bei der Amsterdamer Börse, ja selbst bei der Pariser noch möglich ist. Immerhin gibt es eine Reihe von Branchen, die seit jeher für das amerikanische Börsenleben besonders typisch sind, ferner solche, die gerade in den letzten Jahren Mittelpunkt des Interesses waren. Wir werden im folgenden versuchen, einzelne dieser Gebiete, von denen auch an anderer Stelle des Buches wiederholt die Rede war, kurz hervorzuheben. Charakteristisch für die New Yorker Börse ist, daß sich innerhalb der Gesamttendenz ununterbrochen Auf-und-Abs von Spezialgebieten abspielen, die für sich allein in ihren Ausmaßen der Hausse oder Baisse einer anderen Börse gleichkommen.

Schon hier fällt die große Unempfindlichkeit Kurseinbrüchen gegenüber auf (vgl. z. B. S. 146 u.). Weit bewundernswerter war es aber, wie Wallstreet den gigantischen Zusammenbruch der freilich weit genug getriebenen Spekulation im Herbst 1929 ohne große Insolvenzen ertrug[1]. Einen Hauptgrund für diese im Verhältnis zur deutschen oder französischen Börse so unvergleichlich großen Schwankungen bildet der grundsätzliche Unterschied in der angelsächsischen Finanzierung der Aktiengesellschaften, die ihren stärksten Ausdruck in den nennwertlosen common shares gefunden hat. Weitere Ursachen mögen darin zu suchen sein, daß das amerikanische Publikum, weit spekulativer als irgendein anderes, Aktien (so wie alle übrigen Gegenstände des täglichen Bedarfs) zum großen Teil nur auf Abzahlung kauft oder oft mit einer recht schmalen Deckung spekuliert. Schließlich ist die Dividendenpolitik der amerikanischen Aktiengesellschaften von der der deutschen recht verschieden. Da sie Steuerrücksichten kaum kennen, schütten sie in guten Jahren weit williger ihre Gewinne aus, um dann in schlechteren Jahren — bisher wenigstens ohne daß dies eine folgenschwere Kritik fände — mit den Sätzen herunterzugehen. Etwas übertreibend könnte man fast sagen, daß besondere Prosperität in Amerika etwas Ehrendes ist, in Deutschland — und in Europa überhaupt — dagegen etwas, das die Gesellschaften ängstlich verbergen, dessen sie sich beinahe schämen.

Eine Ausnahme hiervon machen seit der Kriegszeit lediglich die Bahnen, die seither unter einer zeitweise recht strengen Bevormundung durch die Interstate Commerce Commission (I. C. C.) stehen, eine staatliche Aufsichtsbehörde, die die Bewirtschaftung und Finanzierung der (rund 1900!) Eisenbahngesellschaften kontrolliert. Die I. C. C. hat insbesondere auf die Gestaltung der Gütertarife Einfluß, während die Personentarife nicht zwangsweise geregelt sind. Hierbei wurde von der I. C. C. als angemessener Gewinn auf die Investierung der Bahn bis jetzt grundsätzlich $5^1/_2$% festgesetzt, während alle über 6% hinausgehenden Gewinne zur Hälfte an das Schatzamt abzuführen, zur anderen Hälfte in einem Dividendenergänzungsfond aufzuspeichern waren. Dieser, einer „kalten Sozialisierung" gleiche Zustand hat zur Folge gehabt, daß die Eisenbahnwerte — einst die Hauptträger des amerikanischen Börsengeschäftes — stark gegenüber den „Industrials" in den Hintergrund traten und auch die Hausse 1928/29 nur sehr unvollkommen mitmachten (ihr Index stieg von zutiefst 1927 bis höchst 1928 nur um 28%, der der Industrials um 100%, der Public Utilities sogar um 116%!). In der

[1] Man muß sich hierbei vergegenwärtigen, daß innerhalb weniger Tage das Kursniveau auch der solidesten Standardwerte fast halbiert wurde, daß der Kurs vieler neuemittierter Unternehmungen mit mehreren Milliarden Doll. zusammen noch stärker — bis auf $^1/_4$ — fiel. Im ganzen schätzt man, daß die Kurssumme der an der New Yorker Stock Exchange notierten Werte von zuhöchst rund 87 Milliarden Doll. binnen 20 Tagen auf etwa 72 Milliarden Doll. stürzte, abgesehen von den noch ärgeren Verwüstungen an der zweiten New Yorker Börse, dem „Curb". Das alles sind fast unverständliche Ziffern. Wenn man nur den Aktienindex (also ohne Rentenwerte) sprechen läßt, so fiel dieser von 227 auf 150. Dies bedeutet, daß New York binnen einiger Wochen einen Weg zurückgelegt hat, zu dem die deutschen Börsen nach dem berühmten „schwarzen Freitag" (13. 5. 1927) fast $2^1/_2$ Jahre brauchten.

letzten Zeit scheint sich im Anschluß an einige für die Bahnen günstige gerichtliche Entscheidungen eine Lockerung des I. C. C.-Regimes anzubahnen.

Die Machtstellung, zu der Amerika in den letzten Jahren gelangt ist, ließ die Börse auf außenpolitische Ereignisse verhältnismäßig schwach reagieren, um so mehr war dies bei Ereignissen der Innenpolitik der Fall (Präsidentenwahlen, Annahme der Farmers Relief Bill usw.).

Nach einer schweren Erschütterung in den Jahren 1920/21, die die Bereinigung der Auswüchse der Kriegskonjunktur brachte, brauchten die U. S. A.-Börsen (neben den New Yorker Börsen ist die wichtigste die von Chicago) einige Jahre der Sammlung: 1927 setzte der mächtige Auftrieb ein, der dann ununterbrochen anhielt und, neu genährt durch die Wahl Hoovers zum Präsidenten (November 1928), schließlich in die phantastischsten Kursexzesse — insbesondere auf dem Gebiet der Public Utilities und der Investmenttrustgründungen — ausartete. Der Krach setzte, wie schon früher erwähnt, mit einer für europäische Verhältnisse unvorstellbaren Wucht ein, es gelang aber der persönlichen Initiative des Präsidenten Hoover — freilich erst, nachdem auf den ersten Krach (29. 10. 29) eine „secondary panic" (13. 11. 1929) gefolgt war —, der Bewegung Herr zu werden, und seither steht die amerikanische Wirtschaft deutlich im Zeichen eines von der Regierung aufs stärkste geförderten offiziellen Optimismus, den man fast als einen „Coué-Optimismus" bezeichnen möchte. Man versucht, sämtliche Ziffern durch die rosige Brille anzusehen, ostentativ werden öffentliche Aufträge und Investitionen der führenden Privatkonzerne vergeben usw. Das Kursniveau hat so gegenüber den tiefsten Kursen eine ausgiebige Erhöhung erfahren, die sich in 1930 fortgesetzt hat (s. graphische Darstellung S. 120).

Technisches und Aktienrechtliches. Viele zum Verständnis der New Yorker Börse notwendigen Details sind bereits an anderer Stelle behandelt (common shares ohne Nennwert, preferred shares mit Zusatzrechten usw.). Common shares notieren in Dollar pro Stück, was ja durch das Überwiegen der nennwertlosen eine Selbstverständlichkeit ist. Früher hatten die Aktien der meisten führenden Gesellschaften ein Nominale von 100 Doll., so daß die Stückelung meist auch der Prozentnotierung entsprach. Dieser vom Standpunkt der Übersichtlichkeit ideale Zustand ist heute für die common shares fast völlig vorbei (lediglich die meisten Eisenbahnshares haben noch ein Nominale von 100 Doll.), hingegen für den größeren Teil der preferred shares noch immer in Geltung. Erst in der letzten Zeit sind auch preferred shares in anderer Stückelung, z. B. 50 Doll., häufiger geworden, ja sogar nennwertlose preferred shares, bei denen dann die Verzinsung in Dollar statt in Prozent angegeben ist. Hier kann man sich aus den Rückzahlungsbedingungen oder aus der Verzinsung meist eine Art Ersatznominale konstruieren, ein Begriff, dessen man denn doch für festverzinsliche Werte, um sie mit anderen vergleichen zu können, nicht entraten kann[1]. Bonds notieren in Prozent.

[1] Z. B. Doll. 6-shares = 100, Doll. 3-shares = 50.

Kupons und Dividenden. Bonds haben Halbjahrskupons, Aktien dagegen — was also einen grundsätzlichen Unterschied zu Europa bedeutet — meist Vierteljahrskupons. Was speziell die Dividenden der common shares betrifft, so ist zwischen der „regular dividend" und den verschiedenen „Extras" zu unterscheiden: durch eine oft viele Jahre beibehaltene unveränderte regular dividend deutet die Gesellschaft ihre Absicht an, diesen Dividendensatz zur Basis für ein Durchschnittsjahr zu machen. Hinzu tritt (vgl. oben) bei günstigen Resultaten eine Extradividende, sei es nun in bar oder in stock, also in Form von jungen Aktien. Neuerdings sind verschiedene Gesellschaften dazu übergegangen, nur in jungen Aktien (common stock dividend) zu zahlen (vgl. Kap. VI). Beispiele:

a) für regular div. (in bar) z. B. Baltimore und Ohio 7% = Doll. 7 (die meisten Bahnen),

b) für regular div. (in bar) plus extra in bar (in 1929): General Motors 0,75 vierteljährlich plus 0,30 extra, Am. Rolling mills Doll. 2 pl. 5% extra,

c) für bardividend plus stock bonus: Engineers Public Service Doll. 1 pl. 4% in stock,

d) nur stock dividend: z. B. North American (viele Public Utilities) 10% in stock,

e) stock oder bar (optional stock): Associated Gas Doll. 2 bar oder 10% in stock.

Der Umstand, daß zwischen Erklärungs- und Zahltag der Dividende meist eine Frist von mehreren Wochen liegt, führt leicht zu Irrtümern für den europäischen Investor. Hat er seine Aktien auch noch geraume Zeit vor dem Dividendenzahltag verkauft, so können sie doch (falls dies bereits nach dem Erklärungstag war) ex Dividende lieferbar gewesen sein und er hat dann noch auf die gerade abgegangene (Vierteljahrs-)Dividende Anspruch. Umgekehrt kann bei einem Kauf, auch wenn die Dividende erst Wochen später bezahlt wird, der share bereits ex gewesen sein.

Split up's. Eine weitere sehr bemerkenswerte Eigentümlichkeit sind die split up's, d. h. die Stückelung von Aktien, die oft mit einer Dividendenerhöhung — bezogen auf das alte Nominale — verbunden ist und daher meist als Hausseelement gewertet wird. Diese split up's führen besonders in Haussezeiten zu ganz unglaublichen Wertsteigerungen des ursprünglichen Aktienbestandes, da die Börse ohne Rücksicht auf die Gesamtzahl der nunmehr umlaufenden shares die gesplitteten Aktien immer wieder von neuem in die Höhe setzt. So hat man z. B. berechnet, daß an einzelnen Automobilaktien binnen weniger Jahre der Investor das 30fache seines ursprünglichen Geldes ohne jeden Neueinschuß erhalten hat usw.

Äußerst wichtig ist, daß die New Yorker Börse Termingeschäfte nicht kennt. Alle Geschäfte sind daher Kassageschäfte und am nächsten Tage abzuwickeln. Ein ausgebildetes System des Effektenleihgeschäftes bildet einen gewissen Ersatz des Termingeschäftes der europäischen Börsen und ermöglicht auch den Leerverkauf (das Fixen) von Aktien, so daß die New Yorker Börse genau so wie alle übrigen eine Hausse- und Baissepartei aufweist. Immerhin fehlen Terminengagements im europäischen Sinn vollkommen, das Ganze spielt sich als eine Art Lombardgeschäft ab. Dies und die Gewohnheiten des amerikanischen Publikums überhaupt führen zu einer sehr starken Herausbildung des Publikumsgeschäftes mit Deckung, das in der Entwicklung der sog. Maklerdarlehen seinen sichtbarsten Ausdruck findet. Zum Verständnis dieses Vorgangs muß man sich daran erinnern, daß im Gegensatz zu Deutschland nach angelsächsischer Manier sich das Hauptspekulationsgeschäft des Publikums bei den Effektenmaklern (Brokers) abwickelt, die ihrerseits sich die nötigen Mittel durch Aufnahme von Lombarddarlehen bei den Banken beschaffen. So bildet die jeweilige Höhe der Maklerdarlehen den wichtigsten Anhaltspunkt für die Höhe der spekulativen Engagements und wird damit geradezu zum Thermometer der Börse. Den engen Zusammenhang zwischen Aktienkursen und Maklerdarlehen (die Bewegung der unspekulativen Bonds verläuft gerade umgekehrt) gibt die folgende graphische Darstellung recht anschaulich wieder.

Abb. 2. Börsenindex und Maklerdarlehen der New Yorker Börse 1926—1930.

Aktienindex — Maklerdarlehen — Bond-index

Die zweitwichtigste Börse neben der Stock Exchange ist der Curb market. Die Anzahl der Sitze an beiden Börsen ist beschränkt und vakante Sitze gelangen durch Versteigerung neu zur Vergebung. Die hierfür erzielten Preise (zuhöchst wurden für einen Stock Exchange Sitz in 1929 rund 600000 Doll. bezahlt) spiegeln in recht interessanter Weise das jeweils herrschende Börsenanimo wider. Die Bedeutung des Curb market ist absolut und relativ gegenüber der Stock Exchange ständig gestiegen. Noch immer ist aber das Standing der Stock Exchange ein weit höheres, so daß die Notierung am Curb market für einzelne Werte nur als Durchgangsstation zur Aufnahme in die rigorosere Stock Exchange benutzt wird.

Es existieren Inhaber- und Namensaktien. Mit aktienrechtlichen Fragen dürfte der europäische Kleinaktionär wohl selten in Berührung kommen, sein Stimmrecht in den meisten Fällen bedeutungslos sein. Für die Gesellschaft entscheidendes Stimmrecht besitzen übrigens meist nur die common shares, während die preferred shares nur für die sie selbst betreffenden Fragen (z. B. im Fall der Nichtzahlung ihrer Dividende) Stimmrecht besitzen. Weit wichtiger für den europäischen Anleger ist die in den meisten Fällen vorbildliche Publizität amerikanischer Gesellschaften hinsichtlich ihres Geschäftsganges und ihrer Einnahmen. Die Haftung der Emissionshäuser für Prospektwahrheit ist sehr streng.

Einige Ausdrücke:

President ist nicht der Vorsitzende des Aufsichtsrates, sondern der Generaldirektor.

Vice-President, oft 10—20 (speziell bei Banken), heißen demgemäß die leitenden Direktoren.

Die übrigen Direktoren und Funktionäre: Officers.

Der Aufsichtsrat: Directors.

Die Institution der Chartered accountants entspricht dem englischen System.

Orders. Angesichts der enormen Umsätze in den einzelnen Werten ist an normalen Börsentagen eine Limitierung von Kauf- und Verkauforders aus Marktrücksichten vollkommen unnötig, hingegen — besonders in Zeiten starker Schwankungen — oft rätlich, um sich vor Kursexzessen zu schützen. Die Schlußeinheit der Stock Exchange für Aktien beträgt 100 St. Teile von Schlüssen werden meist zu einem ungünstigeren Kurs (z. B. $^1/_2$—1 Doll. Differenz) gehandelt als sog. odd amounts. Schon aus diesem Grund empfiehlt es sich für die europäischen Kunden, ihre New Yorker Börsenorders nur zu ganz großen Häusern zu geben, die dann oft in der Lage sein werden, die Orders, auch wenn sie nur den Teil eines Schlusses betreffen, mit anderen zusammen nach New York zu legen.

Spesen, Steuern. Die Spesen des New Yorker Platzes sind mittelhoch. Kauf und Verkauf bedingen $^1/_4$% Provision. Hinzu kommen für den europäischen Investor die speziell bei kleineren Aufträgen nicht zu unterschätzenden Depeschenspesen, zur Zeit 1,10 RM. pro Wort, eine durchschnittliche Orderdepesche dürfte also 10—12 RM. erfordern. Da sich der gesamte Verkehr „per Cassa" abwickelt, sind die Spesenverhältnisse einfach: Es fehlt der Unterschied zwischen Termin- und Kassasätzen, auch existieren keine eigenen Sätze für das (nicht offiziell bestehende) Reportgeschäft. Nicht unwichtig ist, daß der ausländische Besitzer amerikanischer festverzinslicher Werte in jedem Fall sein hieraus stammendes Einkommen der amerikanischen Steuerbehörde gegenüber einbekennen muß, gleichgültig, ob er einer Steuer unterliegt oder nicht. In der Praxis wird dies von den europäischen Banken nicht ganz einheitlich gehandhabt, manche verzichten in

Fällen, bei denen eine Steuerpflicht offensichtlich nicht in Frage kommt, auf ein Herantreten an ihre einzelnen Kunden. Der Steuerpflicht sind nämlich angesichts der Einkommensverhältnisse Amerikas für europäische Begriffe recht weite Minima gesetzt, so daß ein europäischer Erwerber in den meisten Fällen hiervon nicht betroffen werden wird.

Von Interesse für den Investor. Infolge der hohen Zinssätze, die Amerika dauernd im Verhältnis zu den erstklassigen europäischen Anlageländern (Schweiz, Holland) aufweist, ist die Anlage in festverzinslichen amerikanischen Werten mit und ohne Zusatzrechte seit jeher für den europäischen Investor von Interesse gewesen. Besonders reizvoll ist hierbei die Anlage in preferred shares amerikanischer Gesellschaften (z. B. Eisenbahnwerten), deren Verzinsung weit über das Niveau gleichrangiger schweizerischer usw. Industrieobligationen, mit denen sie materiell große Ähnlichkeit besitzen, hinausgeht. Weit mehr noch als diese festverzinslichen Anlagen haben amerikanische Standardaktien schon mit Rücksicht auf den ununterbrochenen Aufstieg des Landes seit jeher in Europa Interesse erweckt, und zwar vor allem — wie bereits erwähnt — Bahnwerte, die auch heute noch eine interessante, gut rentierende Anlage darstellen. In der letzten Zeit teilen sie sich in die Beliebtheit beim europäischen Publikum mit der mächtig emporgekommenen Branche der Public Utilities. Nebenher haben naturgemäß spezifisch amerikanische Werte (also Petroleum-, Kupfer- usw. Werte) seit jeher Interesse gefunden, doch ist bei einer Anlage in derartigen Werten vor allem eine genaue Kenntnis der Branche und — mit Ausnahme der führenden Werte — des einzelnen Unternehmens notwendig. Neben den genannten Werten sind noch einige andere Branchen, in denen sich das europäische Interesse weit weniger betätigte, für den amerikanischen Markt selbst typisch. In der letzten Zeit hervorgetreten sind hier neben der mehr oder minder internationalen Erscheinung der Hausse von Radio- und Grammophonwerten besonders Branchen wie Postversandhäuser (Warenhäuser, die mit ihren Kunden lediglich auf Grund von Listenbestellungen arbeiten), ferner die sog. chain-stores (Kettenläden), dann Flugzeugwerte, landwirtschaftliche Maschinen usw.

Handbücher. Die amerikanischen Handbücher sind — wie schon öfters erwähnt — ausgezeichnet und übertreffen sogar in manchen Beziehungen die einschlägigen deutschen:

1. Moody's Manual of Investments American & Foreign (Moody's Investors' Service, New York).
2. Poor's Cumulative (Poor's Publishing Company, New York).
3. Standard Corporation Records (Standard Statistics Company Inc., New York).

Zusammenfassend möchten wir sagen, daß angesichts des ungeheuren Umfanges der New Yorker Börse nach absoluter Zahl und dann nach Höhe der umlaufenden Kapitalien der weltweite Investor nie auf eine mehr oder minder große Anzahl amerikanischer Werte verzichten kann (die Größe der einzelnen Aktienkapitalien und ihre Umsätze bringen es mit sich, daß sich die absoluten Größenverhältnisse noch stark zugunsten Amerikas verschieben, wenn man es mit den anderen Börsen nur hinsichtlich der Marktgängigkeit der Werte vom internationalen Standpunkt vergleicht, bleiben ja doch dann von einzelnen Börsen, wie z. B. Mailand oder den ganzen Ostbörsen, nur einige wenige Werte übrig).

LONDON.

Bedeutung und internationale Verflechtung. Die Londoner Börse, in den vergangenen zwei Jahrhunderten die führende Börse der Welt, hat durch die Ereignisse der letzten 15 Jahre ihre Vormachtstellung an New York verloren. Besonders drückend wurde auch — gerade im Jahre 1929 — die starke geldmarktmäßige Abhängigkeit von der wiedererstarkten französischen Kapitalmacht empfunden. Immerhin ist die Londoner Börse noch immer in vieler Hinsicht führend, sie ist nach New York weitaus die größte. Erst in weitem Abstand folgt ihr Paris, dessen internationale Bedeutung allerdings ständig im Zunehmen begriffen ist. Abgesehen von ihrer Bedeutung für das englische Weltreich und China, besteht eine noch fast unerschütterte Vormachtstellung hinsichtlich der meisten südamerikanischen Staaten, die sich vor allem auf den Besitz der dortigen Bahnen gründet. In Europa ist u. a. der Einfluß auf einige westeuropäische und nordische Plätze (Amsterdam, Brüssel, Schweden) von Bedeutung.

Eine Übersicht über die Haupttätigkeitsgebiete zu geben, ist daher in diesem Rahmen ebenso wie bei New York fast unmöglich. Der Umfang des Londoner Kurszettels wird noch vergrößert durch zwei Umstände, nämlich, daß die englischen Gesellschaften fast durchwegs hoch kapitalisiert sind, dann, daß von jeder Gesellschaft mehrere Kategorien von Werten (in der Regel preferred shares und ordinary shares, oft aber auch 5—6 verschiedene Kategorien) notieren. Neben der ungeheuren Anzahl von Industriewerten, die England als ältestes Industrieland der Welt besitzt, die aber in den letzten Jahren mit wenig Ausnahmen an Bedeutung ständig verloren haben, ist der Londoner Markt weitaus der größte Auslandsmarkt für U. S. A.-Werte, dann — wie schon oben erwähnt — für Kolonialwerte und sonstige Überseewerte (z. B. südamerikanische Bahnen, südafrikanische Werte). Hierin hat neben ihr nur noch die Amsterdamer Börse und allenfalls die Brüsseler Börse (Kongowerte) einige Bedeutung.

Charakteristik und Entwicklung der letzten Jahre. Die Londoner Börse zeigt — in großen Zügen — heute ein von den anderen europäischen Börsen und New York in einer Beziehung grundsätzlich verschiedenes Bild: Während alle anderen Börsen etwa seit 1926 eine mehr oder minder lange Hausseperiode hatten (bekanntlich schloß sich als letzte und größte Bewegung die der New Yorker Börse an), waren es verschiedene Gründe, die für London eine Ausnahme bewirkten. In erster Linie mag die unaufschiebbar gewordene Auseinandersetzung über die Reorganisation der sozialen Arbeit der Grund sein, die erstmals im englischen Generalstreik und dem Monate währenden

Kohlenstreik zum offenen Ausbruch kam, die aber seither an prinzipieller Bedeutung nichts eingebüßt hat (z. B. Aussperrung der Baumwollspinner, Frühjahr 1929). Dies zusammen mit dem starken Einfluß, der von der Innenpolitik ausging (Labourprogramm), ließ während der Jahre internationaler Aufwärtsbewegung eine allgemeine Hausse nicht zum Ausdruck kommen. Es mag sein, daß sich die Spekulation in Erkenntnis dieser Sachlage desto mehr auf einzelne Teilgebiete konzentrierte. So kam es — um nur die Ereignisse der letzten Jahre zu nennen — nacheinander zu eruptiven Aufwärtsbewegungen in der Kunstseidenindustrie, dann in der Grammophonbranche und verwandten Branchen, schließlich (Frühjahr 1929) in rhodesischen Kupferminen. Die näheren Umstände dieser Spezialbewegungen erscheinen für die Londoner Börse recht charakteristisch. Unter allen übrigen Weltbörsen kann allenfalls noch die Pariser ein ähnliches Interesse für zweifelhafte Neugründungen buchen; der grundlegende Unterschied zur New Yorker Börse liegt vor allem darin, daß es sich bei dieser — soweit nicht, was die Regel war, Standardaktien unmittelbar die Hauptträger der Spekulation waren — bei technisch ähnlichen Neugründungen um erstklassige Werte handelte, auf die freilich dann ein unberechtigtes Gebäude emittierter Aktien von Holdinggesellschaften, Investmenttrusts usw. aufgetürmt wurde. Hier lag also die Unsolidität in der Emissionstechnik, nicht im eigentlichen Gegenstand des Unternehmens. In London war dagegen die Finanzierung verhältnismäßig einfach (die üblichen preferred shares und ordinary shares, allenfalls noch deferred shares), aber das Unternehmen selbst unerprobt, oft wertlos. Dies verdient um so mehr Beachtung, als andererseits weite Gebiete des Londoner Kurszettels bekanntlich zu den solidesten und sichersten Anlagepapieren der Welt gehören, nicht nur die sog. gilt edged-Werte (goldgeränderte Werte: der Name rührt davon her, daß die Schuldenurkunden von Staatspapieren und ähnlichen sicheren Werten üblicherweise einen Rand in Golddruckausführung hatten), sondern noch viele Versicherungs- und Bankwerte, die — aufs dauerhafteste placiert — allerdings auch wenig Gegenstand des täglichen Umsatzes sind. Übrigens vollzog sich gerade in jüngster Vergangenheit beim englischen Publikum hierin eine recht bedeutsame Wandlung. Enttäuscht durch die aus vielen Gründen unbefriedigenden Resultate, welche die Vermögensanlage in den feinsten englischen Industrieaktien und in Konsols — dem klassischen Anlagepapier — ergeben hatten[1], erwachte immer stärker der Wunsch nach Kapitalgewinn. So fanden eine Zeitlang schwedische

[1] Verluste bei Konsols:

Kurs	1886	113 %
	1913	71 %
	1929	53 %

Ähnlich E. L. Smith für Amerika: 2 erstklassige Eisenbahnbonds

	4% Atchison & Topeka	3% New York Central
1902	$103\frac{1}{2}$ %	109 %
1920	71 %	62 %

Dieser Kursrückgang auf etwa 57 % wird von E. L. Smith noch mit der Minderung der Kaufkraft (die 1925 im Verhältnis zu 1900 auf 37% ! gesunken war) in Beziehung gebracht, wodurch sich eine Entwertung auf sogar 21 % bei E. L. Smith ergibt.

Emissionen in England willige Käufer, so erklärt sich vielleicht auch teilweise die erwähnte starke Spekulation in zweifelhaften Werten. Es ist hierbei interessant festzustellen, daß das immer stärker fühlbare amerikanische Interesse auf dem Aktienmarkt sich fast durchweg auf Werte erstreckte, deren Auswahl weit mehr Sachlichkeit verriert und sich von dieser Non-valeur-Spekulation gänzlich fernhielt. Diese Werte, die sog. anglo-american group, umfassen neben der englischen General Electric Co., die ursprünglich mit der amerikanischen keinerlei Verbindung hatte, vor allem die rhodesischen Kupferminen. Mag es auch hier zu Preisexzessen gekommen sein, so offenbart sich in dem Bestreben, die ungeheuren Konzessionen der Gesellschaft sich als Rohstoffreserve zu sichern, eine wesentlich andere Gedankenwelt als in dem Kauf höchst zweifelhafter neuer „Erfindungen". Den Vogel schoß auf diesem Gebiet die Placierung von Aktien einer Neugründung, „Nersag", ab, die in der Ausnutzung eines Patentes bestehen sollte, das das Zusammensinken von Matratzen (!) u. dgl. durch den Gebrauch angeblich verhütete. Auch diese Aktien stiegen zunächst auf viele 100%, das Ende war dann die Flucht des Geschäftsführers.

Der unsolide Aufbau der inländischen Spekulation zeigte sich der schweren Belastungsprobe durch die internationale Baisse der Herbstmonate 1929 nicht gewachsen, und so kam es zuerst zum Zusammenbruch eines Großspekulanten Hatry (Stahlwerte, Photomaton usw.) unter recht sensationellen näheren Umständen, dem später ein geringerer Zusammenbruch, der sog. Hornegruppe (Zement- und Zeitungswerte) folgte. So wurde also die Londoner Börse, die — wie früher erwähnt — die internationale Börsenhausse der letzten Zeit kaum mitgemacht hatte, doch von der Reaktion hierauf erfaßt und kaum weniger mitgenommen, wozu auch die Schwäche einzelner Rohstoffmärkte (z. B. Gummibaisse) wesentlich beitrug. Gut gehalten waren bemerkenswerterweise die meisten Werte des allgemeinen Konsums, z. B. Kettenläden, Lebensmittelgeschäfte, Warenhäuser u. dgl.

Technisches und Aktienrechtliches. Viele Einzelheiten des englischen Börsenwesens fanden schon an verschiedenen Stellen des Buches Aufnahme. Einzelne technische Details sind für kontinentale Begriffe reichlich kompliziert. Die Notierung erfolgt entsprechend dem englischen Geldwesen nie in Prozenten, sondern in Lst., sh und d pro Stück bei Aktien, bei festverzinslichen Werten pro 100 Lst. Nominale, wodurch gleichzeitig der Prozentkurs annähernd ersichtlich ist. Eine weitere Schwierigkeit bildet die Notierung der Dividende im amtlichen Kursblatt.

Englische Gesellschaften pflegen während des Jahres eine meist wenig variierende Anfangsdividende auszuschütten, der auf Grund des Beschlusses in der Generalversammlung die Schlußdividende folgt. Dies findet im Kursblatt eine für den Uneingeweihten sehr schwer verständliche Darstellung, da nie die Jahresdividende, sondern die letzte gezahlte Dividende und diese mit gewissen Abweichungen, deren Wiedergabe hier zu weit führen würde, angegeben ist. Vergleicht man so z. B. eine Gesellschaft, deren letzte Dividende eine Anfangsdividende war mit einer anderen, deren letztgezahlte Dividende die Schlußausschüttung des

Jahres darstellt (was bei Verschiedenheit des Geschäftsjahrtermins oder auch nur der Ausschüttungsgewohnheiten sehr leicht vorkommen kann), so erhält man ein völlig falsches Bild.

Dem Investor, welcher sich selbständig in das vergleichende Studium englischer Aktienwerte vertiefen will, wird also dringend empfohlen, sich nicht des offiziellen Kursblattes, sondern einer Fachschrift[1] zu bedienen, in der diese Verhältnisse gemeinverständlich dargestellt erscheinen.

Der reguläre Börsenverkehr spielt sich im Wege von Halbmonatsliquidationen (Medio, Ultimo) ab, nach deutschen Begriffen könnte man also von einer Art Mittelding zwischen Kassa- und Terminmarkt sprechen. Auf Renten werden keine Stückzinsen gerechnet (ebenso Paris).

Die in mancher Hinsicht bedeutsamen Unterschiede zwischen stock und shares, zwischen Inhaber- und Namensaktie, Certificates, Bonds und Debentures betreffen den privaten Anleger meist weniger, da sich hierum seine Bankverbindung kümmert. Auch wird der ausländische Besitzer praktisch wohl nie in die Lage kommen, von seinem Stimmrecht Gebrauch zu machen, doch wirkt sich der im allgemeinen hohe Stand der englischen Bilanzmoral, das System der Chartered accountants, und die in gewissen Fällen überaus strenge Haftung des Aufsichtsrates natürlich indirekt in den Erfolgen „seiner" Gesellschaft aus. Die von den Gesellschaften regelmäßig geübte Publizität (Detaillierung der Bilanz, Zwischenberichte) ist im Gegensatz zu Amerika gering. Da die Zulassungsbedingungen der Londoner Börse bisher sehr milde sind, so erfährt der private Besitzer auch aus den Börseneinführungsprospekten verhältnismäßig wenig. Seine einzige Informationsquelle ist die Generalversammlung, deren Verlauf — bei den wichtigeren Unternehmungen — im Handelsteil der Tageszeitungen meist wörtlich wiedergegeben ist. Auch erhält man ohne weiteres den gedruckten Bericht über die Generalversammlung, wobei den Hauptteil desselben der Speach des Chairman (Vorsitzender des Aufsichtsrates) einnimmt. Die ganzen Bestimmungen, welche den einzelnen Aktionär schützen sollen, hatten bisher entsprechend dem englischen Rechtswesen überhaupt weit mehr ihre Fixierung durch Gewohnheitsrecht als durch Gesetzgebung erfahren. Während dies sich bei einer Unzahl solider Gesellschaften bisher durchaus bewährt hat, hat der Hatry-Skandal und ähnliche derartige Vorkommnisse gerade in letzter Zeit eine Verschärfung zwingender Vorschriften rätlich erscheinen lassen und eine Erneuerung der englischen Aktiengesetzgebung ist im Gang[2].

Spesen, Steuern, Orders. Die Londoner Börsenspesen sind für Aktien die höchsten der Welt. Sie setzen sich aus der commission (entsprechend der deutschen Provision) und dem transfer stamp, der Übertragungsgebühr der

---

[1] Z. B. „Investors Monthly Manual".

[2] Ein ähnliches Bedürfnis stellte sich — wohl auch als Folge der ungeheuren Zunahme des Aktienwesens — in fast allen Ländern ein. So ist vor kurzem eine Neuregelung des holländischen Aktienwesens (s. d.), dann des französischen erschienen.

Aktien durch die Gesellschaft, zusammen. Für beide Spesensätze existieren Staffeln, wobei die commission nach dem Kurswert des gehandelten Papiers abgestuft ist (sie ist prozentuell höher bei niedrigen Werten, relativ am höchsten also bei Non-valeurs). Der transfer stamp (nur beim Kauf) beträgt (mit gewissen Aufrundungen) 1% vom Wert für Namensaktien, er entfällt nur bei den der Zahl nach geringen Inhaberaktien, zu denen jedoch gerade einige der bekannten südafrikanischen Minenwerte gehören, deren Umsatzfähigkeit hierdurch zweifellos profitierte. Unter diesen Umständen kann man im Durchschnitt annehmen:

	Für eine Aktie	Für einen Bond
an Kaufspesen	fast 2% (!)	1,875‰—$2^1/_2$‰
an Verkaufspesen . . .	„ 1%	dto.
zusammen für den durchgehandelten Wert . .	3%	ca. $^1/_2$%

Eine Verbilligung ist nur insofern möglich, als bei Glattstellung innerhalb des gleichen Liquidationstermins der transfer stamp gespart werden kann, doch ist dies wohl nicht allzu oft der Fall. Im Gegensatz zu diesen enormen Kosten für den normalen Kauf und Verkauf sind die Börsenspesen einer Reportierung (also der Schiebung eines Engagements von einem Liquidationstermin zum nächsten) überraschend billig, nicht mehr als etwa $^1/_{10}$‰ (!), natürlich abgesehen von den Geldkosten, dem eigentlichen Report (in der Praxis verteuert sich für den deutschen Investor die Reportierung wesentlich durch die Spesen seines eigenen Bankiers). Diese Kauf- und Verkaufspesen sind, wie gesagt, enorm. Es ist nicht kleinlich, wenn man in ihnen ein starkes Hindernis für den Investor erblickt, sich in englischen Werten kurzfristig zu engagieren. Für die Daueranlage bildet andererseits der Steuerabzug[1] ein meist unliebsam empfundenes Hindernis. Die englischen Geldverhältnisse haben zur natürlichen Folge, daß die Renditen erstklassiger chancenreicher Werte für kontinentale Verhältnisse nicht allzu hoch sind. Allerdings treffen die niedrigen Vorstellungen, die sich der Laie gewöhnlich zu machen pflegt (ca. 4%), im wesentlichen nur für die festverzinslichen Werte zu, während Aktien im Gegensatz zu Deutschland weit über festverzinslichen Werten rentieren. Hier herrschen — kurz gesagt — ähnliche Verhältnisse wie im Deutschland der Vorkriegszeit. Die an sich nicht allzu hohe Rendite erfährt aber eine sehr starke Schmälerung durch den 20proz. Taxabzug. Während der Engländer (genauer gesagt, jeder „resident in England") diesen Steuerabzug, so wie der Deutsche die 10% Kapitalertragsteuer gegenüber seiner Einkommensteuer aufrechnen kann, geht er für den Ausländer meist nutzlos verloren. Nur bei Gesellschaften, die ihren Sitz nicht in England haben („non registered in England"), hat der ausländische Besitzer die Möglichkeit, den Steuerabzug durch die Ausfüllung eines „Claims"

[1] Dem Income Tax-Abzug sind alle Arten von Aktien wie festverzinslichen Werte in gleicher Weise unterworfen. Eine Ausnahme bilden hierin jedoch die meisten öffentlichen Anleihen sowie ausländische Werte.

zu reklamieren[1]. Als wichtiges Ertragsmoment tritt jedoch häufig neben die Rendite auf Grund der Bardividende die Ausschüttung von Aktienbonussen. Während dieser Brauch in Amerika einerseits durch die Zurückdrängung der Bardividende durch die stock dividend, andererseits in den split up's (also in der Kapitalzerstückelung) ziemlich ausartete, bedeutet die Bonusausschüttung einer englischen Gesellschaft in den meisten Fällen eine zuverlässige Gabe an den Aktionär. Sie erfolgt nämlich in der Regel nur in einem solchen Ausmaß, daß die — wenigstens annähernde — Aufrechterhaltung der letztmals gezahlten Dividende auf das erhöhte Kapital der Gesellschaft wahrscheinlich ist. Von diesen Bonussen abgesehen sind die ungefähren Renditenverhältnisse die folgenden:

Für erstklassige Anleihen zur Zeit etwa 5%, für mehrfach gedeckte preferred shares sicherer Branchen $5^3/_4$—$6^1/_4$%, für preferred shares oder schlecht gedeckte Anleihen von Kolonial- und Minenwerten 7—8%. Die Rendite der Stammaktien schwankt zwischen 3 und $6^1/_2$%, wobei auch der letztere Satz noch für solide gute Unternehmungen, jedoch weniger interessanter Branchen, gilt.

Die Umsätze hunderter Werte des englischen Kurszettels sind so groß, daß es sich meist erübrigt, limitierte Orders zu geben.

Von Interesse für den Investor. Hier gilt in abgeschwächter Form in mancher Beziehung das, was über den Besitz amerikanischer Wertpapiere durch den kontinentalen Anleger gesagt wurde. Viele Entwicklungen werden angesichts des ungeheuren Umfanges, den die Londoner Börse noch immer hat, am besten an ihr wahrzunehmen sein — z. B. der Aufschwung Südamerikas in den letzten Jahrzehnten. Aber verschiedene Gründe haben mehr und mehr die New Yorker Börse für den Investor in den Vordergrund gebracht, u. a. die weit geringeren Spesen, vor allem aber die Aufwärtsentwicklung, welche die amerikanische Wirtschaft im Gegensatz zur stagnierenden englischen zeigt. Daß neben den Spesen die englischen Kapitalsteuern eine starke Belastung für den ausländischen Investor sind, ist im vorstehenden ausführlich dargelegt. Von Interesse sind unter den heutigen Umständen daher fast nur ausgesuchte Aktien, deren Entwicklungschancen oder befriedigende Rendite eine Anlage reizvoll erscheinen lassen. Einen besonderen Vorzug bildet dabei immer die Größe des englischen Marktes.

Handbücher gibt es neben dem Stock Exchange Year Book (Thomas Skinner & Co., London) eigentlich kaum[2]. Dieses (es könnte am ehesten mit

[1] Es handelt sich also hier um einen großen Teil der Kolonialwerte, z. B. die meisten südafrikanischen Minenwerte, während Unternehmungen in den unentwickelteren Kolonien oft doch ihren Geschäftssitz in England haben, dann um Werte der „dominions" überhaupt und natürlich der Unternehmungen in überseeischen selbständigen Staaten (z. B. Argentinien, Brasilien usw.). Ob eine Gesellschaft „registered in England" ist oder nicht, muß von Fall zu Fall geprüft werden (jeweils im Prospekt angegeben, auch in jedem Handbuch).

[2] In Frage kommt daneben noch vor allem „Moody's Manual of Investments" (Mody's Investors' Service Ltd., London).

dem Handbuch deutscher Aktiengesellschaften verglichen werden) enthält — wie der Titel sagt — nur an der Börse notierte Werte, was ja dem ausländischen Investor in den meisten Fällen genügen würde. Es ist vornehmlich auf die formellen Daten (Board, Kapitalsentwicklung, Bilanzen) abgestellt, läßt aber fast jegliche Betriebsbeschreibung, geschichtlichen Werdegang des Unternehmens usw. vermissen und ist auch durch den Mangel an Vergleichsziffern verschiedener Jahre, durch das völlige Fehlen von Produktionsdaten usw. für den Investor von sehr beschränktem Wert. Es steht also unvergleichlich hinter den deutschen und amerikanischen Handbüchern zurück. Selbstverständlich genügt dieses Buch auch nicht dem englischen Bedarf, und so existieren (genau so wie für die Werte der Pariser Börse die „Etudes financières", s. d.) verschiedene Archivunternehmen, die die wichtigsten Werte in Form von Einzeldarstellungen auf losen Kärtchen behandeln, die von den Effektenbanken und größeren Brokerfirmen meist in größerer Anzahl bestellt und an die Kundschaft versandt werden.

PARIS.

Bedeutung und internationale Verflechtung. Überraschend schnell hat die Pariser Börse die Inflationsjahre überwunden. Im ganzen Jahr 1929 bot Frankreich als einziges Land der Welt das Bild einer Kapitalfülle, die sich in den überaus geringen Renditen der führenden Aktienwerte und im hohen Niveau der festverzinslichen Werte widerspiegelte. Besonders spürbar wurde — wie schon erwähnt — diese neu erlangte Geltung auf dem Kapitalmarkt für London und die Diskontpolitik der Bank of England hing monatelang geradezu von den französischen Geldabzügen ab. Bedeuteten die Inflationsjahre gleichzeitig einen Stillstand des traditionellen regen Kapitalexportes, so sind auch in dieser Hinsicht seit der Stabilisierung des Francs (Juni 1928) deutliche Anzeichen einer Wiederanknüpfung an die Vergangenheit wahrzunehmen. So hat Frankreich erstmals im August 1929 den Löwenanteil der rumänischen Stabilisierungsanleihe übernommen, wieder ein Fall, in dem — wie fast immer in früheren Jahrzehnten der französischen Finanzpolitik — das Geld einen auch durch politische Rücksichten bedingten Weg nahm. Es scheint nicht zweifelhaft, daß diese Rolle Frankreichs als einer der wichtigsten Kapitalmächte sich in Zukunft immer weiter deutlich akzentuieren wird[1].

Charakteristik und Entwicklung der letzten Jahre. Daß die Stabilisierung der Währung, der noch dazu eine einschneidende Hebung des Francskurses vorausgegangen war, ohne jede wirtschaftliche Erschütterung durchgeführt werden konnte, bedeutete ein in den Erfahrungen der Nachkriegsjahre beispielloses Meisterstück. Die schweren Verluste, die die französische Volkswirtschaft z. B. in Rußland gegenüber der Vorkriegszeit erlitten hat, sind

[1] Ein arges Hindernis bilden vorläufig noch die gegenüber der Vorkriegszeit eingeführten enormen Steuersätze für ausländische Wertpapiere an der Pariser Börse, doch ist auch hier eine Reform angebahnt.

anscheinend verwunden: Die Erklärung ist wohl neben dem traditionellen Sparsinn der Bevölkerung hauptsächlich darin zu suchen, daß in Form von Sachlieferungen, Reparationen usw. denn doch unendlich viel mehr deutsche Leistungen nach Frankreich geflossen sind, als es je zugeben wollte. Auch scheint es — dies ist freilich eine etwas gewagte Behauptung —, als ob in Frankreich die in mäßigen Bahnen gehaltene Inflation und der Wiederaufbau der zerstörten Gebiete eine Art Ankurbelung der inländischen Produktion bewirkt habe, die die überalterte französische Industrie recht nötig hatte.

Die Pariser Börse (die einzige der französischen Börsen, die für den ausländischen Investor praktisch in Frage kommt) hatte ihre Glanzperiode zusammen mit den Börsen von London und Wien um die Mitte des 19. Jahrhunderts. Einzelne Züge des damaligen Charakters der Börsen hat sie treuer als andere bewahrt. So zeichnet sie sich durch ein ungebrochenes Interesse für Staatsrenten aus, die an anderen Weltbörsen bekanntlich stark an Beliebtheit eingebüßt haben, charakteristischer für ihren Konservatismus ist aber vielleicht die Eigentümlichkeit, daß einzelne Werte der Pariser Börse die Funktion von Leitpapieren haben, wie dies für das Börsenwesen der 70er und 80er Jahre des vorigen Jahrhunderts typisch war.

So geben zwei Werte an der Pariser Börse ziemlich zuverlässig die Tendenz an: Die Aktie der Banque de France und — in geringerem Maß — die Suez-Kanal-Aktie. Es sind dies also beides Werte, deren eigene Entwicklung gegenüber ihrem neutralen Charakter in den Hintergrund tritt: erscheinen doch in ihnen weder überraschende Entwicklungen noch auch Machtkämpfe möglich. Historisch gesehen entspricht die Rolle dieser Werte etwa der, welche die Aktie der Österr. Credit-Anstalt im vorigen Jahrhundert für die kontinentalen Börsen spielte, bei der überdies noch ihre Arbitragefähigkeit hinzukam. Das Wesen dieser Leitpapiere unterscheidet sich also ziemlich deutlich von fallweise auftauchenden Favoritpapieren, wie sie alle Börsen kennen, aber auch von den amerikanischen Standardwerten (z. B. Steels), bei denen tatsächlich die Größe der Kapitalien und ihre täglichen Umsätze — ohne jede traditionelle Konvention — ihren Einfluß auf die Gesamttendenz rechtfertigen.

Neben weiten Gebieten, auf denen das Hauptgewicht der Vorkriegszeit lag, wie z. B. Südamerika, Rußland, französische Kolonien, sind gerade in jüngster Vergangenheit heimische Industriewerte zu vorher ungekannter Bedeutung gekommen, vor allem Elektrizitäts- und Chemiewerte.

Die Pariser Börse unterscheidet sich vorläufig noch von den anderen Weltbörsen dadurch, daß die reine Effektenentwicklung an ihr höchstens 1—2 Jahre alt ist. Bis vor kurzem waren nämlich noch immer verschiedene Reste der Inflation und ihrer Folgen vorwiegend Hauptfaktoren der Kursgestaltung, also etwas, das an den angelsächsischen Börsen überhaupt nie bestand, in Deutschland schon seit Jahren — bald nach Aufstellung der Goldbilanzen — eliminiert wurde. Bekanntlich hat Frankreich in dieser Hinsicht noch immer keine entscheidenden Maßnahmen getroffen und wird es vielleicht auch nie tun (wenn man von der Ermächtigung zu Stabilisierungsbilanzen, von der kein weitgehender Gebrauch gemacht wurde, absieht). So geben die Bilanzen gerade der alten Gesellschaften oft noch ein völlig verzerrtes Bild, indem neben Bilanzzahlen, die mehr oder minder unverändert Goldfrancsbuchwerte enthalten, alle beweglicheren Bilanzposten in Papierfrancs figurieren. So waren „Aufwertungsmethoden" (Vergleich des Goldwertes des Unternehmens 1913 und heute usw.), wie wir sie von Deutschland her kennen, bis vor kurzem große Mode, wobei charakteristischerweise derartige Spekulationen mehr von internationalen Konsortien unter Führung Amsterdamer, amerikanischer, deutscher Häuser unternommen wurden, als von den Franzosen selbst. Es sei nur kurz erwähnt, daß die französische Börse das schärfste Beispiel einer „Stabilisierungshausse" lieferte, indem nach der endgültigen lange erwarteten Stabilisierung des Francs (23. 6. 1928) sich das Kursniveau der der internationalen Spekulation geläufigen Werte binnen weniger Tage fast verdoppelte. (Nebenbei bemerkt ergab sich hierbei ein beträchtliches Vorauseilen der Terminwerte gegenüber den weniger bekannten Kassawerten). Der Index gibt diese Entwicklung wie folgt wieder:

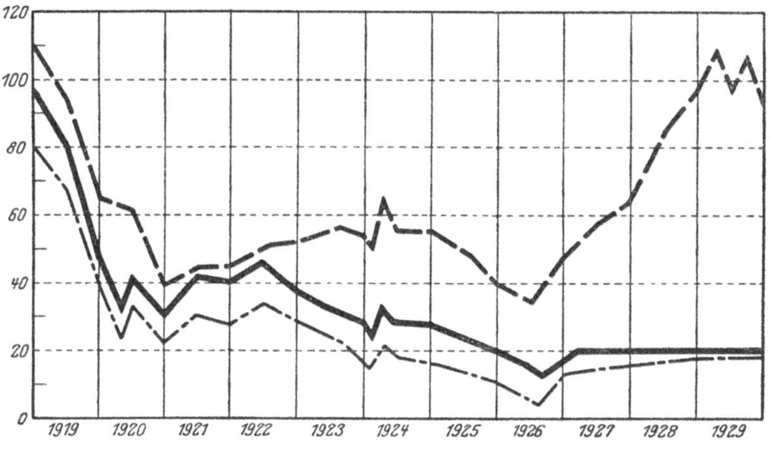

Abb. 3.

Währung — Aktienindex in Goldfrs. — Rentenindex in Goldfrs.

Wie man sieht, fiel der Goldwert der Aktien parallel mit der Währung bis zu ihrem Tiefstpunkt. Von einer starken Flucht in die Sachwerte, die eine relative Steigerung des Aktienindex gegenüber der Währung hätte zur Folge haben müssen, war also bemerkenswerterweise nicht die Rede. Seit der praktischen Stabilisierung der Währung (anfangs 1927, die formelle erfolgte erst Mitte 1928) setzte dann eine ununterbrochene Steigerung des Goldwertes der Aktien ein, die schließlich 1929 ungefähr wieder ihr Vorkriegsniveau erreichte, gegenüber einem Tiefstand von etwa 35%. Nicht weniger stark war übrigens, obwohl es graphisch weniger zum Ausdruck kommt, die Steigerung der französischen Rentenwerte, der freilich durch die Entwertung der Währung auf rund 20% des Goldwertes eine starre Grenze gesetzt war.

Technisches und Aktienrechtliches. Notierungsweise durchweg pro Stück, also nicht nur die Aktien (ihr häufigstes Nominale beträgt 500 Fr.). Eine der konservativen Eigenheiten der französischen Börse ist hierbei, daß bei Staatrenten der Betrag der jährlichen Rente und nicht das Nominalkapital (wie sonst überall) gehandelt wird. Keine Stückzinsenberechnung.

Wir verweisen insbesondere auf die Eigentümlichkeit der „Actions de jouissance", die mitunter an Stelle der planmäßig zu tilgenden Aktien treten, ferner auf die Beeinträchtigung, die die Inhaber der Stammaktien durch die „parts de fondateur" infolge der Inflation erlitten haben (s. S. 96).

Neben den Stammaktien (actions ordinaires) sind Vorzugsaktien (action priv.) recht häufig, allerdings oft nicht notiert. Die Vorzugsaktien sind übrigens fast immer auf eine feste Verzinsung ohne weitere Rechte beschränkt, es fehlen komplizierte Konstruktionen von Festverzinslichen mit Zusatzrechten, wie sich überhaupt Frankreich — nicht genötigt durch Schuldenaufnahme wie Deutschland und Italien — den amerikanischen Finanzmethoden gegenüber äußerst ablehnend verhalten hat.

Die Publizitätsverhältnisse der französischen Gesellschaften sind für den Investor wenig vorteilhaft: Die Bilanzen bieten aus den erwähnten Gründen ein sehr verzerrtes Bild; die zu ihnen gegebenen Erläuterungen sind ziemlich dürftig. Während des Jahres veröffentlichen die Gesellschaften keine laufenden Ergebnisse, sondern lassen zum Teil willkürlich Nachrichten an die Presse gelangen. Der entscheidende Nachteil gegenüber den ja keineswegs vorbildlichen deutschen Publizitätsverhältnissen liegt aber vor allem darin, daß es eine hochstehende Bilanzkritik durch die Presse überhaupt nicht gibt. Die Besprechungen des Geschäftsabschlusses seitens der führenden Tageszeitungen beschränken sich mehr oder minder auf Phrasen wie z. B. „glänzende Ergebnisse", „großartige Entwicklung" usw.: nüchterne Analysen sind vollkommen wesensfremd. Ein weiterer Nachteil liegt darin, daß das Handbuchwesen[1] gleichfalls nicht zu befriedigen vermag; es ähnelt durchaus dem englischen, also ungenügende Sammelbände, daneben die Institution von Einzelstudien („Etudes fin.")[2], bleibt also weit hinter der deutschen und amerikanischen Fachliteratur zurück.

Spesen und Orders. Die Spesen der einzelnen Transaktionen sind durchschnittlich eher gering. Es betragen bei

	Aktien		Renten	
	Termin	Kassa	Termin	Kassa
Kaufspesen, Verkaufspesen	ca. 3‰	5%	$^5/_8$—$1^1/_2$‰	$2^1/_2$—4‰
zusammen	6‰ — 1%		also ca. 3—8‰	

Report $1^5/_8$‰ halbmonatlich.

Das schwerste Kapitel bilden aber die Steuerabzüge:

Die Einkommensteuer beträgt auf alle Kupons (also gleichgültig, ob festverzinsliche oder Aktien und bei letzteren wieder ohne Unterschied zwischen Namens- und Inhaberaktien) 18% des Kuponsbetrages.

---

[1] *Handbücher*: Annuaire des Valeurs admises à la Côte Offizielle (Chambre syndicale, Palais de la Bourse). Annuaire Desfossès & Cie., Paris.

[2] Laufende Studien: Société d'Etudes de Statistiques Financières, Paris.

Hinzu tritt nur für Inhaberaktien noch die taxe de transmission, die nun für diesen wichtigsten Teil der Börse die Verwirrung stiftet. Die taxe de transmission wird nämlich von der Steuerbehörde in Höhe von $^1/_2$% auf Basis des Durchschnittskurses des Vorjahres errechnet, also auf Grund von Ziffern, die dem Publikum nur schätzungsweise zugänglich sind. Es ist klar, daß bei Aktien mit hohem Kurs diese Steuer oft einen Zusatz von 10—20% und mehr zur 18%-Einkommensteuer bedeutet. Besonders kraß gestaltet sich dies dadurch, daß die taxe de transmission kumulativ ist, d. h. für dividendenlose Jahre vom ersten wiedergezahlten Kupon gekürzt wird und nun z. B. unter Umständen diesen ganzen Kupon aufzehrt. Es ist kein Zweifel, daß in diesem vorsintflutlichen Steuersystem eine arge Behinderung des internationalen Interesses für französische Aktien liegt, eine Behinderung, die nur deshalb bisher nicht so sichtbar geworden ist, weil — wie früher gezeigt — die französischen Aktien bisher nicht wegen ihrer Rendite und nicht zur Daueranlage, sondern zum Zweck eines Substanzgewinnes gekauft wurden.

Der Steuerabzug vom Kupon wird bei Aktien nie von der Gesellschaft getragen, so daß der Anleger immer zwischen Brutto- und Nettokupons, die sich — ganz roh gerechnet — wie 100:65 verhalten mögen, unterscheiden muß. Dagegen sind die meisten Staatsrenten und auch viele Renten privater Schuldner von der einen oder anderen Steuer, oder auch von beiden, befreit bzw. die Gesellschaft trägt sie aus eigenem. Zu erwähnen ist schließlich noch, daß alle diese Steuern reine „Kuponssteuern" darstellen und daher auch für den Inländer nicht auf seine sonstige Steuerschuldigkeit anrechenbar sind.

Hinsichtlich der Besteuerung ist — wie schon erwähnt — zwischen Inhaber- und Namensaktien zu unterscheiden: Namensaktien sind hierbei wesentlich bevorzugt, doch ist natürlich ihre Handhabung etwas umständlicher. Für spekulative Transaktionen, speziell wenn noch einige Monate bis zum nächsten Dividendenkupon fehlen, ist also die Inhaberaktie vorzuziehen. Die Umstellung von Inhaberaktien in Namensaktien ist steuerfrei, die Rückwandlung kostet 0,8%.

Eine Limitierung der Orders ist, wenn man auf eine sofortige Ausführung nicht angewiesen ist, äußerst ratsam. Die Umsatztätigkeit ist nicht sehr breit, d. h. das Hauptinteresse konzentriert sich auf einige der führenden Renten, einige Bankaktien und sonstige Favoriten, während schon in einzelnen Terminwerten der Tagesumsatz über einige hundert Stück nicht hinausgeht und die Marktverhältnisse in den Kassawerten ähnlich ungünstig liegen wie zur Zeit in Deutschland.

AMSTERDAM.

Bedeutung und internationale Verflechtung. Zu dem Rang, welchen heute die Amsterdamer Börse einnimmt — sie folgt unmittelbar auf die „ganz Großen" (London, New York, Paris, Berlin) —, haben gerade im letzten Jahrzehnt verschiedene Umstände beigetragen. Neben dem ständigen Auftrieb, welchen der Reichtum des Landes und die Erschließung des indischen Kolonialbesitzes bewirkte, traten alle Vorteile als neutraler Börsenplatz während des Weltkrieges. Die darauf folgende Inflation der meisten europäischen Börsen hat Amsterdam verhältnismäßig weniger Verluste gebracht als dem noch von früher her in diesen Ländern stark engagierten Zürich.

Diese Entwicklung spiegelt sich besonders drastisch in zwei Ziffern wider, die den eigenen Aufschwung des Landes und seine Rolle als Kapitalszufluchtland charakterisieren: Die Zahl der Aktiengesellschaften stieg von 1300 im Jahre 1890 auf heute rund 25000. In den Jahren ab 1919 wurde zeitweise Amsterdam das Hauptquartier der deutschen Kapitalsauswanderung (Gründung einer Reihe deutscher Bankhäuser). Weit wichtiger für die Gesamtwirtschaft war und blieb allerdings der Einfluß, den die nahe Londoner Börse ausübt. In letzter Zeit hat auch hier New York mächtig Boden gewonnen, und dies äußerte sich vor allem darin, daß immer mehr New Yorker Emissionen mit einer Teiltranche auch in Amsterdam offiziell eingeführt wurden.

Charakteristik und Entwicklung der letzten Jahre. So umfaßt heute das Tätigkeitsgebiet der Amsterdamer Börse folgende Hauptgruppen:

a) Die holländisch-indischen Kolonialwerte, die gegenüber der Vorkriegszeit weiter mächtig emporgekommen sind und dank ihrer konservativen Dividendenpolitik auch die verschiedenen Rückschläge auf den betreffenden Warenmärkten, mit denen sie naturgemäß im engsten Zusammenhang stehen, erstaunlich gut zu überstehen vermochten. Diese Werte sind teilweise vor ähnlichen Werten der Londoner Börse für einzelne Urproduktionszweige führend, und zwar für Zucker (die ebenso wichtige kubanische Produktion ist größtenteils nicht im Besitz von Aktiengesellschaften), Gummi, vor allem aber für Tabak, in dem für gewisse Sorten Holland (Sumatra) bekanntlich eine Monopolstellung innehat. Im weiteren Sinn gehören zu diesem Gebiet der holländischen Börse einige andere alte holländische Unternehmungen, wie Banken und Kolonialbanken, Schiffahrtswerte, die großen Handelsunternehmungen, die alle seit jeher der Amsterdamer Börse das Gepräge gaben.

b) Im Gegensatz hierzu ist das starke Interesse für einige wenige heimische Industriewerte (z. B. Philips Gloeilampen, Margarine Unie) eine Folge der jüngsten Entwicklung. Dennoch konnten diese Werte — es handelt sich im ganzen noch nicht um ein halbes Dutzend — im letzten Jahr den Kolonialwerten, was den Umsatz betrifft, den Rang ablaufen. Hierher gehören auch mit einer besonderen Note die internationalen Kunstseidenwerte, die meist um den Enka- und Glanzstoff-Konzern gruppiert waren, der Ende 1929 sich zur Allgemeenen Kunstzijde Unie (AKU) fusionierte. Einzelne dieser Werte (z. B. American Bemberg) können als eine Art Übergang zum dritten Haupttätigkeitsgebiet der Amsterdamer Börse betrachtet werden, nämlich

c) Einführung internationaler Werte, insbesondere Paralleleinführungen von Teiltranchen New Yorker Emissionen. Hier sind z. B. schwedische Werte zu erwähnen, von amerikanischen Werten handelte es sich naturgemäß um die dort in den Jahren 1928 und 1929 favorisierte Type von preferred shares mit Zusatzrechten, insbesondere der Public Utilities-Branche.

Diese Orientierung nach New York löste die früher zahlreichen Einführungen von Aktien und Obligationen der Nachbarländer (vor allem Deutschland, aber auch Belgien, weniger Frankreich) ab, für die das Interesse merkbar abgenommen hat.

Dem Wesen der Kolonialwerte, die bis in die letzte Zeit hinein Träger des Hauptgeschäftes waren, entsprachen aus ihrer Natur als Rohstoffproduzenten starke Schwankungen. Der Übergang auf einige wenige heimische Industriefavoriten, deren Aktienkapital angesichts des Umfangs der Spekulation recht knapp wurde, auf Kunstseidenwerte und schließlich auf internationale Spekulationswerte brachte da keine Besserung, im Gegenteil. So zeigte die Amsterdamer Börse in den letzten Jahren lebhaftere Bewegung, als fast alle anderen europäischen Börsen, trotzdem ihr die Spekulation in „Non-valeurs“ und überhaupt in billigen Werten (das Mindestnominale ist meist 1000 hfl.), wie sie in gewissem Sinn für London so außerordentlich charakteristisch sind, an sich fremd ist und die Börse auch bei der inneren und äußeren Befriedung des Landes von der Politik her kaum Attacken ausgesetzt war[1]. So erklärt es sich, daß die Amsterdamer Börse stärker als alle anderen Börsen auf die New Yorker Kursderoute vom Herbst 1929 reagierte (s. Abb. 4).

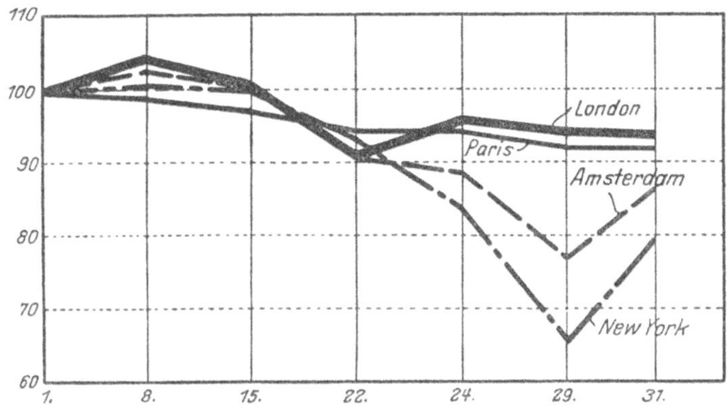

Abb. 4. (1. Okt. = 100). **Bewegung repräsentativer Aktien im Oktober 1929.** (Frankfurter Zeitung.)

Technisches und Aktienrechtliches. Das holländische Börsenwesen zeigt deutliche Spuren deutschen, englischen und französischen Einflusses. Die Notierungsweise erfolgt für Aktien und Obligationen gleichmäßig in Prozenten (deutscher Einfluß). Träger des Hauptgeschäftes sind Stammaktien. Vorzugsaktien mit oder ohne Zusatzrechte sind daneben nicht selten (englischer Einfluß); schließlich gibt es die völlig dem französischen Recht nachgebildeten Genußscheine. Das Umsatzverhältnis des Rentenmarktes zum Aktienmarkt mag etwa dem der Berliner Börse entsprechen, wobei angesichts des Kapitalreichtums des Landes zu berücksichtigen ist, daß die seit Jahrzehnten geordnete Staatswirtschaft verhältnismäßig wenige Staatsrenten an den Markt brachte und die Finanzierung der Kolonialunternehmungen aus Gründen der Phantasie meist durch Aktien, nicht durch festverzinsliche Werte erfolgte. Insgesamt werden an der Amsterdamer Börse rund 2500 Werte notiert (Berlin 2600 bei mehrfach höherem Umsatz), worunter nur eine einzige Terminaktie, nämlich die der Nederlandschen Handels-Maatschappij.

Die aktienrechtlichen Verhältnisse sind ziemlich verwickelt. Auf jeden Fall erscheint die Stellung des Kleinaktionärs weniger gesichert — rein recht-

[1] Eine Ausnahme bildet allenfalls der Royal-Dutch-Konzern, dessen Kurse die verschiedenen Phasen des Machtkampfes um die Petroleumversorgung der Welt widerspiegeln.

lich betrachtet — als z. B. in Deutschland. Die Befugnisse von Direktion und Aufsichtsrat sind weit größer als in Deutschland. Bei einigen Gesellschaften findet man Vorzugsaktien mit dem ausschließlichen Recht der Präsentation der Direktoren (sog. oligarchische Klausel). Erwähnenswert ist die Bestimmung, daß in der Generalversammlung ein einzelner nicht mehr als 6 Stimmen abgeben dürfe.

Dies hat anläßlich des Machtkampfes der Enka mit der Breda (beides sind Kunstseidegesellschaften) dazu geführt, daß erstere 860 einzelne Gesellschaften ins Leben rief, deren einziger Zweck der Besitz von je hfl. 6000 Breda-Aktien und daher die Abgabe von 6 Stimmen war. Diese Gesellschaften waren „Vereenigd Industrieel Bezit Nr. 1" bis 860 genannt — ein bemerkenswertes Beispiel von Auswüchsen des Rechtsformalismus.

Sehr häufig wird von Interessenten der maßgebende Einfluß auf die Gesellschaft in eine Holdinggesellschaft eingebracht, die dann den gleichen Namen mit dem Zusatz „gemeensch. Bezit" führt. Derartige Gesellschaften gehören zu den dem holländischen Recht eigentümlichen „Trust Kantooren", deren Tätigkeitsbereich allgemein die treuhänderische Verwaltung deponierter Effekten ist, wogegen sie ihre Zertifikate ausgeben. Die Institution der Trust Kantoore hat auch zu der im sonstigen internationalen Börsenleben unbekannten Erscheinung der Sammelaktien geführt, wobei verschiedene Quantitäten Aktien gemeinsam in ein Trust Kantoor hinterlegt werden.

So emittierte anfangs 1926 ein von ersten Bankhäusern ad hoc gegründetes „Hollandsch Administratie Kantoor voor duitsche Warden" Zertifikate, die über je

RM.	640	Continentale Coutschouc,
„	1200	Deutsch-Austral. Dampfschiffgesellschaft,
„	600	Deutsche Bank,
„	600	Diskonto-Kommanditanteile,
„	1200	I. G. Farbenindustrie,
„	560	Köln-Rottweiler Bergw.,
„	1200	Westeregeln

lauteten.

Eine neue Bearbeitung des holländischen Aktien-Rechtes ist Mitte 1928 erfolgt, wobei man teilweise auf an deutschem Vorbild 1910 begonnene Studien zurückgriff. Die Neuregelung betraf den bisher nicht existierenden Zwang der Veröffentlichung der Jahresbilanz, gewisse Milderungen der oligarchischen Klausel (s. oben) sowie ein Enqueterecht der bisher fast rechtlosen Aktionäre. Ferner wurde die Haftung von Aufsichtsrat und Direktion neu geregelt.

Spesen. Die Spesen für einen Aktienkauf und -verkauf sind etwa durchschnittlich. Sehr hoch sind jedoch mitunter die Kosten, wenn man an einer anderen Börse gekaufte, jedoch auch in Holland notierte Werte dort verkauft: die holländische Stempelung der Stücke ist dann erforderlich, die die reinen Kauf- und Verkaufspesen weit übersteigt. Die An- und Verkaufspesen (ziemlich gleichhoch für Aktien und Renten) betragen etwa je $3^1/_2{}^0/_{00}$, die Kosten einer durchgehandelten Transaktion daher rund $7^0/_{00}$.

Die Dividendensteuer wird von den meisten Gesellschaften selbst getragen, kommt also für den ausländischen Erwerber meist nicht in Frage.

Von Interesse für den Investor waren an der Amsterdamer Börse wohl seit jeher die niederländisch-indischen Kolonialwerte. Sie können so ziemlich als die solidesten Kolonialwerte aller Länder angesehen werden, sie gewähren neben ihren Dividenden in guten Jahren ansehnliche Bezugsrechte. Hierbei ist die laufende Rendite meist recht hoch (zur Zeit etwa 6% für die führenden Werte, 8—10% für die kleineren). Ihre übrigens hochinteressante Entwicklung verläuft im Sinn einer ständigen Konsolidierung, und im Gegensatz zu früheren Jahrzehnten können heute einzelne unter ihnen als Daueranlage im strengsten Sinne des Wortes angesehen werden, und sie sollten insbesondere, wenn der Anleger in dem betreffenden Rohstoff Bescheid weiß, nicht fehlen. Durch die früher erwähnten Bezugsrechte stellt sich ihr Erträgnis weit höher als die reine Verzinsung und die Art ihrer Kapitalisation (meist keine vorangehenden Schulden oder festverzinslichen Kapitalsteile) läßt sie in vieler Hinsicht vorteilhafter erscheinen als die durchkapitalisierten englischen Kolonialwerte, deren ordinary shares oft beträchtliche fixed charges vorausgehen, so daß sie Schwankungen der Jahresgewinne weit stärker verspüren. Weit weniger interessant erscheinen für den internationalen Investor holländische Bankwerte. Die Rendite bewegt sich etwa um 5% herum, übersteigt also etwas die erstklassigen Renten, die übrigens im Durchschnitt $^1/_2$% höher rentieren als gleichartige Schweizer Werte. Interessant sind allenfalls einzelne industrielle Vorzugsaktien mit Renditen über 6%.

Dies alles gilt für Daueranlagen: vorübergehend das größte Interesse beanspruchten in den letzten zwei Jahren einzelne Favoritpapiere der Industrie, bei denen es aber sehr auf die Börsenlage und den Moment des Sich-Engagierens ankommt. Der Kauf der zahlreichen New Yorker „Parallelwerte“ und anderer Arbitragewerte, die an der Amsterdamer Börse notiert wurden, erscheint wegen des holländischen Stempels und auch deshalb, weil für die meisten ihr Heimatsmarkt größer ist, weniger zweckmäßig.

So empfiehlt es sich z. B. trotz Ersparung an Depeschenspesen und technischer Erleichterung nicht, Anaconda in Amsterdam zu kaufen, sondern in New York. Das gilt für alle amerikanischen Werte überhaupt, für die man die New Yorker Börse mit ihren enormen Umsätzen zur Verfügung hat. Ebenso kommt gerade für den deutschen Anleger der Kauf deutscher Werte, mögen sie in welcher Form immer in Holland mitemittiert worden sein, vernunftgemäß nicht in Frage. Gleiches gilt von den französischen und belgischen meist festverzinslichen Werten. Hingegen ist ein Kauf der an der Londoner und Amsterdamer Börse zugleich notierten Werte, zu denen einige der größten gehören (Royal-Dutch, Margarine Unie), zur Vermeidung der hohen Londoner Spesen oft in Amsterdam empfehlenswert. Die internationalen Kunstseidenwerte und z. B. die schwedischen Separator haben zur Zeit in Amsterdam ihren regsten Markt.

Als Repräsentanten des Amsterdamer Marktes seien unter vielen anderen erwähnt:

Von Kolonialwerten: Royal-Dutch (der Petroleum-Weltkonzern, A.-K. ca. hfl. 500 Millionen), Handels-Vereeniging Amsterdam (vorwiegend Zucker).

Banken u. a.: Rotterdamsche Bankvereeniging, Amsterdamsche Bankvereenigung, Industriewerte: Margarine Unie (der holländ.-engl. Margarine-Trust), Philips Gloelampen (Glühlampen, Schwachstrom, Radio), van Berkels Patent (Patentwaagen), AKU (Kunstseidekonzern).

Handbücher: Gids Byde Prijscourant van de Vereeniging voor den Effectenhandel (J. H. DE BUSSY, Amsterdam). van Oss' Effecten-Boek (S. F. VAN OSS, den Haag).

SCHWEIZ.

Bedeutung und Entwicklung der letzten Jahre. Die internationale Bedeutung der Schweizer Börsen (vor allem Zürich, dann Basel, Genf) weist viele Ähnlichkeiten mit der des Amsterdamer Platzes auf: hier wie dort die aus dem Kapitalreichtum des Landes resultierende Neigung zu Kapitalexport, beides die geeigneten neutralen Börsenplätze der Kriegsjahre, später begehrte Zufluchtorte des vor den Steuern und der Inflation flüchtenden Kapitals der meisten europäischen Länder. Immerhin spielte sich diese Rolle der Schweizer Börsen in etwas anderer Form als bei Amsterdam ab.

Materiell liegt wohl der Hauptunterschied darin, daß der Amsterdamer Platz erst in der Nachkriegszeit sich an kontinentalen Werten beteiligte, durchschnittlich zu Preisen, die weit unter dem Vorkriegsniveau lagen. So blieben ihm die ärgsten Verluste erspart, die die Schweiz gerade an ihrem Vorkriegsbestand österreichisch-ungarischer, deutscher und ähnlicher Werte erlitt.

Aber auch in formeller Hinsicht besteht ein wesentlicher Unterschied in der Kapitalsbeteiligung von Amsterdam und der Schweiz. Während in Amsterdam die Gewohnheit besteht, Teiltranchen notierter Werte der Nachbarbörsen einzuführen, ist die Schweiz schon in der Vorkriegszeit planmäßig an die Gründung schweizerischer Holdinggesellschaften gegangen, die gegen Erwerb ausländischer Effekten ihre e i g e n e n Werte im Schweizer Publikum placierten. Es mag sein, daß bei der bekannten Vorsicht des Schweizer Publikums nur dieser indirekte Weg gangbar war, um es an ausländischen Werten zu interessieren — jedenfalls hat diese Politik den betreffenden Gesellschaften während des Verfalls der europäischen Währungen ungeheure Verluste gebracht und so kommt es, daß fast alle derartigen Unternehmungen in der Schweiz, die hinsichtlich Kapitalausstattung und Standing ihrer Gründer erstklassig erschienen, ein, ja zwei scharfe Sanierungen über sich ergehen lassen mußten.

Dies fällt zumeist in die Jahre 1921—1924. Seither hatte die Schweiz einige gute Jahre: die Verluste, welche sie jüngst an deutschen Werten (z. B. Frankfurter Allgemeine) und dann beim New Yorker Börsenkrach erlitt, dürften — abgesehen von ihrer psychologischen Bedeutung — materiell nicht allzu weitgehend gewesen sein.

Die Tätigkeitsgebiete der zwei deutsch-schweizer und der einen französisch-schweizer Börse weisen ziemlich einheitliche Züge auf: Renten spielen nicht nur im Umfang, sondern vor allem der Anzahl der Emissionen nach eine große Rolle, wozu die Vielheit der öffentlichten Titres (Bundes-, Kantonal-, Stadtanleihen), dann der Umstand beitrug, daß der Ausbau der Gebirgsbahnen zum großen Teil durch Hypothekaranleihen finanziert wurde.

Die Aktien zerfallen etwa in zwei Hauptgruppen:

a) Banken und Holdinggesellschaften (also internationaler Einschlag), ferner Arbitragewerte (schwedische, spanische, weniger neuerdings italienische Werte).

Hierbei fällt der wichtigste Anteil Holdinggesellschaften für internationale Elektrizitätswerte zu, eine Branche, die insbesondere durch den Konzern der Schweizerischen Kredit-Anstalt in Verbindung mit der Sofinagruppe repräsentiert wird.

b) Werte der heimischen Industrie, Schweizer Grundindustrien (also hydroelektrische Stromlieferungswerte und dann die privaten Bergbahnen, Hotelgesellschaften, Maschinen und landwirtschaftliche Produkte).

Technisches und Aktienrechtliches, Spesen. Es existieren Kassa- und Terminwerte, Aktien werden durchwegs pro Stück gehandelt, Obligationen an den deutschsprachigen Börsen in Prozent, in Genf nach französischem Muster in Stück. Aktien und Obligationen haben meist 500 sfrs. Nominale.

Kuponsteuer: Obligationen meist 2% (es gibt auch steuerfreie, z. B. Bundes- und Kantonalanleihen). Aktien 3% (auch ausländische Werte, die nach dem 10. 10. 1921 an einer Schweizer Börse eingeführt wurden, sind dieser Steuer unterworfen).

Börsenspesen: An- und Verkauf gleichmäßig bei Aktien und Renten, je etwa $2^1/_2$%, Kosten der durchgehandelten Transaktion demnach ca. $^1/_2$%, also gering. Report $^1/_2$‰.

Die aktienrechtlichen Bestimmungen ähneln stark den deutschen mit leichten Einflüssen des französischen Aktienwesens. So bilden in der Regel 1—2 „Administrateurs délegués" (entsandt vom Aufsichtsrat) neben den Direktoren den Vorstand. Hinsichtlich des Stimmrechtes besteht die Bestimmung, daß niemand im eigenen und fremden Namen mehr als $^1/_5$ aller Stimmen vertreten dürfe, in vielen Statuten auch die Bestimmung, daß die Mehrheit des Verwaltungsrates Schweizer Nationalität sein müsse. Trotz vorerwähnter Bestimmungen sind einzelne Schweizer Gesellschaften zur Schaffung von Schutzstimmaktien geschritten (so z. B. die Aluminiumwerke Neuhausen gegen amerikanische Aktienaufkäufe).

Von Interesse für den Investor. Am interessantesten und international bekanntesten sind wohl die Bestimmungen über die Begünstigung von Holdinggesellschaften, Vermögensverwaltungsgesellschaften u. dgl., die die Schweiz und insbesondere einzelne ihrer Kantone (z. B. Zürich, Glarus) zu einem der Hauptsitze der aus Steuergründen erfolgenden Kapitalflucht gemacht hat.

Diese steuerlichen Vorteile trafen mit der Neigung vieler Anleger zusammen, ihr Geld nach den üblen Erfahrungen der letzten Jahrzehnte in einem neutralen Land anzulegen, und hieraus erklärt sich die starke Beliebtheit Schweizer Anlagewerte und Aktien, die sie auf Grund ihrer Rendite, teilweise auch nach den zahlreichen Sanierungen der Periode 1921—1924 nicht immer verdienten. Immerhin sollten weniger Schweizer Renten (deren Rendite unter allen Ländern so ziemlich die niedrigste ist), als vielmehr einige ihrer Standardaktien, insbesondere Bankwerte, bei der internationalen Anlage von Kapitalien Berücksichtigung finden.

Handbücher: Schweizerisches Finanz-Jahrbuch (ZIMMERMANN & CIE., Bern). Manuel des Valeurs Cotées aux Bourses Suisses (Banque Commerciale de Bâle, Basel).

MAILAND.

Bedeutung und internationale Verflechtung. Die internationale Bedeutung der Mailänder Börse ist infolge der politischen Lage Italiens und der Kapitalarmut des Landes gering. Von den zahlreichen anderen italienischen Börsen hat allenfalls noch die Börse von Rom einige Bedeutung, die Börsen von Turin, Triest, Venedig sind typische Provinzbörsen.

Die nicht unbedeutenden Interessen, die Deutschland vor 1914 an italienischen Werten besessen hatte, gingen durch den Krieg verloren, und in jüngster Zeit haben zeitweilig politische Spannungen hinsichtlich des Tessin die weit wichtigeren Schweizer Kapitalsbeteiligungen zurückgedrängt. Gleichfalls politische Gründe sind dafür maßgebend, daß sich das französische Kapital fernhält. England hat wohl seit jeher in weitem Ausmaß die kurzfristige Finanzierung des Außenhandels übernommen, sich aber langfristiger Kapitalsinvestitionen meist enthalten. So kam es, daß sich Italien, als nach der energischen Deflation in 1927 Kapitalmangel eintrat, fast ausschließlich auf Amerika angewiesen sah, und in der Tat nahm dieses ähnlich wie an Deutschland Interesse durch Gewährung von Doll.-Anleihen, die fast immer mit einträglichen Aktienoptionen verbunden waren.

Charakteristik und Entwicklung der letzten Jahre. Die wichtigste Gruppe der an der Mailänder Börse gehandelten Aktien bilden Elektrizitätswerte. Hier gibt es etwa 1 Dutzend großer Gesellschaften, unter denen die Società Italiana Edison di Elettricità mit ihrem Kapital von 1,2 Milliarden Lire weitaus die größte ist. Von Bedeutung sind ferner einige altbekannte Bank- und Versicherungswerte. Das weite Gebiet der Textilwerte hat sich seit der Deflation der Lira infolge der international schlechten Lage der Branche noch nicht zu erholen vermocht. Bei der Kapitalarmut des Landes und auch infolge der Inflation gediehen Rentenwerte kaum. Praktisch genommen werden nur zwei Kategorien gehandelt: die Consolidato und die 5% Littorio (Zwangsanleihe); ihre Kurse wurden oft künstlich von der Regierung gehalten und spiegelten daher die Lage des Kapitalmarktes nicht ganz getreu wider. Weit besser kam diese in den zahlreichen in New York placierten Dollaranleihen zum Ausdruck, die jedoch in Italien selbst aus devisentechnischen Gründen nicht gehandelt werden dürfen. Bemerkenswert ist, daß die Mailänder Börse als einzige in Europa die Umsätze in jedem Wert amtlich registriert und im Kursblatt veröffentlicht.

Wie schon eingangs erwähnt, ist für die italienische Börse die starke Abhängigkeit der gesamten Wirtschaft vom politischen Regime charakteristisch. Dieses hat sich in der planmäßigen Entfaltung der nationalen Kräfte auch die Eindämmung der Spekulation zur Aufgabe gemacht, und in der Tat weisen die italienischen Börsen verhältnismäßig geringe Schwankungen auf, und es kam auch während der Jahre starker Inflation zu keinen solchen Exzessen wie z. B. wiederholt an der Pariser Börse.

Technisches. Usancen und Aktienrecht ähneln dem französischen Typus. Die Notierungsweise ist französisch: also Aktien und Renten (letztere meist

500 Lire Nominale) pro Stück. Prinzip ist der Terminkauf, und zwar per Ultimo des Monats, welcher etwa in die letzte Woche fällt. An diesem Tag wird dann sowohl „fine corrente" als auch schon „fine prossimo" gehandelt, worauf die Notiz — genau wie in Deutschland — umspringt.

Spesen:	bei Aktien	bei Renten.
für Kauf und Verkauf je	ca. $6^1/_2$‰,	ca. 1‰.

Einzelne Institute, speziell Privatbanken, führen zu Nettokursen aus, in denen also ihre Kommission bereits enthalten ist; dann wird lediglich der (minimale) Stempel in Rechnung gestellt. Die Dividende wird ohne Abzug ausgezahlt.

Von Interesse für den Investor. Als Daueranlage erscheinen für den europäischen Investor einige Elektrowerte recht interessant, deren Rendite — im Einklang mit den Kapitalsverhältnissen des Landes und der bisherigen starken Zurückhaltung der europäischen Kapitalisten — wesentlich höher liegt als die gleichartiger Standardwerte anderer Länder (zur Zeit — Anfangs 1930 — beträgt die Rendite der führenden Werte dieser Branche etwa $6^1/_2$ bis 7% netto). Ihre Finanzgebarung ist dabei äußerst solide, ihre Dividendenentwicklung seit Jahren stetig und — schon aus politischen Gründen — recht konservativ. Weit weniger interessant erscheinen am internationalen Maßstab gemessen die zahlreichen Industriewerte, die zum Teil qualitativ hinter den ähnlichen deutschen, Schweizer usw. Unternehmungen vorläufig noch zurückstehen. Viele davon sind auch angesichts des nicht allzu aufnahmefähigen Inlandsmarktes auf forcierten Export angewiesen (z. B. Snia, Fiat). Die wenigen italienischen Montanwerte verdanken bei der Mineralarmut des Landes ihre Existenz mehr oder weniger Autarkiebestrebungen des Staates (teilweise militärische Rücksichten) und dem örtlichen Arbeiterangebot.

Handbuch: Società Italiane per Azioni, Notizie Statistiche (C. de Luigi, Rom).

KURZE CHARAKTERISTIK EINIGER NEBENPLÄTZE.

Im vorstehenden haben wir — wie schon erwähnt — nur die allerwichtigsten Weltbörsen (New York, London, Paris) angeführt, andererseits solche, die durch irgendeine für sie typische Gattung von Wertpapieren oder Branche besonderes Interesse des Investors beanspruchen dürfen (so Amsterdam für Kolonialwerte, Italien für Elektrowerte). So kommt es, daß einzelne nicht unwichtige Börsen fehlen; sie sollen daher hier kurz Erwähnung finden.

Brüssel. Die wichtigste dieser Börsen ist wohl die Brüsseler. In aktientechnischer Hinsicht weist sie die größte Ähnlichkeit mit der Pariser Börse auf. Eine Besonderheit für Europa bildet das Vorhandensein nennwertloser Anteilscheine, die dem common share des amerikanischen Aktienwesens gleichen. In branchenmäßiger Hinsicht ist sie ähnlich den Schweizer Börsen als Sitz einiger internationaler Elektro-Holdingsgesellschaften (Sofina, Sidro) interessant, durch die ständig an Bedeutung gewinnenden Werte des Kongogebietes weist sie verwandte Züge mit Amsterdam auf. Schließlich werden an ihr einige erstklassige Montanwerte (Arbed, Ougré-Marihaye), durch die Fäden nach Frankreich und Deutschland laufen, notiert. Eine Spezialbranche ist die der Glaswerte (verreries).

Auch in Brüssel blieb eine Deflationskrise aus — bemerkenswert ist, daß die Stabilisierung im Gegensatz zu Frankreich so ziemlich am tiefsten Punkt der Währung erfolgte[1], was die Umstellung der Industrie auf die stabile Währung wesentlich erleichterte.

Ähnlich wie in Frankreich setzte nach der Stabilisierung der Währung eine langdauernde Aufwertungshausse ein, die schließlich die Kurse weit über das durch die Renditen[2] gerechtfertigt erscheinende Ausmaß emportrieb. Der Umschwung setzte in Brüssel weit akzentuierter als auf allen anderen Märkten mit dem Tod des Bankiers Loewenstein, in dessen Werten man besonders stark engagiert war, bereits Mitte 1928 ein. Seither vermochte der Brüsseler Markt sich eigentlich noch nicht zu erholen.

Ostbörsen. Eine nähere Darstellung dieser Börsen (Prag, Wien, Budapest) kann unterbleiben: Für Prag genüge der Hinweis, daß es eine starke Ähnlichkeit mit den Verhältnissen der Pariser Börse aufweist. Die vorhandene politisch-militärische Verbundenheit und die Interessenahme französischen Kapitals u. a. an der tschechoslowakischen Schwerindustrie bieten hierfür nur eine teilweise Erklärung. Hier wie dort herrscht in den letzten Jahren ein verhältnismäßig leichter Geldstand (in Prag notieren schon seit langer Zeit 6proz. Anleihen ca. pari), hat man zur Überraschung der Devisentechniker auf einen formellen Ersatz der entwerteten Währung verzichtet, beträgt schließlich das Entwertungsverhältnis nicht viel mehr als $^1/_5$. Auch in Prag gab es statt einer neuen Währung, Aufwertung, Goldbilanzen u. dgl. lediglich Stabilisierungsbilanzen, ähnlich wie in Frankreich, durch die immerhin ein Teil der durch die Bilanzierung in Papierkronen geschaffenen stillen Reserven wieder zum Vorschein kam. Auch hier setzte eine Aufwertungshausse ein, die aber heute im wesentlichen als abgeschlossen gelten kann. Wirtschaftspolitisch weist die Lage der Tschechoslowakei manche Ähnlichkeit mit Deutschland auf, insofern, als beide Länder genötigt sind, einen Großteil ihrer industriellen Produktion im Export abzusetzen.

Die Verbundenheit der Prager mit der Pariser Börse fand durch die wechselseitige Einführung von Aktien (die gerade in jüngster Zeit betrieben wurde) auch äußerlich einen Ausdruck.

Die Wiener Börse, in den 70er und 80er Jahren des vergangenen Jahrhunderts nach London und Paris die wichtigste Börse der Welt, verliert

[1] Nämlich bei der Relation 175 für 1.— Lst., in Frankreich war das Pfund 1926 bekanntlich für wenige Tage bis auf 240 Fr. gestiegen, die definitive Stabilisierung erfolgte jedoch bei rund 120 für 1 Lst.!

[2] Die Kuponssteuererrechnung ist ähnlich kompliziert wie in Frankreich. Man muß also scharf zwischen der Brutto- und Nettorendite jeder Aktie unterscheiden. Zu den Höchstkursen (Sommer 1928) erreichten die Renditen der Papiere, in welchen das Publikum die meiste Phantasie sah (Sofina, einige Bankwerte usw.) kaum mehr als $^1/_2$%!

noch immer ständig an Bedeutung. Der zur Deckung der Defizits der österreichischen Wirtschaft seit Jahren vor sich gehende Ausverkauf ihres ehemaligen reichen Bestandes an Aktien der in den neuen Sukzessionsstaaten beheimateten Unternehmungen führt immer mehr zur Abwanderung des Geschäftes an diese Börsen (also Prag, Budapest, weniger Agram); einige große Zusammenbrüche und die durch Steuern und soziale Lasten stark geschwächte Rentabilität der einheimischen Unternehmungen haben das übrige getan. Anlagewerte erscheinen vom Standpunkt des deutschen Investors kaum interessant, da sie hinsichtlich der Sicherheit nicht mit Anlagen in den Weststaaten konkurrieren können, hinsichtlich der Verzinsung aber gegen die innerdeutschen Anleihen zurückstehen (Rendite der festverzinslichen österreichischen Werte etwa 7%, Aktienrendite etwa ebenso hoch). Unter den Aktienwerten erscheinen allenfalls einige Papiere der Brauindustrie als Daueranlage geeignet, die seit Wegfall der Konkurrenz der böhmischen Brauereien einen glänzenden Aufschwung genommen haben sowie einige Papier- und Elektrowerte.

Die Budapester Börse weist aus den gleichen Gründen wie die Wiener (Zerstückelung des ursprünglichen Gebietes) recht ähnliche Verhältnisse auf, wozu noch der Umstand kommt, daß die ungarische Bevölkerung im Durchschnitt ärmer als die österreichische ist und auch ein dort von Jahr zu Jahr Bedeutung gewinnendes Moment, der Fremdenverkehr, fehlt.

Das ganze Industriewesen Ungarns, das durch Hochschutzzölle geschützt, vorwiegend den Inlandsmarkt versorgt (der Export ist unbedeutend), konzentriert sich um die 2—3 führenden Banken. Die Rendite der Aktiengesellschaften ist im Durchschnitt etwas höher als in Österreich, bemerkenswert ist die Höhe der anläßlich der Goldbilanzen geschaffenen offenen Reserven (oft 100%) des Aktienkapitals.

Stockholm. Unter den Neutralen verdient noch Stockholm eine kurze Erwähnung. Mit einem Schlagwort bezeichnet, nimmt heute Schweden wirtschaftlich und börsentechnisch hinsichtlich Europas eine ähnliche Stellung ein wie etwa Kanada in der Weltwirtschaft. Hier wie dort weite, schwer kontrollierbare Möglichkeiten, basierend auf Rohstoffreichtum bei gleichzeitiger Menschenarmut. Es mag sein, daß es solche Erwägungen waren, die in den letzten Jahren die Beliebtheit schwedischer Werte speziell beim englischen Publikum für Daueranlagezwecke hervorriefen. Diese Entwicklung brachte es mit sich, daß nicht an der Stockholmer Börse, deren Umsätze recht gering sind, sich die Interessenahme an schwedischen Werten abspielte, sondern durch Notierung dieser Werte an den wichtigsten Auslandsplätzen. Es handelt sich vor allem um London, dann Amsterdam und die Schweiz, wo also der internationale Investor — aus technischen Gründen oft besser als in Stockholm selbst — die ihn interessierenden Werte zu erwerben vermag.

In erster Linie ist hier die Svenska Tändsticks Aktiebolaget — der bekannte Zündholztrust — zu nennen und seine Finanzierungsgesellschaft, die

Kreuger & Toll A. B., die insbesondere durch Emittierung aktienähnlicher Debentures an das internationale Publikum herantrat. Erst in weitem Abstand hinsichtlich der Größe ihrer Kapitalien folgen dann einige Spezialwerte, wie Svenska Kullagerfabrieken A. B., Elektrolux, Separator. Nur Ericson und Graengesberg blieben mehr oder minder auf den Stockholmer Markt beschränkt.

Bemerkenswert ist hier der scharfe gesetzliche Überfremdungsschutz, wonach für Einführungszwecke im Ausland nur Aktien mit $^1/_{1000}$ Stimmrecht (B-Aktien) geschaffen werden dürfen. Auch ist der Erwerb der auf das Inland beschränkten A-Aktien vielfachen Beschränkungen unterworfen, so daß eine Einflußnahme der Ausländer auf schwedische Gesellschaften praktisch fast ausgeschlossen erscheint.

NEUNTES KAPITEL.

DIE BRANCHENZUGEHÖRIGKEIT.

Als letzten der Faktoren, die ohne Rücksicht auf die konkreten Eigenschaften eines Unternehmens für seine Beurteilung von Wichtigkeit sind, haben wir die Branchenzugehörigkeit zu untersuchen. Welchen Unterschied es in der jüngsten Vergangenheit bedeutet hat, ob man — etwa innerhalb der Anlagemöglichkeiten am amerikanischen Aktienmarkt — Eisenbahnaktien oder Kupferwerte, ob Bankaktien oder aber Textil- und Kunstseidenwerte besaß —, gerade davon hat der Laie eine sofortige plastische Vorstellung. Eine andere Frage ist es, inwieweit der in einer bestimmten Branche herrschende Aufschwung oder Niedergang vom Publikum, ja selbst von der Fachpresse, rechtzeitig erkannt werden kann, um danach seine Dispositionen einzurichten.

So war z. B. die durch die Reorganisation der chilenischen Salpeterindustrie geschaffene Situation hinsichtlich des Weltstickstoffmarktes eigentlich kein Geheimnis. Monatelang waren bereits in der Fachpresse Nachrichten erschienen, in welchem Maß die chilenischen Gruben durch verbesserte Arbeitsmethoden ihren Ertrag zu steigern vermöchten usw. Schließlich kam als bedeutsame Anerkennung dieses neuen Zustandes ein Weltstickstoffübereinkommen zwischen der I. G. Farbenindustrie, den Imperial Chemicals (England) und den chilenischen Salpeterproduzenten mit der Wirkung einer ausgiebigen Preisermäßigung zustande und von fachmännischer Seite wurden Schätzungen über den der Stickstoffindustrie hierdurch entstandenen in die Dutzende Millionen gehenden Einnahmeausfall angestellt. Das alles blieb vom Publikum zunächst unbeachtet, wurde übrigens auch kaum in der inländischen Presse diskutiert und so stand man dem bald darauf einsetzenden starken Rückgang der I. G. Aktien im Herbst 1929 ziemlich überrascht gegenüber.

Bei der Entscheidung über jede Anlage tritt also unmittelbar neben die Kategorie (ob Aktie, Rente oder konvertible Bond) und die Frage der „Nationalität“ (ob deutsche, amerikanische, französische usw. Werte) die Branchenzugehörigkeit als letztes allgemeines Merkmal. Darüber hinaus ist nur mehr der individuelle Wert der betreffenden Anlage zu untersuchen. Diese Bedeutung der Branchenzugehörigkeit drückt sich auch in den Börsenberichten der Tageszeitungen insofern aus, als sie ihren Bericht meist nach einzelnen Branchen gliedern. Allerdings geschieht dies zum großen Teil aus schematischen Gründen, ohne daß hierbei Wertverschiebungen zwischen den Branchen (und hierum handelt es sich in unserem Falle) oder das Schicksal der einzelnen Branchen auf lange Sicht verfolgt würde.

Wie schon wiederholt bemerkt, wurde die Bedeutung der Branchenzugehörigkeit in der Nachkriegszeit auf lange Jahre durch verschiedene starke Gewalten überdeckt. Zunächst durch die bekannten Erscheinungen während der Inflationsjahre, dem Bestreben nach Geldwertkonservierung, wobei alles, was Aktie hieß, gekauft wurde und gerade die unfundiertesten (und daher „billigsten") Werte relativ am meisten überzahlt wurden. Auf die Inflation folgte die Zwischenperiode der Goldumstellung und der Aufwertung (1924 und 1925), und auch da waren ganz andere Motive im Vordergrund: es herrschte das individuelle Unternehmen und sein sich in der Zusammenlegung der Aktie ausdrückendes Schicksal. Immerhin hoben sich hier erstmals wieder einzelne Branchen durch besonders günstige Goldbilanzen von anderen mit verhältnismäßig ungünstigen ab. So erfolgten speziell Zusammenlegungen bei Hypothekenbankaktien im besonders scharfen Verhältnis (oft 40:1), auch die Kreditbanken erfüllten nicht alle Erwartungen (meist 10:1), während andererseits Montan- und Brauindustrie mit verhältnismäßig hohen Goldkapitalien herauskamen (Brauereien oft 2:1, die führenden Montanwerte etwa 10:7).

Das scheinbar stärkste Gegenstück zur Branchenbewegung bildete aber die lineare Aufwärtsbewegung aller Kurse, nach Beendigung der Wirtschaftskrise Anfang 1926, die mit einer internationalen Gelderleichterung und einem unerhört starken Einströmen von Auslandsgeld nach Deutschland Hand in Hand ging. Angesichts eines derartigen allgemeinen Antriebsmomentes, das naturgemäß Aktien und Renten in gleicher Weise erfaßte, erschien es zunächst wenig nötig, tiefgründige Branchenspezialstudien anzustellen. Berufsspekulation und Bankiers in ihrer Eigenschaft als Berater der Kundschaft sahen sich lediglich auf dem Kurszettel um, welche Teilgebiete etwa noch nicht so stark „aufgewertet" worden wären wie das übrige. Diese lineare Aufwärtsentwicklung wurde nun in dem verschieden starken Sturz nach dem „schwarzen Freitag" (13. 5. 1927), also durch Spezialbewegungen abgelöst, die seitdem der deutschen Börse das Gepräge gaben. Ein Vergleich mit den Börsen anderer Länder läßt es verwunderlich erscheinen, daß diese Spezialbewegungen von einem Teil der Fachpresse immer noch bestaunt und als ein gleichsam aus der Kapitalsnot Deutschlands herrührendes „Haussesurrogat" behandelt wurden. Mit diesem in den Börsenberichten aller Länder seit Mitte 1927 ständig wiederkehrenden Worte „Spezialbewegungen" stehen wir mitten in den Branchen.

Die klassische Börse der Branchen ist seit jeher die New Yorker. Hier kam es z. B. 1929 nach einer langdauernden Hausse der Flugzeugwerte und der Warenhäuser, ohne daß die Allgemeintendenz sich im mindesten verschlechtert hätte, zu einem so starken Kursrückgang in diesen Branchen, daß führende Werte unter ihnen bis auf 50% ihres Höchstkurses zurückgingen, während gleichzeitig neue Favoritbranchen (in diesem Fall Kupferwerte und Public Utilities) ihren Aufstieg begannen.

Im folgenden geben wir die **Branchenentwicklung der New Yorker Börse** in den Jahren 1928 und 1929 graphisch wieder, wobei Höchst- und Tiefstpunkt der einzelnen Jahresmarken die Höchst- und Tiefstpunkte des betreffenden Jahres darstellen. Je geringer also die Schwankungen innerhalb einer Branche waren, desto kleiner ist die betreffende Säule (z. B. überraschend klein die Schwankungen in Telegrafen- und Telefonwerten oder Maschinenwerten, besonders stark naturgemäß die Schwankungen der Branchen, die gleichzeitig die stärksten Steigerungen aufweisen). Bemerkenswert ist das Vorhandensein einiger Branchen, die — in Europa fast unbekannt — an der amerikanischen Börse eine wichtige Rolle spielen (z. B. Postversandhäuser). Alles Weitere geht aus der graphischen Darstellung (Abb. 5) hervor.

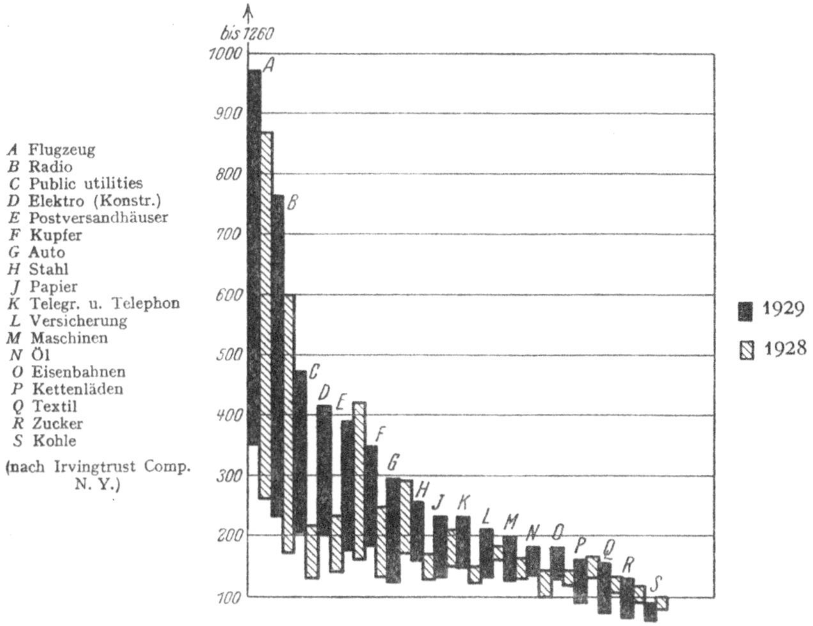

Abb. 5. Branchenentwicklung der New Yorker Börse (höchste und tiefste Kurse) der Jahre 1928/1929. (Durchschnitt 1927 = 100.)

Seit in Deutschland in den letzten zwei Jahren die früher erwähnten, die Branchenbewegung überdeckenden Umstände in Wegfall gekommen sind, hat die Branchenbewegung immer stärkeres Interesse gefunden. In der Tagespresse und den Fachschriften mehren sich die Darstellungen der Lage einzelner Branchen. Fußend auf den Gruppenindizes des „Deutschen Volkswirt" hat z. B. die Reichs-Kredit-Gesellschaft A. G., Berlin, in ihren periodischen Veröffentlichungen die Entwicklung der wichtigsten Branchen dargestellt. Danach weist diese seit 1928 folgende „Streuung" auf (s. Abb. 6 nächste Seite):

Wie man sieht, hat man also bei Anlage eines Betrages in Kaliaktien von 1928 bis heute etwa 115%, abgesehen von den eingegangenen Dividenden, bewahrt, schließt also wesentlich besser als der Aktiendurchschnitt (etwa 80% gegen anfangs 1928) ab, während man andererseits bei einer Anlage in Autoaktien nur mehr 45% (zeitweise noch viel weniger) besitzt.

Sehr interessant ist schließlich (s. Abb. 7) der Branchenindex der französischen Börse, weil hier noch weit später als in anderen Ländern die Inflation eine Rolle spielte, die dabei doch nicht ein derartiges Ausmaß annahm, daß ihre Beobachtung schlechterdings unmöglich geworden wäre. Hier kann man also das Überragen des Währungsfaktors über die Branchenbewegung verfolgen: indem wir der auf S. 131 gegebenen Darstellung die Indizes einiger der wichtigsten Branchen beifügen. Man sieht hier ganz klar, wie bei der Abwärts-

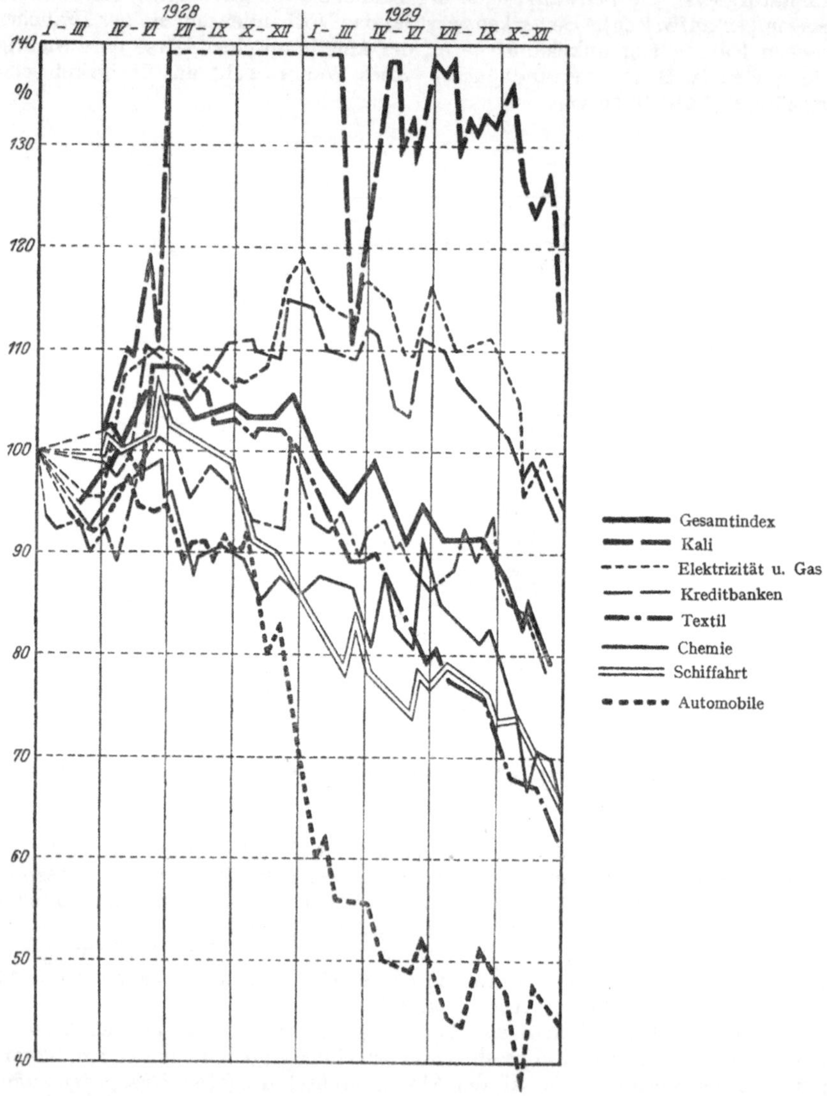

bewegung der Währung bis zu ihrem Tiefpunkt im Jahre 1926 sich die Branchenindizes stark zusammendrängen, indem sie — in Gold ausgedrückt — fast gleichmäßige Einbußen erleiden. Erst mit der Stabilisierung der Währung beginnt ihre individuelle Entwicklung so stark auseinanderzugehen, daß schließlich Ende 1929 ihre Indizes über einen Spielraum von 56% (Eisen und

Stahl) bis 132% (Elektrizität) auseinanderklaffen. Hierbei haben wir verschiedene Indizes, deren Entwicklung noch weit abnormaler verlief, aus Raumgründen nicht aufgenommen. Wir erwähnen z. B., daß der Index der Versicherungsaktien, welcher während der Inflationsjahre durchaus mit dem der anderen zusammenfiel, seither einen enormen Vorsprung gewonnen hat und über den Rahmen aller übrigen hinaus (bis über 200%) stieg. Wir erhalten auch erneut eine Bestätigung des internationalen Verhaltens führender Branchen, so daß heute — wo an allen wichtigen Börsen stabilisierte Währungs-

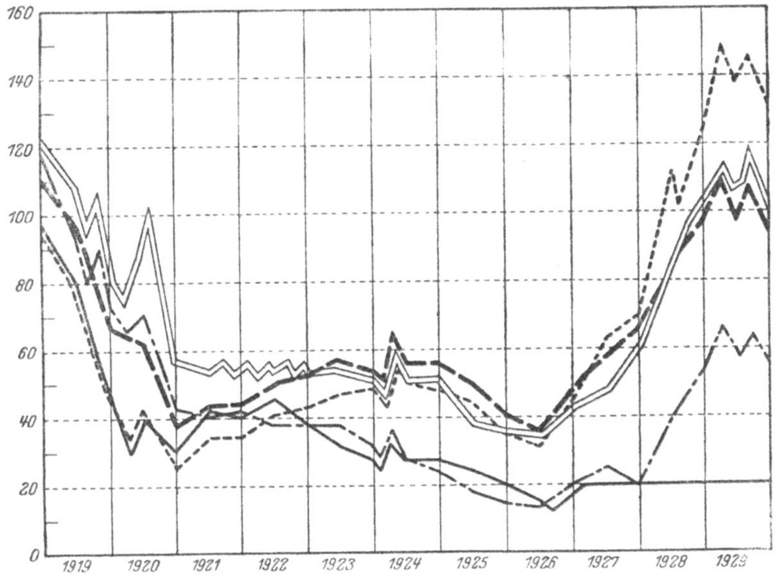

Abb. 7. Branchenentwicklung der Pariser Börse 1919—1929. 1913 = 100.

Währung — allg. Aktienindex — Eisen u. Stahl — Elektrizität — Chemie

verhältnisse herrschen — die Branche beinahe wichtiger als die nationale Zugehörigkeit erscheint. Besonders charakteristisch ist als Beispiel hierfür die Entwicklung von Montan gegenüber Elektrizität. Lag Montan in den ersten Nachkriegsjahren auch in Frankreich noch deutlich über der Elektrobranche, so gewinnt diese etwa ab 1922 deutlich die Oberhand, und das Jahr 1929 schließt mit einem fast 3fachen Index der Elektrowerte gegenüber den Stahlwerten. Auch das relative Versagen der chemischen Branche, das in Deutschland in den letzten $1^1/_2$ Jahren genugsam diskutiert wurde, spiegelt sich im französischen Index wieder: Der Index von Elektro und Chemie entwickelt sich gleichmäßig günstig bis etwa 1927, seither sind auch in Frankreich Chemiewerte stark in die Hinterhand geraten. Man muß sich vergegenwärtigen, was dies an Erkenntnis für den privaten Investor bedeutet: Nie wurden in der französischen Presse irgendwelche Kritiken an der Entwicklung der dortigen führenden Chemiewerte geäußert, ja im Gegenteil, der flüchtige Leser hätte vielleicht öfters von schärferen Kursrückgängen der Elektrowerte gehört. Selbst der Sachkundige hätte zweifellos auf die glänzende Entwicklung hingewiesen, die gerade die französischen Chemiekonzerne (Kuhlmann, St. Gobain) teilweise als Konkurrenten Deutschlands nahmen — und dennoch hier wie dort fast das gleiche Resultat: War in Deutschland ein Tausch von I. G. Farben Aktien in AEG Aktien — um es primitiv auszudrücken — vorteilhaft gewesen, so nicht minder bei den korrespondierenden französischen Werten.

Die Kursblätter der verschiedenen Börsen, soweit sie überhaupt eine Brancheneinteilung haben, gehen hierbei nach einem nicht ganz gleichmäßigen Schema vor, aber immer beginnen sie mit gewissen besonders soliden Branchen, denen dann die anderen Branchen entweder alphabetisch oder in absteigender Reihenfolge ihrer Bedeutung geordnet folgen.

So gliedert z. B. das Londoner und das Mailänder Kursblatt wie folgt (offizieller Teil, abgesehen von Anleihen- und Devisenkursen, die dem Aktienteil meist vorangehen):

London:	Mailand:
Eisenbahnen	Banken
Banken	Versicherung
Brauereien	Transport
Canal und Docks	Textil und Kunstseide
Commercial und Industrial (allg. Teil)	Bergbau und Metalle
Elektr. Licht und Kraft	Automobile und Mechanik
Financial, Land und Investment	Elektrizitätslieferung
Financial-Trusts	Elektrotechnik
Insurance (Versicherungen)	Lebensmittel
Gas	Chemie (und Gas)
Eisen, Kohle, Stahl	Immobiliar
Minen	diverse ausländische Aktien
Nitrat (Stickstoff)	
Öl	
Rubber (Gummi)	
Schiffahrt	
Tee und Kaffee	
Telegrafen und Telefone	
Tramway und Omnibus	
Wasserwerke	

(Die nach der Zahl der Werte wichtigsten Branchen sind gesperrt.)

Erste Einteilung der Branchen. Versucht man eine systematische Zusammenfassung der ihrer Tätigkeit nach ähnlichen Branchen, so ergibt sich etwa folgende Übersicht:

1. Banken und Finanzgesellschaften (also Kreditbanken, Spezialbanken — in Deutschland besonders wichtig Hypothekenbanken —, Versicherungsgesellschaften, Investmenttrusts, gewisse Finanz- und Handelskompanien des Auslandes).
2. Verkehrs- und Tarifwerte (Privatbahnen, in gewissem Sinn Schiffahrtswerte, Kanal und Docks, vor allem aber die Public Utilities: Elektrizitäts-, Gas-, Wasser- usw. Lieferungsgesellschaften).
3. Schwerindustrie (Stein- und Braunkohle, Eisen und Stahl).
4. Metalle, Maschinen (evtl. Lokomotiv- und Waggonbau).

5. Baubranche (auch Baustoffe wie z. B. Steinzeug, Armaturen, Holzwerte, Terrain).

6. Textilindustrie (in ihrer Lage oft streng getrennt nach Wolle, Baumwolle, Leinen, Kunstseide).

7. Gegenstände des täglichen Bedarfs (Brau- und Lebensmittelbranche, Warenhäuser: zentralisiert und mit Filialbetrieb sog. Kettenläden, in gewissem Sinn auch Luxusartikel wie Radio, Grammophon, ja sogar Auto).

8. Chemie, Papier, Zellstoff.

9. Kolonialwerte oder, anders ausgedrückt, Welthandelsartikel: Kupfer, Gummi, Kaffee, Tabak, Zucker, Öl.

10. Diverses.

Obwohl wir versucht haben, Branchen, deren Tätigkeitsgebiet einander möglichst nahekommt, zu vereinen, so ist es klar, daß sich aus den verschiedenen, für das Branchenschicksal wichtigen Gesichtspunkten betrachtet, wieder weitgehende Verschiebungen ergeben müssen. Die obige Darstellung richtete sich im wesentlichen nach Geschäftsgang und gegenseitiger Beeinflussung. So wird sich z. B. eine Geschäftsabschwächung auf dem Baumarkt, wie wir sie z. B. für das Jahr 1930 infolge der Finanznot der Städte erwarten müssen, auch auf die Baustoffbranche und weiterhin auf die Steinzeugindustrie und Terrainwerte auswirken. Der wichtigste Zusammenhang — der Geschäftsgang — ist also dieser ersten Einteilung zugrunde gelegt.

2. Einteilung. Anders ist die Gruppierung, wenn man die Branchen nach dem Grade ihrer Konjunkturempfindlichkeit betrachtet: Hier werden insbesondere Tarifwerte wegen ihrer relativen Unempfindlichkeit geschätzt, Luxuswerte theoretisch am meisten betroffen. Bekannt ist die starke Abhängigkeit der Baubranche von der Konjunktur, während speziell durch die sozialen Maßnahmen der letzten Jahre die Branchen des täglichen Bedarfs weit konjunkturunempfindlicher geworden sind als ehedem.

3. Einteilung. Nach dem Lohnanteil an den Produktionskosten. Dieser Anteil ist wegen der besonderen Streikempfindlichkeit, wegen der indirekten Einwirkung des allgemeinen Preisniveaus, dann der Innenpolitik (z. B. Sieg der Linken bei Wahlen usw.) groß. Klassische Branchen der Lohnkämpfe waren seit jeher Bergbau und Textilindustrie, während wiederum die Tarifwerte und z. B. Papier- und Braubranche verhältnismäßig unberührt sind.

4. Einteilung. Am interessantesten für den Investor (nicht für den Volkswirt) ist aber eine gewisse Kenntnis der jeder Branche eigenen Solidität bzw. des Risikos. Wenn man von einigen flüchtigen Kenntnissen absieht, ist es erstaunlich, wie wenig weit die Differenzierung in diesem Punkt selbst seitens der Fachleute gediehen ist. Es ist klar, daß das „Branchenrisiko" einen starken Zusammenhang mit der Konjunkturempfindlichkeit haben wird. Aber abgesehen von diesem bereits in der früheren Einteilung berücksichtigten Gesichtspunkt gibt es — wenigstens bei den meisten Branchen — noch ein sehr verschiedenes Ausmaß des Elementarrisikos einerseits, des Marktrisikos der betreffenden Ware andererseits.

So sind z. B. zweifellos Bergwerke und manche chemische Prozesse weit eher Elementarkatastrophen unterworfen als etwa Eisenbahnen.

Wichtiger ist ein zweiter Gesichtspunkt: Während der kartellgeschützte Absatz einer Reihe von Fertigfabrikaten heute ein größeres Risiko praktisch genommen ausschließt, sind nach wie vor z. B. alle kolonialen Rohstoffe den wildesten Schwankungen unterworfen. So fiel z. B. Gummi von seinem Höchststand der letzten 10 Jahre (1925 2/10 sh per lb) in den letzten 2 Jahren fast auf ein Fünftel dieses Preises (zur Zeit $7^1/_2$ d per lb). Ähnliches gilt von Metallen, dann von allen Artikeln, die von dem Ausfall der Ernte abhängig sind.

Gerade die Einschätzung der Risiken weist zwischen den verschiedenen Börsen, d. h. also den verschiedenen Völkern, gewisse Unterschiede auf. So kapitalisiert z. B. die englische Börse Kolonialwerte auf Grund ihrer alten Erfahrung seit jeher so, daß ihren Risiken durch eine, die normalen Zinsverhältnisse überragende Rendite im Wege einer jährlichen etwa 2—4proz. Abschreibung in gewissem Sinn Rechnung getragen wird. Im krassen Gegensatz hierzu hat Deutschland seit jeher (es mögen hier auch romantische Gründe mitgespielt haben) die wenigen deutschen Kolonialwerte immer zu hoch eingeschätzt, indem es die im Verhältnis zur alten Heimat unbegrenzt erscheinenden Zukunftsmöglichkeiten bereits mitbewertete.

Eine auch nur einigermaßen eingehende Darstellung der bedeutendsten Branchengruppen würde den Rahmen dieses Buches unendlich weit übersteigen, wohl auch die Möglichkeiten eines einzelnen Darstellers. Die bekanntesten, in den letzten Jahren erschienenen Einzeldarstellungen der wichtigsten Branchen sind jeweils Werke von vielen hundert Seiten, wobei sie ihr Thema keineswegs zu weitschweifig behandeln[1].

DREI BEISPIELE.

Wir möchten uns daher auf die Darstellung dreier in ihrer Art grundverschiedener Branchen beschränken. Diese drei Branchen sind:

1. Public Utilities: als Beispiel der wichtigsten Entwicklungsbranche der Gegenwart.
2. Brauereiwerte: eine wenig effektvolle, dafür bis jetzt besonders risikolose Branche.
3. Kupferwerte: für die starken Schwankungen unterworfenen Rohstoffbranchen.

Ferner möchten wir zu einigen anderen Branchen Streiflichter geben.

Public Utilities. Während Bahnwerte Mittelpunkt der Spekulation der 60er und 70er Jahre des vorigen Jahrhunderts waren, hernach Bergbauwerte und — speziell in Deutschland — Bankenwerte der Börse ihr Gepräge gaben, hat seit Beginn des 20. Jahrhunderts die Elektrizitätsindustrie immer stärker die führende Rolle übernommen. Auch hier kam es bald am Beginn der Entwicklung durch eine Übersteigerung der Kurse zu Rückschlägen, die sich aber auf die Dauer stets durch Hereinwachsen der Unternehmung in die Kurse ausglichen. In den letzten 3 Jahren ab 1927 verursachte das Zusammentreffen

[1] Z. B. „Die Textilindustrie sämtlicher Staaten“ (A. KERTESZ), 1917, 740 Seiten. — „Aufbau und Entwicklungsmöglichkeiten der europäischen Elektrizitätswirtschaft“ (herausgegeben vom Bankhaus SCHWARZ, GOLDSCHMIDT & Co. Berlin 1928).

verschiedener Umstände auf diesem technisch so überaus gut fundierten Gebiet die größten Kursexzesse, die — wenigstens vorübergehend — den Charakter der Elektrowerte als Daueranlage gefährden. Gerade auf sie kann vieles von dem, was in Kapitel III (Daueranlage — heutzutage) gesagt ist, Anwendung finden.

Man muß vor allem industriell, dann aber auch börsenmäßig zwischen Produktionsgesellschaften und Stromlieferungsgesellschaften unterscheiden.

Was die ersteren betrifft, also weltbekannte Firmen der Elektrotechnik wie Siemens, General Electric, AEG usw., so ist durch das Vordringen der General Elektric in den letzten Jahren die internationale Verflechtung noch enger geworden. Zu den alten Namen ist in der letzten Zeit der Konzern der Philips Glühlampen (Holland) hinzugekommen.

Aus Raumgründen können wir auf diese „klassischen" Konzerne nicht näher eingehen, wir möchten daher im folgenden nur etwas eingehender das Wesen der zweiten Gruppe — der Lieferungsgesellschaften — darstellen, zumal gerade sie in jüngster Vergangenheit in den Mittelpunkt des Publikumsinteresses gerückt sind.

Diese zweite Gruppe, Stromlieferungsgesellschaften, werden seit einigen Jahren nach amerikanischem Muster zusammen mit ähnlichen Gesellschaften unter dem Namen „Public Utilities" zusammengefaßt. Sie umfassen neben Gesellschaften, die elektrischen Strom liefern, auch Gasgesellschaften, Wasserwerke und — in Amerika — auch Telefon- und Telegrafengesellschaften. Der dieser Gruppe eigentümliche Zug liegt in ihren stabilen Absatzverhältnissen; da sie täglichen Kleinstbedarf liefern, sind wesentliche Ausfälle bei Kunden kaum zu befürchten. Ein weiterer Vorteil liegt in ihrer verhältnismäßig risikolosen Entwicklungsmöglichkeit. Örtliche Konkurrenz ist selten und so sehen sie sich kaum je vor Entscheidungen mit plötzlich auftauchenden Finanznotwendigkeiten gestellt. Sie haben daher eine fast immer überaus konsolidierte finanzielle Gebarung: ihrem langfristigen Kapitalbedarf steht die Aufnahme langfristiger Anleihen, denen sie durch die Natur ihres Geschäftes größte Sicherheit bieten können, gegenüber. Durch all das entsprechen sie am meisten den durch Sicherheit, Ertrag und capital appreciation gekennzeichneten Anlagewünschen der amerikanischen Anleger (vgl. Kap. III). In eingehenden Studien wurde der „Trend" ihrer Entwicklung, die jährliche Zunahme des Stromabsatzes, die Zukunftsmöglichkeiten, die Stabilität der Einnahmen in Krisenzeiten usw. untersucht, und all dies fiel sehr befriedigend aus. So wurden Public Utilities die Favoriten der zunächst relativ konservativen amerikanischen Spekulation der Jahre 1926 bis Mitte 1928. Der Gedanke griff dann auch nach Europa über, wo z. B. der starke Kursanstieg der Aktien der Chade (Compania Hispana Americana de Electricidad), später der zahlreichen italienischen und französischen Public Utilities als Gegenstück angesehen werden darf. Charakteristisch für die Branche der Public Utilities ist nämlich seit ihren ersten Anfängen die im Verhältnis zu anderen Branchen überaus weitgehende internationale Verflechtung.

Bei einem Stromlieferungsunternehmen handelt es sich — in den meisten Fällen — um ein Wasser- oder Dampfkraftwerk, das durch sein Verteilungsnetz ein gewisses Gebiet mit elektrischem Strom versorgt. Hierbei bestehen mit den einzelnen Großabnehmern (z. B. Industriegesellschaften) und Abnehmergruppen (z. B. Gemeinden) meist langfristige Tarifverträge. Die Art des Zustandekommens dieser Verträge ist für die Einnahmsentwicklung der Gesellschaften von großer Bedeutung. Fast überall besteht nämlich ein freilich verschieden großer Einfluß der lokalen Selbstverwaltungskörper (Kommunen usw.) auf die Tarifbestimmungen, und hierdurch wird der Möglichkeit der Ausnutzung örtlicher Monopole durch die Gesellschaften ein starker Riegel vorgeschoben. Tariferhöhungen sind daher eine große Seltenheit, die Gewinnsteigerung ist vielmehr lediglich durch Ausweitung des Absatzes (extensiv und intensiv) möglich.

Länder, in denen die Public Utilities eine überragende Rolle spielen, sind vor allem die U. S. A. und das kohlenarme Italien, in geringerem Maße Frankreich, während z. B. in Deutschland neben den privaten Gesellschaften öffentliche Elektrizitätsbetriebe häufig sind, die in diesem Zusammenhang nicht interessieren. Sehr häufig werden — es ist dies ein gleichfalls für die Elektrizitätsindustrie neben ihrer internationalen Verflechtung charakteristische Erscheinung — eine Anzahl solcher lokaler Versorgungsgesellschaften in Holdinggesellschaften zusammengefaßt, die die Aktien der produzierenden Tochtergesellschaften ganz oder doch größtenteils im Portefeuille haben, ihre Finanzierung besorgen und deren Aktien also erst an die Börse gelangen. Schließlich gibt es auch gemischte Konzerne, die neben Eigenanlagen eine Reihe gleichartiger Tochtergesellschaften besitzen.

Merkmale des Einzelunternehmens. Neben den ersten äußeren Daten, Größe des Aktienkapitals, Umfang, ist bei einer Untersuchung zunächst zu unterscheiden zwischen hydro-elektrischem Kraftwerk und kalorischem Kraftwerk. Während ersteres in Italien die Regel bildet, sind in Deutschland zur Zeit noch die kalorischen Kraftwerke weitaus in der Mehrzahl. Die Unterschiede liegen vor allem in der Verschiedenheit der Relation zwischen Anlagekapital und Betriebskosten. Es ist klar, daß die Anlagen eines Wasserkraftwerkes wegen der unverhältnismäßig großen Bauten höher sein werden als die eines kalorischen; andererseits werden die Erhaltungskosten (= Abschreibungen) beim kalorischen Kraftwerk größer sein, vor allem aber die Betriebskosten, da das hydroelektrische Kraftwerk, einmal vollendet, fast keine Betriebsstoffe und geringe Bedienung erfordert im Gegensatz zum kalorischen. Die Kalkulation wird also nach festen und umlaufenden Kosten zwischen beiden grundverschieden sein[1]. Das nächst wichtigste Merkmal ist

[1] Die Elektrifizierung mit Hilfe von Wasserkräften ist heute bei gleichbleibendem Kohlenpreis ein ziemlich genau gekannter Zinsfaktor. So haben sich z. B. die österreichischen Bundesbahnen trotz der eminenten volkswirtschaftlichen Bedeutung der Elektrifizierungsarbeiten in einem kohlenarmen, aber mit Wasserkräften so reich ausgestatteten Land wie Österreich angesichts der teuren Zins-

dann die Höhe der Kapazität, der installierten Kilowatt (1 kW = 1,33 PS) und ihre Ausnutzung, also die abgegebene Menge Kilowattstunden (kWh). Im groben Durchschnitt mag auf eine ausgebaute kW eine jährliche Stromabgabe von etwa 2—3000 kWh entfallen. Ein mittelgroßes Kraftwerk, das aber über eine lokale Bedeutung nicht hinausgeht, mag etwa 100 Millionen kWh p. a. abgeben. Der Absatz der führenden internationalen Stromlieferungskonzerne erreicht mehrere Milliarden kWh, so z. B. Rheinisch-Westfäl. Elektrizitätswerk (RWE) Eigenabsatz 1928 rund 2,1 Milliarden kWh, Absatz der Tochtergesellschaften rund 600 Millionen kWh. Das größte italienische Unternehmen (Società Italiana Edison di Elettricità) ist ungefähr ebenso groß.

An Entwicklungsdaten interessiert vor allem die jährliche Zunahme der abgegebenen Strommenge insbesondere, wenn diese ohne parallele Steigerung der installierten eigenen Kapazität und ohne Angliederung anderer Werke erfolgt (Betriebsintensivierung). Zur Ergänzung dienen Angaben über die Zunahme der Abnehmer, des belieferten Areals oder der belieferten Bevölkerung. (Hierbei ereignen sich oft Doppelzählungen zweier auf dem gleichen Gebiet arbeitenden Konzerne.) Mittelpunkt aller Berechnungen muß die Bewertung des Unternehmens pro abgegebene kWh sein, ein Wert, der nach den einzelnen Ländern stark variiert und heute z. B. für führende deutsche Lieferungsgesellschaften etwa 0,20—0,30 RM., für amerikanische Konzerne etwa 10—15 Cts. beträgt. Die italienischen und französischen Konzerne kapitalisieren sich noch immer wesentlich niedriger. Wie man sieht, hat naturgemäß die Frage der nationalen Tarife auf diese Bewertung einen großen Einfluß. Immerhin gab es zu denken, wenn die Spekulation den einen oder anderen Wert in seiner kWh-Bewertung allzu hoch getrieben hatte (so war z. B. die argentinische Chade Aktie bei ihren Höchstkursen mit nicht weniger als 2,80 RM. pro kWh bewertet). Es ist gewiß, daß derartige Berechnungen immer problematisch sein werden; sie sind aber — zusammen mit der Rendite — ein für den soliden Investor, der nicht das letzte herausholen will, überaus wichtiger Anhaltspunkt: Gewiß gibt es speziell unter den neugegründeten Gesellschaften viele mit fast sicheren Zukunftschancen und ihr Kurs wird manchmal gerechtfertigt sein, obwohl die augenblickliche kWh-Bewertung sehr hoch, die Rendite zu niedrig ist. Hier kann man eine wenigstens annähernde Korrektur der Berechnung dadurch vornehmen, daß man die noch im Bau befindliche, aber bereits finanzierte Kapazität (also kW, nicht kWh) auf die mutmaßliche Stromabgabe (kWh) umrechnet, wobei man sich (mit der nötigen Vorsicht) vorwiegend auf Prospektangaben usw. stützen muß. Dies ergibt dann eine rektifizierte Bewertung, die allerdings nur eine Zu-

sätze und der Verbilligung der Kohlenpreise nach sorgfältiger Prüfung zu einer Einstellung ihres Elektrifizierungsprogramms genötigt gesehen, während dies wahrscheinlich für die Schweiz mit ihren billigen Finanzierungsmöglichkeiten nicht das gleiche Resultat gehabt hätte. Um so mehr kann man annehmen, daß die Zukunft der Hydroelektrizität gehört, als ja einerseits die Lohn- und Soziallasten eine steigende Tendenz, die europäischen Zinssätze — auf lange Sicht — eine ausgiebige Ermäßigung aufweisen müssen.

kunftsbewertung ist. In der Mehrzahl der Fälle ist es aber für den soliden Investor rätlicher, ohne verläßliche Kenntnis der internen Verhältnisse keine derartigen Werte, sondern bereits seit Jahren arbeitende Gesellschaften zu kaufen.

In erhöhtem Maß trifft dieser Rat für die gerade in den letzten Jahren favorisierten Holding- und Investmentgesellschaften auf dem Gebiet der Public Utilities zu. Hier hat — wie schon an vielen anderen Stellen des Buches ausgeführt — die Gründungs- und Emissionswut gerade in den letzten Jahren zu ziemlichen Kursexzessen geführt, die freilich inzwischen zu einem großen Teil im New Yorker Börsenkrach (Oktober/November 1929) bereinigt wurden. Es sei daran erinnert, daß Hydroelektrizität neben Kunstseide das zweite große Tätigkeitsgebiet des belgischen Finanziers Loewenstein war, jener Persönlichkeit die, wie ein erratischer Block in die Ebene, aus früheren Jahrzehnten der großen Gründer und Spekulanten in unsere Tage hereinragte.

Die Übergründungen in der Elektrobranche war — wie erwähnt — auf Finanzgründungen (also Holdinggesellschaften usw.) beschränkt. In Gesellschaften mit dem Zweck direkter Produktion fand dagegen keinesfalls eine Übergründung statt, und hierin liegt der große Unterschied zur Radio-, Grammophon- und Kunstseidenbranche, bei denen eine Unzahl nach den verschiedensten Patenten gegründeter Direktunternehmungen inzwischen wieder eingegangen sind. So konzentrierte sich das Überangebot in der Elektrobranche auf neue Holdinggesellschaften und auf Überemission bereits bestehender Gesellschaften, vor allem aber fand eine kursmäßige Überwertung statt. So hat der schließlich erfolgte Zusammenbruch noch die meiste Ähnlichkeit mit dem Schicksal der ganzen New Yorker Börse, an der ja (vgl. Kap. VIII) die solidesten Werte ebenso sehr als die schlechteren von der Baisse erfaßt wurden.

Brauwerte. Die Bedeutung der Brauwerte ist auf wenige Börsen beschränkt: Grund hierfür ist neben gesetzlichen Maßnahmen, daß das Brauereigewerbe in südlichen Ländern der Konkurrenz des Weines begegnet, daß es in anderen Ländern wieder noch nicht genügend konzentriert ist, um börsengängige Unternehmungen aufzuweisen. So spielen Brauwerte vor allem in den englischen und deutschen Kursblättern eine größere Rolle, dann noch an der Wiener und Prager Börse. Gering ist infolge der Konkurrenz des Weines und der Gewohnheiten der Bevölkerung die Rolle des Brauereigewerbes in Frankreich, wo es auf wenige repräsentative Werte beschränkt ist, deren Tätigkeitsbereich sich auf die Industriestädte des Nordens und Ostens konzentriert. Schließlich haben Brauwerte noch in Belgien und der Schweiz (hier schon wegen des Fremdenverkehrs) einige Bedeutung. Es ist also eine Branche, deren Verbreitung sich recht gut überblicken läßt, um so mehr, als internationale Beziehungen und Verflechtungen völlig fehlen. Internationale Preisvereinbarungen, ja selbst größerer Export und Import zwischen den Produktionsländern findet nicht statt, die Brauereiindustrie ist — was die Betrachtung weiter vereinfacht — eine im weiteren Sinne lokale Industrie.

Charakteristisch für sie — in dem für unsere Zwecke interessierenden Zusammenhang — ist, daß es sich bei ihr um eine alte Branche handelt, deren Entwicklung in den letzten Jahrzehnten nicht mehr in einer Erweiterung ihres Tätigkeitsbereiches, sondern in einem fortgesetzten Konzentrationsprozeß liegt. Es ist die Überführung eines ursprünglich handwerklichen Gewerbes in den modernen Fabrikationsprozeß, wie dies bereits beim Mühlengewerbe weit vollständiger durchgeführt ist. Ihre Erfolge sind daher keine Expansionserfolge wie z. B. in der Elektrizitätsindustrie, sondern Rationalisierungsgewinne, und durch diese vermochten die führenden Gesellschaften die leicht absteigende Richtung, in der sich die Brauindustrie als Ganzes im letzten Jahrzehnt befindet, zu überkompensieren. Die Gründe, weshalb die Entwicklung der Brauindustrie (der Gesamtproduktion) in den meisten Ländern abwärts verlief, liegen, abgesehen von den enormen Steuererhöhungen, hauptsächlich in der Zunahme von Sport und geänderten Lebensverhältnissen (z. B. Weekendbewegung statt Wirtshaus), weniger in der rein doktrinären Prohibition, am wenigsten — wie dies oft behauptet wird — in der gesunkenen Kaufkraft der Bevölkerung.

Dadurch, daß in allen Ländern der Alkoholkonsum seit jeher als Luxusbedürfnis und in seinen Auswirkungen als für die Nation nicht wünschenswert empfunden wurde, ergibt sich die Stellung der Brauereiindustrie als eminentes Steuerobjekt. Die Möglichkeit einer Steuererhöhung — meist programmatisch von der Linken gefordert — ist also das Damoklesschwert der Brauereiwerte, der die Möglichkeit einer Überwälzung auf den Konsum gegenübersteht. Ein weiteres Charakteristikum ist die geringe Lohnempfindlichkeit der Branche, da im Verhältnis zum Wert der Produktion verschwindend wenig Arbeiter (vgl. dagegen Textilindustrie) beschäftigt werden. Die ständige Furcht, durch allzu reiche Gewinne neue Steuererhöhungen zu provozieren, hat die Brauereiindustrie seit jeher und erst recht unter den Steuerverhältnissen der letzten Jahre in allen Ländern zu einem typischen Beispiel für Gewinnaufspeicherungen gemacht. Es ist heute so weit, daß die Brauereibranche kraft ihrer stillen Reserven für weit risikoloser als fast jede andere Industrie oder gar landwirtschaftliche Produktion angesehen werden darf. Weder die industrielle Konjunktur, deren Einfluß auf den Bierkonsum man als sehr stark annehmen möchte, noch auch die stärksten Schwankungen in den Preisen des Rohstoffes (Hopfen und Malz) haben — wie die Erfahrung lehrt — größere Verluste sichtbar werden lassen. Die Konjunkturempfindlichkeit ist gegenüber den Vorkriegsjahren sogar etwas gesunken. Dies mag auf die gestiegene soziale Fürsorge (bei Arbeitslosigkeit usw.) zurückzuführen sein, so daß der Einfluß der Linken für das Braugewerbe ein ungünstiger (Besteuerung) und andererseits ein günstiger war und so (merkwürdig genug) sehr viel zur Stabilisierung des Gewerbes beitrug. Schließlich hat die jüngst erfolgte Aufhebung der Braukontingentierung diesen internen Gewinnaufspeicherungsprozeß erneut illustriert. Während hierdurch das Gewerbe der freien Konkurrenz neuentstehender Außenseiter theoretisch ausgeliefert wurde, kam diese Maßnahme zwar in gewissem Sinn den steuerlich begünstigten Hausbrauern zugute, doch hat man bisher von der Errichtung von neuen Großbetrieben nichts gehört. Der Grund dürfte darin liegen, daß eben in jeder größeren bereits bestehenden Brauerei ein derartiges Maß stiller Reserven mitarbeitet, daß aus neu aufzubringendem Kapital keine Rentabilität erwirtschaftet werden könnte.

Bierverbrauch im deutschen Zollgebiet.

Steuerjahr	Bierabsatz in Millionen hl	pro Kopf in l
1894	55	106
1895	60	115
1896	61	116
1897	66	123
1898	67	124
1899	69	125
1900	66	118
1901	66	118
1902	63	110
1903	64	110
1904	66	110
1905	68	112
1906	68	112
1907	69	111
1908	66	105
1909	63	99
1910	64	99
1911	69	106
1912	67	101
1913	68	102
1914—1918	—	—
1919 (neues Reichsgebiet)	29	48
1920	23	37
1921	33	54
1922	30	51
1923	26	47
1924	37	61
1925	47	75
1926	47	75
1927	51	81
1928—1929	54	86

Aus dem Gesagten ergibt sich das Bild, welches die Bilanz und damit die Aktie eines durchschnittlichen guten Brauwertes in jedem beliebigen der früher erwähnten Länder bietet:

Eigene Anlagen stehen meist niedrig zu Buch, jährlich sehr hohe Abschreibungen am Inventar, an Mobilien und Fuhrpark. Zu den Anlagen treten die bei einzelnen Brauereien sehr zahlreichen Wirtschaften, Grundstücke und mitunter eigene Ökonomien. Terrains — oft am ehemaligen Stadtrand gelegen — bedeuten mitunter wertvolle stille Reserven. Finanziell zeigt die Bilanz meist große Liquidität, der einzige ominöse Posten sind die oft beträchtlichen aus Konkurrenzgründen gewährten Darlehen an Wirte, denen neuerdings in steigendem Maße bei den Berliner Brauereien Kundeneinlagen gegenüberstehen, die wegen der Höhe der zu zahlenden Zinsen vielleicht nicht erwünscht sind. Was die Darlehen an Wirte betrifft, so versuchen die Brauereien durch gegenseitigen Kundenschutz oder Kundenrationierung dagegen anzukämpfen, und die Frage, wie es mit derartigen Maßnahmen bestellt ist (vorbildlich z. B. bei österreichischen Brauereien), bildet eine wichtige Grundlage der Beurteilung.

Der wichtigste Faktor der Beurteilung bildet die jährliche Ausstoßmenge. Auf diese Ziffer (eine mittelgroße Brauerei mit etwa $^1/_4$—$^1/_2$ Million hl Ausstoß hat einen Verkaufswert von rund 10—20 Millionen Mark bei einem Aktienkapital von z. B. 5—8 Millionen) bauen sich in selten eindeutiger Weise und weit exakter als dies z. B. bei der Berechnung der abgegebenen Strommenge in der Elektroindustrie der Fall ist, alle weiteren Berechnungen auf. Relevante Ziffern sind vor allem die Börsenbewertung des gesamten Unternehmens pro Hektoliter Ausstoß (zur Zeit etwa 35 RM. für die führenden deutschen Brauereien), dann der ausgewiesene Reingewinn pro Hektoliter, die Höhe der Vorräte usw. Wenn auch die Brauereien in ihren offiziellen Bilanzen bestimmt starke „Frisuren“ vornehmen, so ergibt ein Vergleich mehrerer Unternehmungen und mehrerer Jahre doch meist ein einigermaßen zutreffendes Bild des untersuchten Unternehmens.

In der Gewinnrechnung ist ähnlich wie in der Bilanz die Anlegung stiller Reserven in Form erhöhter Abschreibungen von Zugängen, Dotierung des Delkrederekonto und ähnlicher Reservekonten meist feststellbar.

Alle diese Umstände haben dazu geführt, daß Brauereiaktien in Deutschland und Österreich durch reiche Goldbilanzen überraschten und seither günstige Kursentwicklung bei verhältnismäßiger Kursstabilität zeigen. Ihre Kursschwankungen entsprechen am ehesten noch dem Gesamtaktienniveau, bei anhaltenden Kursrückgängen machen sich bei ihnen oft als kursstützendes Element Käufe der Insider (der „Brauherren“) geltend, also von Kreisen, die ohne Rücksicht auf die Börsenlage niedrige Kurse der genau gekannten Werte zu Anlagekäufen benutzen.

Resumé: Die Aktien der größeren Brauereien (es wurde ja erwähnt, daß die Entwicklung zu Lasten aller kleineren erfolgt) stellen noch auf Jahre hinaus trotz Besteuerung, Abstinenzbewegung und Sport eine sehr raisonable Daueranlage dar. In Zeiten rückläufiger Tendenz sind sie verhältnismäßig gut behauptet, in Haussezeiten steigen sie verhältnismäßig langsam. Die enge Verbundenheit mit den Staatsfinanzen bringt es mit sich, daß Brauereien ihren „großen Moment“ insbesondere in einer Periode sich bessernder Staatsfinanzen haben werden. Eine Sonderchance liegt bei den großstädtischen Brauereien mitunter in ihrem Terrainbesitz.

Kupferwerte. Erste Orientierung: Die Preisschwankungen des Kupfers haben gerade im letzten Jahr viel Interesse gefunden. Für die Gestaltung des Kupferpreises war bis jetzt die Politik des Kupferkartells ausschlaggebend, das — nach einigen Vorläufen — 1926 unter amerikanischer Führung entstand und ungefähr 90% der Weltproduktion kontrolliert. Durch das Kupferkartell wurde die früher ausschlaggebende Londoner Kupferbörse fast zur Bedeutungslosigkeit herabgedrückt, so daß man überhaupt kaum von einem freien Markt in Kupfer sprechen konnte. In der Zukunft mag sich dies durch die rapid fortschreitende Aufschließung der rhodesischen Kupfervorkommen ändern, die durch einen die amerikanischen Minen oft ums Doppelte übersteigenden Kupfergehalt (ca. 4% gegenüber ca. 1,6% der führenden USA-Werte) einerseits, durch die großen Schwierigkeiten der Erschließung (Arbeitermangel) andererseits gekennzeichnet sind. Auf jeden Fall liegt in diesen rhodesischen Kupfervorkommen die einzige Bedrohung der amerikanischen Kupferherrschaft. Während Amerika nämlich nur einen Teil seiner eigenen Produktion verbraucht und im Jahre 1928 über 500000 t ausführte, muß Europa, dessen eigene Produktion ganz unbedeutend ist, fast 700000 t einführen. Die wichtigsten Produzenten sind

U. S. A.	Kennecott (Untergesellsch. Utah-Nevada)	22 %	der Weltproduktion
	Anaconda (mit Chile)	13 %	„ „
	Phelps Dodge Gruppe	6 %	„ „
	Diverse amerikanische Interessen, darunter American Smelting & Refining	27 %	„ „
Vorwiegend von Europa kontrollierte Werte:			
	Mansfeld Bergbau A. G. (Deutschland)	$1\frac{1}{2}$ %	„ „
	Katanga (Belgisch-Kongo)	6 %	„ „
	Englische (vornehmlich Rio Tinto-Spanien)	4 %	„ „
Japan	ca.	3 %	„ „
Diverse (z. B. Otavi, Tharsis)		$17\frac{1}{2}$ %	„ „
		100 %	

Die rhodesischen Werte tragen — wie erwähnt — vorerst noch kaum zur Weltproduktion bei.

Konsum: Für den Konsum kommen entsprechend der industriellen Entwicklung vor allem Europa und U. S. A. in Frage. Über die Verteilung des Kupferverbrauchs auf die einzelnen Wirtschaftszweige gibt folgende Tabelle für das Jahr 1927 Auskunft (laut Veröffentlichungen der Metallgesellschaft-Frankfurt a. M.).

Es entfielen auf:	in Deutschland	in U. S. A.
Metallwarenindustrie	22,0 %	10,9 %
Elektroindustrie	52,0 %	56,4 %
Lokomotiv-, Waggon- und Straßenbahnbau	3,9 %	1,8 %
Automobilbau	2,7 %	12,1 %
Sonstige	19,4 %	18,8 %

Hieran kann man z. B. ermessen, welche Bedeutung ein Rückgang des Automobilabsatzes in den U. S. A., wie wir ihn zur Zeit erleben, auf den dortigen Kupferverbrauch haben mag.

Preisentwicklung: Seit jeher hat Kupfer — wohl infolge seiner starken Abhängigkeit gerade vom amerikanischen Markt — sehr stark auf die dortige Börsenlage reagiert. So spiegelte sich die Börsenhausse der Jahre 1898 und 1899 wie der Krach von 1907 im Kupferpreis wider, vielleicht auch Hausse und Baisse des Jahres 1929. Nachdem Kupfer 1907 (vor dem Krach) einen Höchstpreis von 27 Cts. pro lb erreicht hatte, blieb es in den folgenden Jahren auf etwa 13 Cts. stehen und dieser Tiefstand führte zu den ersten Kartellbestrebungen der amerikanischen Produzenten, die schließlich — wie früher erwähnt — 1926 in einer Gesellschaft, der Copper Exporters Inc., sich zusammenschlossen, ein Vorgang, der nebenbei bemerkt mit Rücksicht auf seine Wirksamkeit dem Ausland gegenüber nicht gegen die Antitrustgesetze der U. S. A. verstieß. Die Politik dieses Kupferkartells war zunächst auf eine Einschränkung der Produktion, dann auf eine schrittweise Preiserhöhung gerichtet. Während dies im Jahre 1927 noch nicht glückte, da einer Einschränkung der amerikanischen Produktion eine Produktionssteigerung der anderen Länder gegenüberstand, überschritt seit 1928 die Nachfrage wesentlich die Produktion. Der Kupferpreis — bisher mit Ausnahme der Kriegskonjunktur unverändert bei etwa 14½ Cts. — begann erst langsam, dann immer schneller zu steigen und erreichte im März 1929 mit 24 Cts. seinen Höhepunkt. Während die erste langsame Steigerungsperiode zweifellos gesund war und mit dem gestiegenen echten Kupferbedarf der Welt (Auto, Elektrizitätsindustrie!) zusammenhing, war die letzte Entwicklung (z. B. über 18 Cts. hinaus — dem seitherigen Stand) die Folge eines wüsten Spekulationstaumels bei völligem Versagen des Kupferkartells, gegen das sich die berechtigsten Vorwürfe der Verbraucher richteten. Trotz der Stärke des Kartells kam es daher noch mitten während der amerikanischen Börsenhausse zu einem scharfen Rückgang bis auf 18 Cts. Auf diesem Niveau versuchte das Kartell den Preis künstlich festzuhalten, war aber durch verstärkte Tätigkeit der Außenseiter mehr und mehr zu Produktionseinschränkungen gezwungen, so daß es im Mai 1930 zu scharfen Preissenkungen bis auf 12 Cts. gezwungen wurde.

Interessant war das Verhalten der Kupferaktien in der Hausseperiode 1928/29. Die Kursbewegung einiger führender Werte weist folgende Entwicklung auf (s. nebenstehende Tab.):

Wie man sieht, vermochten gerade in den kritischen Momenten die Kurse der Aktien der Steigerung des Rohstoffes nicht mehr — etwa über den Preis von 19—20 Cts. hinaus — zu folgen. Dies ist übrigens vollkommen logisch und erklärt sich aus der sonst im Börsenwesen naturgemäß seltenen Möglich-

1929		1–9/3	11/3	12–14/3	15/3	16–18/3	19–20/3	21/3	22/3	25/3	1/4	3/4	8/4	10/4	17/4		1/12	
Kupfer in New York	% =			**100**	102	105	110	115	117½–	**120**	......	......	**120**	96½	90		**90**	
(cts pro pfund)		19½	19⅝	20	20½	21	22	22	23	24			24	19¼	18		18	
Anoconda . .	%	—	—	**100**	103	104	110	**111**	110	100	98	96	90	92	90	inzwischen erfolgte der New Yorker Börsenkrach v. Okt./Nov. 1929	**49**	(m. Bez. R. **61**)
	Doll.	155	152	155	160	162	170	172	170	155	152	149	140	143	140		75	(ex Bez. R.)
Kennecott . .	%	—	—	**100**	104	106	**107**	104	101	93	93	90	86	87	88		**61**	
	Doll.	95	95	97	101	103	104	101	98	90	90	87	83	84	85		58	
Nevada . . .	%	—		**100**	102	104	**105**	103	102	90	93	92	90	90	89		**50**	
	Doll.	58	56	57½	59	61	62	60	59	52	54	53	49	49	48		29	
Durchschnitt der Werte	%			**100**	103	105	**108**	106	104	94	95	93	89	90	89		57	

(Basis, Höchst- und Tiefstkurse sind fettgedruckt).

keit der Spekulation, den Rohstoff selbst zu kaufen, ja in ihm Prämien- und andere Geschäfte ganz wie bei einem Spekulationspapier abzuschließen. Da offenbar über das früher genannte Niveau von 19—20 Cts. hinaus der Bewegung ein kurzes Dasein prophezeit wurde, engagierte sich die Spekulation eben im Kupfer selbst, wo sie ihren Nutzen sofort glattstellen konnte, nicht aber in den Aktien, denen doch nur eine mindestens den wesentlichen Teil eines Geschäftsjahres andauernde Preissteigerung in ihren Erträgnissen von Nutzen sein kann. Der starke Fall des Kupfers hat dann den Kupferaktien weit stärker geschadet, als der vorangegangenen Steigerung entsprach.

Resümee: Die führenden Gesellschaften können schon durch ihre Zugehörigkeit zum Kupferkartell, vor allem aber deshalb, weil es sich hier um Weltunternehmungen mit enormen Ressourcen[1] handelt, nicht ohne weiteres als exotische Spekulationswerte abgetan werden. Immerhin gibt es aber nicht mehr als etwa $^1/_2$ Dutzend dieser Werte (z. B. Kennecott, Nevada usw.), die für den europäischen ruhigen Investor in Frage kommen können. Im ganzen sind Kupferwerte — und dies gilt von ähnlich stark bewegten Rohstoffmärkten überhaupt — für eine ruhige Daueranlage nicht geeignet: Neben den Fragen des Gegensatzes zwischen dem Kartell und den Außenseitern (oder anders ausgedrückt Amerika—Europa) tritt die Erkenntnis, daß den Gewinnen an Kupfer infolge der Möglichkeit sofortiger Produktionssteigerung ziemlich enge Grenzen gesetzt zu sein scheinen.

Hiermit sind einige für Rohstoffwerte überhaupt charakteristische Züge gegeben. Im Falle der jüngsten Kupferhausse handelt es sich im starken Gegensatz z. B. zu der Public-Utilities-Branche keineswegs um Kunstgriffe der Emissionstechnik, auch nicht um Neugründungen. Beides war aus dem Charakter der Branche unmöglich. Auch war — wie früher gezeigt — in den Tagen der höchsten Kupferpreise keineswegs eine Übersteigerung der Kurse der führenden Werte vorhanden, die sich bei Beibehaltung dieser Kupferpreise ja mit noch immer 5—8% verzinst hätten. Der Rückschlag vollzog sich vielmehr lediglich in Auswirkung der Rohstoffbaisse. Ähnliche Erfahrungen wird man immer wieder auch bei allen anderen Metallwerten (z. B. Zink, Nickel), dann bei Rohstoffen wie Gummi, Tabak und Zucker machen können, wenngleich Kupfer seit jeher unter ihnen das Spekulationspapier par excellence war.

STREIFLICHTER.

Banken und Finanzgesellschaften. Gemeinsam fast allen, daß sie mit fremdem Geld arbeiten. Dies trifft mitunter für Investmenttrusts nicht zu, aber auf jeden Fall ist auch bei ihnen die Frage der Liquidität und das Verhältnis der eigenen zu fremden Mitteln wichtiger als bei den anderen Branchen.

Für Banken und Handelsunternehmungen pflegen ferner Personalspesen und — da es sich meist um Angestellte und nicht um Arbeiter handelt — ihre geringe Modifizierbarkeit in schlechten Jahren eine wichtige Rolle zu spielen. Die Banken

[1] Wie bei allen Minenwerten spielt die Lebensdauer der Gruben eines Unternehmens bei seiner Bewertung eine große Rolle. Die führenden Gesellschaften bieten hierin durch die große Zahl ihrer Anlagen einen internen Risikoausgleich.

haben übrigens von ihrer Börsenbeliebtheit besonders während der Inflationsjahre vieles eingebüßt, das Interesse hat sich international mehr Public Utilities und Holdinggesellschaften zugewendet.

Was den Handel betrifft, so läßt sich sagen, daß das ehemals einträglichste Geschäft — der Kolonialhandel der großen „Kompanien" — durch die fortschreitende Verselbständigung der Kolonien mehr und mehr seine Eigentümlichkeit (die Ausbeutung wehrloser und unwissender Völker) einbüßt und zum normalen Großhandel mit seinen weit mäßigeren Gewinnspannen wird. Im gleichen Maße haben die Aktien mancher Kolonialgesellschaften an Klang verloren.

Bei Investmenttrusts (und überhaupt für Holdinggesellschaften) bilden in schlechten Börsenjahren ihre Effektenportefeuilles eine gewisse Gefahr für den Investor: Es kann sich hier nämlich der Fall ereignen, daß trotz an sich genügender Einnahmen die Ausschüttung einer Dividende unterbleiben muß, weil die Beteiligungen einen diese Einnahmen übersteigenden Buchverlust aufweisen. Bei Holdinggesellschaften und insbesondere deren festverzinslichen Werten ist also Vorsicht geboten, insbesondere dann, wenn dieselben noch keine Zeit zur Aufspeicherung stiller Reserven hatten.

Bahnen, Auto, Flugzeug, Schiffahrt. Während in der Entwicklung der Bahnen die Konkurrenz des Autos im Personenverkehr schon seit längerer Zeit fühlbar ist, sind zwei neue bedrohende Momente erst in den letzten Jahren hinzugekommen: Der Frachtverkehr hochqualifizierter Güter wird durch Schnelllastwagen bedroht, der wertvollste Teil des Personenverkehrs durch den Flugverkehr. Während monopolistische Gebilde, wie die deutsche Reichsbahn, weit wirksamer diese Gefahren bekämpfen konnten, sind z. B. die englischen Bahnen speziell der Konkurrenz des Lastkraftwagens stark ausgesetzt. Dagegen hat der bisher technisch recht schlechte Stand des englischen Flugwesens und die kurzen Distanzen, um die es sich im innerenglischen Verkehr handelt, diese Konkurrenz noch nicht so recht gefährlich werden lassen. Es erscheint aber kaum zweifelhaft, daß die Entwicklung weiter zugunsten des Flugverkehrs verläuft, der sich auf einigen Gebieten schon heute als überlegen erweist. Es sind dies Langstrecken ohne Zwischenlandung in geographischer, der Postverkehr in sachlicher Hinsicht. Beides führt dazu, daß die Wirtschaftlichkeit des Flugverkehrs sich erstmals in Amerika erweisen dürfte. Hier haben denn auch einzelne der führenden Transkontinentbahnen bereits die Kooperation mit dem Flugwesen in der Weise in Angriff genommen, daß sie sich in Form von Beteiligungen oder Tochtergesellschaften an Luftfahrgesellschaften interessierten und z. B. die Kombination von „Tag: Flug-, Nacht: Schlafwagenfahrt" in ihr Programm nahmen. Hierdurch soll z. B. dem System der Pennsylvania R. R. die Überwindung der Strecke New York—San Franzisko statt bisher in 5 Tagen nunmehr in 2—3 Tagen ermöglicht werden. Daß der Postverkehr in Amerika rascher als anderwärts zum Flugzeug abwandern wird, hängt gleichfalls mit den großen Distanzen, vor allem aber damit zusammen, daß die Vergütung der staatlichen Posten in Europa an die Bahnen meist minimal sind, während in Amerika die entsprechenden Royalties, welche den Bahnen für die Postbeförderung entrichtet werden müssen, weit größer sind, so daß es der Post leichter gemacht wird, vom bisherigen Zustand abzugehen. In Europa steht wohl Deutschland hinsichtlich der Verkehrsdichte an unbestritten erster Stelle im Flugwesen, ohne daß es aber (übrigens ebensowenig wie in den andern Ländern) bereits zur Wirtschaftlichkeit gelangt wäre. Am hinderlichsten erwies sich das System der lokalen Subventionen, die zur Folge hatten, daß eine Unzahl unwirtschaftlicher Kurzstrecken statt wenige Langstrecken beflogen wurden. Hier scheint erst die Finanznot der Städte ein indirekter Segen für die rein wirtschaftliche Entwicklung zu werden.

Was — unabhängig von der Konkurrenz zwischen Bahn und Auto — dieses letztere betrifft, so ist heute gegenüber der Vorkriegszeit die Rolle Amerikas so überragend wie kaum auf einem anderen Gebiet. Man kann sagen, daß gerade der Autobau Sinnbild des Amerikanismus in der Technik geworden ist (Taylorsystem, Ford usw.). Bei der weiteren Einbürgerung des Autos in Deutschland (in Deutschland entfällt erst 1 Wagen auf je 145 Einwohner gegenüber 4 (!) in Amerika, 32 in Frankreich, 31 in England) handelt es sich heute weniger um den Preis des Wagens, als um andere Momente: Kosten des Betriebs (Benzin ist hier zweimal so teuer als in Amerika, gemessen an der Kaufkraft also 5mal so teuer), übergroße Kosten der Garagierung, der Versicherung, relativ am wenigsten noch der Steuer.

Der Großschiffahrtsverkehr — und im Zusammenhang hiermit die Schiffbauwerften — befinden sich seit Jahren in einer nicht sehr erfreulichen Entwicklung: Nach den Tonnageverlusten des Weltkrieges setzte allenthalben eine fieberhafte Bautätigkeit ein, wobei es zu einer übergroßen Ausdehnung der Werftanlagen kam: einige Jahre, solange der Sachhunger noch dauerte, ging das ganz gut. Mehr und mehr machten sich aber die Unterschiede gegenüber früheren Jahrzehnten störend bemerkbar. Die Auswanderung, welche früher jährlich mehrere Millionen Menschen umfaßt hatte und einer der lohnendsten Zweige gewesen war, ist — infolge der Einwanderungsbeschränkung der U. S. A. — auf einen Bruchteil zurückgegangen. Der Frachtverkehr ist dadurch weit geringer geworden, daß man in steigendem Maße die erste Bearbeitung von Rohprodukten im Lande (in Übersee) vornahm und im Gegensatz zu früher ein im Gewicht stark reduziertes, bereits bearbeitetes Produkt verfrachtete. Schließlich kam noch die aus nationalen und politischen Gründen, z. B. von Italien betriebene Subventionspolitik hinzu, um die Lage der wichtigsten Linie (Europa—Amerika) ungünstig zu gestalten.

Im Kampf der verschiedenen Verkehrsmittel miteinander gibt es natürlich verschiedene Wendungen, die sich dann auch in den Kursen widerspiegeln. So gehen seit etwa $^3/_4$ Jahren die Bahnwerte in den U. S. A. einer Renaissance in der Wertschätzung durch das Publikum entgegen, was allerdings auf die besonders dort herrschenden Umstände (Einfluß der Interstate Commerce Commission; vgl. Kap. VIII) zurückzuführen ist. In Kanada wieder stellt ein Wert wie z. B. die Canadian Pacific über seine eigentliche Tätigkeit hinaus durch seinen Besitz an Hotels, Bergwerken, Terrains einen in mehrfacher Hinsicht interessanten Wert dar. Die stürmische Entwicklung der Flugzeugbranche ist — teilweise im Zusammenhang mit einer Reihe von Katastrophen — seit etwa 2 Jahren in weit vorsichtigere Bahnen eingelenkt. Aber noch während der Hausse des Jahres 1929 kam es gerade bei ihnen in Amerika zu seltenen Kursexzessen, so daß der nachherige Rückschlag um so ärger war. Der Kurswert sämtlicher Flugzeugwerte fiel von seinem Höchststand (Anfang 1929) von rund 1200 Millionen Doll. auf etwa 280 Millionen Doll. im November (!), also weit stärker als die anderen Branchen, selbst Radio.

Resümee. Wie schon diese kurze Darstellung zeigt, haben die Branchen und ihre Wertschätzung durch die Börse ihre Geschichte, ihr Schicksal, ähnlich wie das der Staaten und Nationen. Branchen, die sich auf technischen Fortschritten gründen, zeigen diesen Aufstieg, Höhepunkt, Abstieg am allerschärfsten, während die Branchen des täglichen Bedarfs einerseits, die Rohstoffbranche andererseits trotz der ständigen Schwankungen in ihrem Gesamtverlauf ausgeglichener sind. So können wir heute unter die im Abstieg befindlichen oder schon vergangenen Branchen alles das rechnen, was mit der Verwertung der Dampfkraft in Verbindung steht (also Lokomotivwerte, viele Maschinenwerte). Andererseits ist es kaum eine gewagte Prophezeihung, wenn man als kommende Branche etwa die Flugzeugbranche und im Zusammenhang hiermit die Leichtmetall- und Spezialmotorenbranche erwähnt.

Neben diesen rein wirtschaftlichen Werdegang der einzelnen Branchen tritt — für den Investor mindestens ebenso wichtig — ihre finanzielle und börsenmäßige Entwicklung. Wir haben versucht, viele derartige Erscheinungen nicht nur in diesem Kapitel, sondern auch schon früher — insbesondere bei den einzelnen Börsen — darzustellen. Begriffe, die immer wiederkehren und insbesondere das Schicksal der jüngsten Branchen kennzeichnen, sind:

Überwertung der Zukunftschancen in den Kursen,
Überemission von Wertpapieren oder Stückelung,
Übergründung von Gesellschaften,
Überproduktion = Mangel an entsprechender Gewinnspanne (Kunstseide, Kupfer).

Es müssen keineswegs alle diese Faktoren in derselben Entwicklung aufscheinen, damit diese in einem „Gründungskrach" endet. Wie viele und welche dieser Momente jeweils mitspielten, haben wir in den 3 Beispielen zu zeigen versucht: So erfolgte z. B. die Baisse in den Kupferwerten, ohne daß eine Übergründung mangels neuer Rohstoffbasis überhaupt möglich gewesen wäre, lediglich durch die eingetretene und noch erwartete Steigerung der Produktion, während andererseits bei Public Utilities durch die Produktion die geschaffenen Anlagen durchaus wirtschaftlich ausgenutzt wurden, also weder Übergründung noch Überproduktion herrscht und der Zusammenbruch vorwiegend auf die Überemission und Kursexzesse zurückzuführen ist.

Wie der einzelne Anleger dies alles zu berücksichtigen vermag, hierüber ist in Kapitel V das meiste gesagt worden. Alle Informationsmöglichkeiten, die das Studium des einzelnen Wertes betreffen, gelten sinngemäß auch für die einzelnen Branchen. Hierbei spielen die allgemeinen Bewertungsregeln (z. B. Kapitalisation pro abgegebene kWh usw.) eine wichtige Rolle als wirksamste Ergänzungen offizieller Daten.

ZEHNTES KAPITEL

ERGÄNZENDE BEGRIFFE.

INVESTMENTTRUSTS.

Die Fortentwicklung der Investmenttrusts in den Ursprungsländern (England, Schottland, s. Kap. I) erhielt in den letzten Jahren einen starken Anstoß durch ihre fast überstürzte Ausbreitung in Amerika. 1922 gab es in Amerika erst 6 solche Trustgesellschaften, 1927 waren es bereits 120 mit ausgewiesenen Mitteln von rund 1 Milliarde Doll., bis Oktober 1929 (also bis vor dem Börsenkrach) war die Zahl auf 270 mit rund 2 Milliarden Doll. gewachsen.

In Europa schritt die Entwicklung weit langsamer voran. Am ehesten folgten dem englischen Beispiel noch die bekannten Kapitalzufluchtsländer, also Schweiz und Holland, die gleichzeitig in ihrer Steuergesetzgebung hierfür die Voraussetzungen schufen. Frankreich — wie immer konservativ — folgte noch gar nicht, auch in Deutschland sind trotz vieler Anregungen die gesetzlichen Vorbedingungen (Vermeidung der Doppelbesteuerung) noch nicht geschaffen worden. So dürften viele der Schweizer und holländischen Gesellschaften mit deutschem Kapital gegründet worden sein, wobei Steuergründe meist wichtiger gewesen sein mögen als die eigentlichen Aufgaben eines Investmenttrusts. Die äußere Form der Investmenttrusts ist in allen Ländern die der Aktiengesellschaft.

Vorteile des Investmenttrusts. Hier spielt die Risikoverteilung nach wie vor die erste Rolle. In ihrem Sinn sind auch die vielfachen statutarischen Bedingungen gehalten, welche der Investmentleitung gewisse Beschränkungen ihrer Anlagepolitik auflegen.

Wenn wir vorzugsweise im folgenden die amerikanischen Investmenttrusts untersuchen, so liegt dies, obwohl sie noch keine so entscheidenden Proben ihrer Lebenstüchtigkeit abgegeben haben wie die alten englischen, daran, daß sie den modernen Prinzipien der Vermögensverwaltung weit stärker gerecht werden, ja — wenigstens auf dem Papier — geradezu Idealvoraussetzungen für eine solche Vermögensverwaltung zu schaffen scheinen.

Ohne auf den Unterschied zwischen englischen und amerikanischen Trusts näher einzugehen, möchten wir kurz bemerken, daß die englischen Trusts Kapitalgesellschaften waren, die, vorwiegend in Bonds anlegend, ihren Hauptzweck in der Risikoverteilung und sukzessiven Aufspeicherung von etwa 1—2% jährlicher Reserven und damit in der Gewährleistung stabiler Ausschüttungen sahen, wobei sie trachteten, ihre eigenen Spesen vorweg durch sonstige Einnahmen (s. unten), insbesondere in Form des underwritings bei Anleihen zu verdienen.

Im Gegensatz hierzu steht bei amerikanischen Trusts die wissenschaftliche Vermögensanlage — oft auf einem Spezialgebiet — im Vordergrund. Solche Spezialtrusts ignorieren dann bewußt die Prinzipien universeller Risikoverteilung, sie sind z. B. nur für die Anlage in Aktien gegründet (ein gar nicht seltener Fall), nur für kanadische Werte oder nur für Ölwerte u. dgl. Hier ist also nicht der Verteilungsgedanke und die stabilste Vermögensanlage, sondern der Gedanke der Durchdringung einer Materie der erste Zweck. Die amerikanischen Investmenttrusts bestehen hinsichtlich ihrer Methoden soeben (seit der Börsenkrise im Herbst 1929) ihre Feuerprobe. Ihr Gedanke wird auch dann nicht definitiv abzulehnen sein, falls es sich herausstellen sollte, daß viele der Neugründungen „mit Wasser gekocht" haben, ganz abgesehen davon, daß man die Trusts selbst und ihre Leiter nicht für die Kursexzesse verantwortlich machen kann, die in ihren eigenen Aktien — wohl nicht ohne Zutun der Gründer — gleich zu Beginn einsetzten.

Hinsichtlich der eingangs erwähnten Beschränkungen der Anlagetätigkeit ergibt sich für eine Reihe der größten amerikanischen Investmenttrusts folgendes Bild:

Nach Fowler, American Investment Trusts.

Höchstsätze (in % des Gesamtportefeuilles) für:	Aktien (common stok)	Eine Branche (evtl. Ausnahmen w. f.)	Verkehrswerte	Public Utilities	„Industrials"	Finanzgesellschaft	Banken	Versicherung	Investment-Trusts	Staatsanleihen	U. S. A.	Ein sonstiges Land (Ausland)	Speziell Canada	Speziell England	Ein einzelner Wert (eines Unternehmens)
Amer. Bond & Sh. Co. . .	40														10
Bankers Inv. Tr. of America		15										5	15		3
Diversified Sec.	50	12,5	25	25			25	25	25			20			10
Fin. Invest. Co. of New York			30	30	30	30				50	75	15			1
Int. Bond & Share	40	10									70	35			5
Mutual Invest. Co.		20													5
Second Fin. Inv. Co. . . .			35	35	35	35				35					5
U. S. & British Int. Co. Ltd.		12,5	25	25			25	25	25			35		100	3

Wie man sieht, findet also bei einer ganzen Reihe eine bewußte Durchbrechung des Prinzips absoluter Risikoverteilung statt.

Im Einklang mit diesen statutarischen Bestimmungen ergeben sich für die *tatsächliche* Anlagenverteilung einiger amerikanischer Trusts die folgenden Analysen, die wir nach den gleichen Grundsätzen gruppieren, die im Kapitel I für die Risikoverteilung angeführt waren (nach Fowler, Stand per Ende 1927) (siehe Tabelle auf S. 169):

Die *Spesenersparnisse* gegenüber dem Privatanleger sind vielfache, u. a. dadurch, daß die Investmenttrusts überall Bankkonditionen (also etwa halbe Provisionssätze wie Privatleute) genießen, daß bei ihren weit größeren Käufen Depeschenspesen u. dgl. kaum ins Gewicht fallen, daß auch ihre kleinsten Anlagen „ganze Schlüsse" erreichen usw.

Weit wichtiger und für die Existenzberechtigung der Investmenttrusts erst entscheidend wurden aber die zwei Gesichtspunkte der systematischen

Studienmöglichkeit (etwa amerikanische Richtung) sowie der zusätzlichen Einnahmen (etwa englische Richtung).

Wenn man kurz überschlägt, daß eine Sammlung der Handbücher der wichtigsten Börsen, ein Abonnement der wichtigsten Kurszettel bereits jährlich einige tausend RM. kostet und die notwendigen laufenden Ergänzungen (Rundfunkmeldungen, Tageszeitungen, Fachschriften) mit einem noch etwas höheren Betrag hinzunimmt, so ergibt sich schon, daß derartige Ausgaben bei kleineren Vermögensverwaltungen bereits ziemlich ins Gewicht gehen, ja untragbar sein werden.

Wichtiger noch als diese technische Ausrüstung ist die personelle Seite: erst die großen Investmentverwaltungen ermöglichen die Ausbildung eines eigenen Stabs, teilweise sogar unter Hinzuziehung von Branchefachleuten (dies gilt insbesondere für Spezialtrusts). So wird der private Investor bis zum Millionenvermögen hinauf mehr oder weniger auf den Rat seiner verschiedenen Bankverbindungen angewiesen, die Möglichkeit selbständiger Forschung beschränkt sein. Auch sind die Informationsmöglichkeiten des Trusts als Großkunden im Wege seiner Bankverbindung besser als die des Privaten, teilweise geht dies sogar so weit, daß der Trust durch ihm kraft seines Aktienbesitzes verliehene Aufsichtsratstellen seine wichtigsten Anlagen laufend kontrollieren kann.

Hiermit kommen wir zu den verschiedenen Möglichkeiten eines Trusts, über den Ertrag der einzelnen Aktie hinaus zusätzliche Gewinne zu erzielen. Es trifft hier alles das zu, was über den Fassonwert großer Aktienposten bereits an anderer Stelle gesagt ist. Eine weitere Einnahmsquelle bietet — wie schon erwähnt — die Möglichkeit der Beteiligung an Emissions- und Konsortialgeschäften.

Nachteile. Nach dem Gesagten würde kein Zweifel übrigbleiben, daß zunächst jedes kleinere Vermögen statt in Industrieaktien usw. nunmehr in Aktien eines erstklassigen Investmenttrusts angelegt werden sollte und hiermit wäre gleichsam die „Aktiensparkasse“ geschaffen, eine Entwicklung, in der wir zweifellos in den nächsten Jahrzehnten starke Fortschritte machen werden. Wenn dies nun nicht bedingungslos zu empfehlen ist, so liegt dies an den Nachteilen, die immerhin den Investmenttrusts anhaften. Zunächst findet zwischen Investmenttrusts und Privatanleger auch in den Ländern mit Steuerbegünstigung eine gewisse Doppelversteuerung statt. Sie ist allerdings nicht allzu hoch, man kann annehmen, daß nicht mehr als $^1/_8$—$^1/_{10}$ des ausgeschütteten Reingewinnes von ihr absorbiert wird. Diese Doppelbesteuerung mag also ebenso wie die Generalregie speziell bei bereits gut eingeführten Investmenttrusts durch die zusätzlichen Gewinne mehr als aufgewogen werden. Wesentlich sind andere Nachteile. Zunächst sind oft die Aktien des einzelnen Investmenttrusts lange nicht so marktgängig wie die Anlagen, die der Investor selbst hätte treffen können, da schließlich die Aktie eines Investmenttrusts mit z. B. 10 Mill. sfrs. Aktienkapital (dessen Kapital überdies zum größten Teil in den Händen von Daueranlegern ist) naturgemäß keinen so breiten

Markt haben kann, wie die Renten und Standardwerte, aus denen zum großen Teil sein Portefeuille zusammengesetzt ist.

Das wesentlichste Gegenargument gegen Investmenttrusts bildet aber die Gefahr, daß ein solcher Trust von dem ihm nahestehenden Personenkreis, also Gründer, Großaktionäre, Leitung, mehr oder minder der Verfolgung ihrer Interessen dienstbar gemacht wird, wobei diese Interessen ja keineswegs einen direkten Mißbrauch der anvertrauten Gelder bedeuten müssen: es genügt, wenn eine subjektive Note in die Verwaltung kommt, um den Hauptzweck jedes Trusts (objektiv richtigste Vermögensanlage) zunichte zu machen. Ein solcher Mißbrauch liegt insbesondere dann vor, wenn die Gründer den Trust gleichsam zum „Ballast über Bord werfen", „sich erleichtern", benutzen, ja ihn direkt mit dieser Absicht ins Leben rufen. Der Trust übernimmt dann, wie dies im letzten Jahr in Amerika

	1. nach Werten	2. nach Kategor.				3. nach Branchen							4. nach Ländern									5. nach Marktgängkt.			
	Anzahl d. Werte überhaupt	Bonds	preferred stocks	common stocks	Kassa	Bahnen und Verkehr	Public Utilities	Bank, Versich., Investment	Industrie	Staatenanleihen	Ausland	Diverse (Kassa)	U. S. A.	Nord-Amerika	Süd-Amerika	Europa	Asien	Br. Empire	Frankreich	Deutschland	Diverse	notiert Stock Exchange	notiert Curb	notiert ausl. Börsen	unnotiert
Allied Intern. Inv. Corp.	133	49	5	1		10	15	25	23	30			18						20	11	1				
First Federal Foreign Inv.	113	89	1	10		3	9	24	24	39				5	22	60	1				12	39	12	19	30
Intern. Sec. Corp. of America		79	3	3	15	4	9	15	19	38		15	30		8	57	(3)	2							
Investm. Comp. of America		28	27	33	12	14	26		40		8	12													
Mutual Investm. Co. .	165	51	6	43																		60	15		25
North Amer. Inv. Corp.	112	51	18	36		29	40	11			20		28		9	11					2				
Second Intern. Sec. Corp.		68	4	17	11	5	6	21	22	35		11	22		6	64	(3)	5							
Stuyvesant Bond & Share		28	47	25		8	33		37		20	2													

vielfach geschah, große, noch unverdaute Posten von Effekten zu Kursen, bei denen sie anderwärtig kaum anbringlich wären. Ähnlich liegen die Verhältnisse, wenn der Trust der Erreichung irgendwelcher machtpolitischer Ziele (z. B. Beherrschung bestimmter Gesellschaften usw.) nutzbar gemacht wird, weil oft der mit dieser Machtstellung verbundene Vorteil nicht ihm zugute kommt, sondern seinen Gründern (z. B. wenn ein Trust Aktien von Unternehmungen erwerben muß, die hierdurch zu Lieferungsverträgen an ein ihm selbst völlig fremdes, jedoch dem Konzern der Gründer angehöriges Werk verpflichtet werden). Es erscheint klar, daß die Gefahr des Mißbrauchs beim Investmenttrusts im Vergleich zur Industriegesellschaft größer ist, da die Leitung innerhalb der statutarischen Schranken in der Wahl ihrer Anlagen viel freier ist als ein doch weit stärker an seine Branche gebundenes Industrieunternehmen und auch weit eher die Mittel dazu hat.

Wenn wir das Für und Wider der Investmenttrustbewegung abwägen, die teilweise ein Ersatz der Publikumsspekulation früherer Jahrzehnte geworden ist[1], so stellt sie gegenüber den damaligen Zuständen zweifellos einen Fortschritt dar.

Die angelsächsische Literatur hat sich — wie gesagt — schon vielfach mit den Investmenttrusts beschäftigt. Es seien u. a. erwähnt:

Badger, R. E.: „Investment principles and practices". London: Sir Isaac Pitman & Sons Ltd. — Fowler, John Francis jr.: „American Investment Trusts". New York and London: Harper & Brothers, — Kirshman, J. E.: „Principles of Investment". Chicago: A. W. Shaw & Co.— Lagerquist, W. E.: „Investment Analysis". New York: Mac Millan & Co. — Robinson, L. R.: „Investment Trust Organization and Management". New York: The Ronald Press Co.

BERATUNG BEI DER VERMÖGENSVERWALTUNG.

Das systematische Studium der Vermögensanlage war nicht auf die Investmenttrusts selbst beschränkt. Vielmehr wurde die Hauptarbeit auf diesem Gebiet von den Gründern geleistet, da der einzelne Investmenttrust in seinen Anfängen oft noch gar keine eigene Organisation (Archiv usw.) besaß, sondern wie früher dargestellt, seine Direktiven von den interessierten Banken usw. erhielt. So finden wir speziell in Amerika frühzeitig die Type des Investmentbankers, der das systematische Aufsuchen von Anlagemöglichkeiten für sich, die ihm nahestehenden Investmenttrusts und seine Kundschaft zum eigentlichen Feld seiner Tätigkeit machte. Dieses Teilgebiet des heutigen Bankgeschäftes hat in Deutschland bereits einige Nachahmung gefunden, während Investmenttrusts aus Steuergründen — wie erwähnt — noch nicht Fuß fassen konnten. Selten ist das Tätigkeitsgebiet des Investmentbankers gleichzeitig die einzige Tätigkeit eines Hauses. Hierfür ist die Entwicklung noch zu jung. In Amerika wählte man vielfach den Weg, daß erstklassige Banken diese und ähnliche Geschäftszweige in Form einer Unter-

[1] Dies geht u. a. auch aus dem großen Einfluß hervor, den diese junge Bewegung auf die Emissionstechnik ausüben konnte.

gesellschaft abspalteten, die dann doch die Garantie und den Kredit des Mutterinstitutes genießt[1]. In Deutschland ist die Entwicklung noch nicht so weit, aber immerhin bestehen bei einigen Großbanken und besonders bei einer Reihe großer Privatbankhäuser, die dieser Entwicklung von Anfang an starke Aufmerksamkeit zugewendet haben, eigene Abteilungen (Volkswirtschaftliche Abteilung, Wissenschaftliche Abteilung, Investment Abteilung usw. genannt), die — ausgerüstet mit dem erforderlichen Material — das Studium der Anlagemöglichkeiten und die Kundenberatung betreiben.

Für den deutschen Anleger erscheint eine Bank, die eine derartige Abteilung besitzt, beim heutigen Stand der Dinge als gegebene Verbindung. Im vorstehenden wurden die Vor- und Nachteile des Investmenttrustgedankens für den privaten Anleger eingehend untersucht. Abgesehen davon, daß der deutsche Kapitalist von vornherein durch das Fehlen inländischer Investmenttrusts auf den Kauf ausländischer Investmentwerte angewiesen wäre, mit allen in dieser Distanzierung liegenden Nachteilen, scheint es uns auch, als ob *die individuelle Anlage bei fachgemäßer Beratung vorzuziehen sei.* Dies mag sich in einigen Jahren ändern[2], heute aber steht man unter dem Eindruck der jüngsten Entwicklung speziell der amerikanischen Trusts, wo sich die Vorteile für die Gründer, die Nachteile für den privaten Käufer der mitunter nicht sehr solide emittierten Werte in der letzten Baisse drastisch zeigten. (Die viel solideren englischen Investmenttrusts kommen wegen ihrer geringen Rendite, wegen des englischen Steuerabzugs usw. für den deutschen Kapitalisten kaum in Frage.)

Die Verbindung mit einer Bank, die die vorstehend geschilderten Voraussetzungen systematischer Kundenberatung bietet, soll nicht bedeuten, daß nun der Privatmann sein ganzes Effektenvermögen bei dieser einzigen Stelle deponiert. Dies würde einen zumindest logisch nicht gerechtfertigten Verstoß gegen die Risikoverteilung bedeuten.

Gerade dieser Fehler wird vom Publikum überaus häufig gemacht, denn hier spielt die Erschwerung, welche in einem Verkehr mit 2—3 Banken liegt, gegenüber der rein vernünftigen Überlegung eine große Rolle. Logisch ist es natürlich mindestens ebenso wichtig, sein Effektenvermögen auf 2—3 Stellen aufzuteilen, wie auf etwa 20—30 verschiedene Werte. Ist man aus der Erfahrung der letzten 10 Jahre davon abgegangen, den Großteil seines Vermögens etwa

[1] Z. B. Guaranty Trust Co. of New York: Untergesellschaft: Guaranty Co. of New York. National City Bank — National City Co., Bankers Trust Co. of New York — Bankers Co. of New York etc.

[2] Der Gedanke, nicht eine Unzahl „eigener" Papiere, sondern einen einzigen Wert — die Investmentaktie — zu besitzen, in der nun alle Schattierungen des individuellen Besitzers sich widerspiegeln sollen, wird dem deutschen Effektenbesitzer heute noch so befremdlich vorkommen, daß er unsere vorläufige Ablehnung dieses Gedankens als eine Selbstverständlichkeit empfindet. Man muß sich aber den Zwang der Zeit nach Rationalisierung und die Unmenge von Zwergarbeit und unnützen Spesen, die jedes individuelle Effektendepot verursacht, kurz vergegenwärtigen: die von uns angedeutete Entwicklung wird dann zwar nicht gerade zwangsläufig, aber doch viel plausibler erscheinen.

einheitlich in den „sichersten" Staatspapieren unbesehen liegen zu lassen, so liegt hierin eine Vorsicht, die schließlich auch einem einzelnen privaten Unternehmen gegenüber am Platze ist. Hatten nämlich Krieg und Inflation gerade den Gedanken des bis dahin unerschütterten Staatskredites verwüstet, so können andere Elementarereignisse wieder einmal den Privatkredit betreffen.

In diesem Sinne empfiehlt es sich, eine Aufteilung des Effektenvermögens auf verschiedene Stellen vorzunehmen, wobei man z. B. langfristige Anlagen (Rentenanlagen) auch zu Stellen tun kann, die zwar unbedingt sicher, aber in der Vermögensberatung verhältnismäßig wenig geschult sind (zwei Begriffe, die sehr oft zusammenfallen). Der Stelle, mit der man sich laufend berät, muß man in diesem Fall — es ist dies ein nicht unwichtiger Umstand — einen Überblick über alle Effektenanlagen, also auch über die anderwärts liegenden Papiere, geben. Diese Mitteilungen brauchen nie die andere Depotstelle, ja nicht einmal den genauen Betrag der dortliegenden Werte enthalten, aber jedenfalls muß der Berater in der Lage sein, sich ein einigermaßen zutreffendes Bild der gesamten Anlagen zu machen, da sonst die Einhaltung eines Anlageplanes unmöglich wird und man „aneinander vorbeiredet".

Daß im Verhältnis zu der beratenden Stelle eine Menge von Opportunitäts- und Taktfragen hineinspielen, ist selbstverständlich: z. B. beim Urteil über Werte, die der betreffenden Bank selbst irgendwie nahestehen (also Konzernwerte der Großbanken usw.). Hier wird es zweckmäßig sein, neben dem in diesem Fall als Insider besonders wertvollen Urteil auch noch die Meinung einer anderen Stelle einzuholen usw. Ähnliche Taktfragen ergeben sich bei dem Wunsch um detaillierte Auskünfte, Reklamationen usw. Verfügungsberechtigungen, Kontovollmachten u. dgl. sollen im Interesse des Kunden wie seiner Bank so einfach wie nur möglich gestaltet sein usf.

Aktienrechtliche Maßnahmen des privaten Effektenbesitzers werden wohl in den seltensten Fällen erforderlich sein. Meist wird es durchaus genügen, wenn der Privatkunde seiner Bank in der Vertretung seiner Aktien freie Hand läßt, doch empfiehlt es sich dort, wo eine Opposition in der Generalversammlung zu erwarten steht, sich vorher zu vergewissern, wie die Interessen des eigenen Bankiers hierbei liegen. Es braucht wohl nicht erwähnt zu werden, daß jeder Kunde berechtigt ist, die Ausübung des auf ihn entfallenden Stimmrechtes durch seine Bank zu verhindern oder aber ihr hierin bestimmte Direktiven zu erteilen. Durch die Teilnahme an einer Opposition verpflichtet man sich oft zur Aufbringung der (in Form einer Umlage) eingehobenen Kosten, und es empfiehlt sich daher, insbesondere dann, wenn man über die Ziele beider Parteien nicht ganz klar sieht, von einer Beteiligung abzusehen.

DEPOTRECHT.

Dies bringt uns auf die Frage des heutigen deutschen Depotrechtes, über das im Publikum, ja selbst in Fachkreisen recht verworrene Ansichten herrschen. Schuld für diese Begriffsverwirrung ist allerdings das Gesetz selbst, denn — entstanden auf Grund übler Erfahrungen anläßlich einiger Bankkrachs um die Jahrhundertwende und während der Inflationsjahre mehrfach novelliert und den modernen Bedürfnissen des Effektenclearings angepaßt — weist heute das deutsche Depotrecht wohl die verwickeltsten Bestimmungen auf. Grundsätzlich ist, vom Publikum viel zu wenig beachtet, zwischen dem Depotkonto — die Pflichten des Verwahrers regeln sich nach BGB. § 700 und Depotgesetz — und dem Stückekonto zu unterscheiden. Nur am Depotkonto besitzt der Kunde Eigentum, beim Stückekonto nur den Anspruch auf Verschaffung des Eigentums, ein Forderungsrecht. Allerdings ist in beiden Fällen der Kunde zur Aussonderung im Konkursfalle berechtigt, doch mit weit verschiedener Haftung des Verwahrers. Während jede Verwendung von Depotstücken der Kundschaft strafbar ist (eine derartige Verwendung würde das Delikt der „Unterschlagung" bedeuten), steht dem Bankier hinsichtlich der auf Stückekonto vorhandenen Kundenbestände das volle Verfügungsrecht zu. Er kann mit den auf Stückekonto befindlichen Wertpapieren ebenso wie mit fremden Geldern nach Belieben schalten. Der einzige Unterschied zwischen dem Effektenbesitz auf Stückekonto und dem Geldgläubiger besteht also im Konkursfalle darin, daß ersterer, wenn die Stücke effektiv vorhanden sind, ein Aussonderungsrecht hat, während der Geldgläubiger zum Massegläubiger mit quotenmäßiger Befriedigung wird. Hat aber der Bankier über die Stückekontobestände verfügt (was also keineswegs eine strafrechtliche Haftung begründet), so werden die Aussonderungsberechtigten des Stückekontos mit dem Effektentageswert Geldgläubiger der Masse. In diese relativ einfachen Bestimmungen ist nun in mehrfacher Hinsicht Verwirrung hineingetragen worden — zunächst durch die Frage des Nummernverzeichnisses. Nach der ursprünglichen Fassung des Depotgesetzes von 1888 war der Bankier verpflichtet, ausnahmslos einem Kunden spätestens am dritten Tag nach Ausführung der Order ein Nummernverzeichnis der für ihn ins Depot genommenen Effekten zu übersenden, wodurch das Eigentum an diesen Effekten an den Kunden überging. Durch die spätere Zweiteilung der Kundenbestände in Depot- und Stückekonto blieb die Übersendung des Nummernverzeichnisses auf Depotstücke beschränkt. Auf jeden Fall hat aber die Übersendung des Nummernverzeichnisses die Wirkung, daß das Eigentum übergeht und so wird ein Stückekontokunde, dem ein Nummernverzeichnis seiner bisher auf Stückekonto befindlichen Effekten eingesandt wird, automatisch zum Depotgläubiger. Das an den größeren Börsenplätzen in den letzten Jahren eingeführte Girosammeldepot ist, wie der Name sagt, ein Depot und kein Stückekonto und obwohl hier die Aushändigung von Nummernverzeichnissen mit Rücksicht auf den Zweck (Effektenclearing) unmöglich ist, besteht ein Eigentum der Depotkunden in Form des Miteigentums. Der Kunde hat hier also eine Art Mittelding zwischen dem normalen Depot und dem Stückekonto, jedoch mit dem vollen Vorteil des ersteren. Er hat wohl nicht den Anspruch auf Ausfolgung bestimmter Nummern, jedoch auf die Ausfolgung einer bestimmten Quantität Stücke (sog. depositum irregulare) und eine anderweitige Verwendung der den Kunden geschuldeten Stücke macht den Bankier genau so strafbar wie die Unterschlagung eines normalen Depotkontos.

Verwahrung von Wertpapieren. Die Regel ist die Hinterlegung in einem offenen Bankdepot bzw. der Kauf und Verkauf im Kontokorrentwege. Wir haben diesen normalsten Fall allen übrigen Betrachtungen zugrunde gelegt. In Abweichung hiervon verwahren viele Leute einen Teil ihres Vermögens in einem Banksafe oder zu Hause. Dies hat zur Folge, daß sie etwaige Veränderungen per Kasse (durch ein Schaltergeschäft) abwickeln müssen. Soweit nicht steuerliche Erwägungen, deren Diskussion nicht Gegenstand dieses Buches ist, die Ursache sind, kann man von derartigen Methoden nur abraten. Die Unannehmlichkeiten, insbesondere die Gefahr, wichtige Termine (z. B. Bezugsrechte, Aufforderung zur Umstellung) zu versäumen, stehen in gar keinem Verhältnis zur Spesenersparnis. Die Depotgebühr, welche zur Zeit von Banken für die Verwahrung und Kontrolle von Wertpapieren berechnet wird, ist im Verhältnis zu allen anderen Gebühren äußerst gering, sie beträgt (nach den Sätzen der Berliner Stempelvereinigung) ca. $^1/_4\,^0/_{00}$ pro Semester vom Nominalwert (nicht vom Kurswert) der Effekten.

Im Falle der Aufbewahrung zu Hause ist es ein selbstverständliches Gebot der Vorsicht, die eigentliche Wertpapierurkunde (den sog. „Mantel") von den Kuponsbogen getrennt aufzubewahren, ebenso wichtig ein Nummernverzeichnis der Effekten zum Zwecke der „Kraftloserklärung" im Falle eines Abhandenkommens. Diese zwei Maßnahmen sind so bekannt, daß ihre Erwähnung fast überflüssig ist. Weniger bekannt ist es dagegen, daß fast alle Banken (meist gegen eine geringe Gebühr) die laufende technische Kontrolle auch solcher Werte übernehmen, in denen ihnen ihr Kunde nur ein Verzeichnis einreicht, während er die Stücke selbst z. B. im Safe aufbewahrt. Es empfiehlt sich unbedingt, hiervon Gebrauch zu machen, da man selbst gerade die technische Kontrolle (speziell bei Rentenwerten mit Ziehung) unmöglich durchführen kann.

Daß auch diese Werte irgendwie in die Kontrolle hinsichtlich Qualität und Entwicklung (also in die Vermögensberatung) einbezogen werden müssen, ist selbstverständlich.

GRENZFÄLLE DER PRIVATEN ANLAGETÄTIGKEIT.

Über Käufe, Verkäufe und die in Kapitel VII dargestellten Tauschoperationen hinaus bietet sich mitunter die Möglichkeit, volkswirtschaftliche Ideen derart in Tauschoperationen auszuwerten, daß man den einen Wert „leer", d. h. also ohne ihn zu besitzen, verkauft und andererseits den Erlös zum Kauf des als zu billig erachteten Wertes verwendet. Derartige Geschäfte — wie Leerverkäufe überhaupt — scheinen zunächst nur dem Bankier und den Berufskreisen vorbehalten. Gerade in den heutigen Zeiten hat es sich aber oft als weit risikoloser erwiesen, eine Aktie schuldig zu sein als sie zu besitzen. Bei dem ständigen Auf-und-ab der Kurse kann sich eine lückenlose Vermögensverwaltung für den Privaten unmöglich auf die Alternative beschränken, in Aktien à la Hausse engagiert oder desinteressiert zu sein und den dritten Fall, das Baisseengagement, den Berufskreisen zu überlassen.

Wir möchten hierbei nicht mißverstanden werden. Die patriarchalische Warnung vor Baisseengagements ist logisch unanfechtbar: „Bei jedem Hausseengagement kannst du nie mehr als das angelegte Kapital verlieren, bei einem Baisseengagement ist, da der Kursentwicklung nach oben keine Grenzen gesetzt sind, die Verlustgefahr unlimitiert." Unter den heutigen Umständen mag dieser Satz den Privaten zwar vor übergroßen oder leichtfertigen Baisseengagements abhalten, als starres Verbot möchten wir ihn nicht mehr gelten lassen. Es fehlt vor allem zu seiner Begründung die ständig aufwärtsgehende Entwicklung Europas, die in früheren Jahrzehnten die Baissemanöver so gefährlich machte. Leerverkäufe oder die früher erwähnten Tauschoperationen wird übrigens ein solider Bankier wohl nur für ihm seit Jahren vertraute Kunden vornehmen und auch nur für solche, bei denen er die Einsicht in diese Grenzfälle der privaten Anlagetätigkeit voraussetzt.

Ein ähnlicher Fall ist die sich — allerdings recht selten — auch für den privaten Anleger bietende Möglichkeit von Prämiengeschäften. Im allgemeinen sind auch diese Geschäfte mehr für die Banken und die Berufsspekulation geeignet. Die Technik dieser Geschäfte ist in den Handbüchern (vgl. z. B. die ausgezeichnete Darstellung in Salings Börsenpapiere, Band I) sehr ausführlich erläutert. Prämien- und Stellagegeschäfte bilden seit jeher als „Intelligenz"geschäfte der Börse den Stolz jeder derartigen Darstellung, so daß an dieser Stelle auf eine Wiedergabe der technischen Details verzichtet wird. Für uns handelt es sich nur um die Aufzählung der Fälle, in denen der Privatanleger von diesen Möglichkeiten allenfalls mit Erfolg Gebrauch machen kann.

Um die Begriffe nur ganz kurz zu erläutern, bedeutet der Kauf einer Vorprämie, daß man sich gegen Zahlung des Prämiensatzes (Reugeld) das Recht auf den Bezug zu einem festen Kurs für einen relativ langen Termin (meist bis zu 3 Monate) oder aber auf Rücktritt sichert. Es ist also ein Spiel à la Hausse mit beschränktem Einsatz. Der Verlust kann nie größer als der Prämienbetrag werden. Umgekehrt ist eine Rückprämie die Sicherung eines festen Verkaufs- (Lieferungs-) Kurses, also eine dem Verlust nach limitierte Baissespekulation. Durch den Kauf einer Stellage geht man schließlich den Vertrag ein, am „Erklärungstag" entweder zu kaufen oder zu verkaufen. Hierbei ist als Entgeld des Abgebers der Stellage (des Stillhalters) für die Einräumung dieses Wahlrechtes die Stellagespanne festgesetzt, so daß der Stellagekäufer zu einem um die halbe Spanne erhöhten Kurs kaufen bzw. um die gleiche halbe Spanne ermäßigte Spanne verkaufen muß. Diesen drei Geschäften ist der Kauf einer Spekulationschance gegen Entrichtung eines festen Betrages eigentümlich. Umgekehrt bedeuten die entgegengesetzten Geschäfte (Abgabe einer Vorprämie, einer Rückprämie, Stillhalten) die Eingehung eines Risikos gegen Erhalt einer festen Gebühr. Aus der Möglichkeit von Glattstellungs- bzw. Deckungsgeschäften ergeben sich nun für beide Teile während der Frist die verschiedenen Kombinationen, deren rein technische Details hier — wie gesagt — nicht näher erörtert werden sollen. Der Kauf einer Prämie bietet vom Investmentstandpunkt aus gesehen die Möglichkeit, mit verhältnismäßig wenig Geld größere Engagements einzugehen, da die Bank ja über den Prämiensatz hinaus keine weiteren Ansprüche an den Prämienkäufer hat. Der Kauf einer Rückprämie bietet die Möglichkeit einer Spekulation à la Baisse bei limitiertem Verlust. In beiden Fällen wird aber erfahrungsgemäß ein großer Teil des Nutzens durch den Prämiensatz und die besonderen Spesen (es ist ja auch noch ein Deckungsgeschäft notwendig) aufgezehrt. Wie die Erfahrung lehrt, bieten daher gerade die entgegengesetzten Geschäfte, die meist nur von den Banken betrieben werden, mitunter für den Privatanleger einige Konvenienz.

Es ist dies die Abgabe einer Vorprämie dann, wenn der Anleger sowieso den Verkauf seiner Stücke erwägt: werden die Stücke gerufen, so gehen sie ihm eben zu einem um die Prämie oft recht ansehnlich erhöhten Kurs aus, andernfalls streicht er den Prämienbetrag (z. B. für 3 Monate 5 bis 6% vom Wert, es steht also schon dafür) als „zusätzlicher Ertrag" auf seinen Aktienbesitz ein und bleibt eben doch weiter auf den Stücken sitzen. Insbesondere ist dieses „Mit-seinen-Beständen-Arbeiten" dann durchaus am Platz, wenn sich hierunter Dauerbestände befinden, bei denen der Bestand von Zeit zu Zeit durch Bezug von „jungen Aktien" ergänzt wird. Der Grund, weshalb diese mitunter recht ergiebige Möglichkeiten von Privaten fast nie ausgenutzt werden, liegt meistenteils an der mangelnden Praxis, ferner daran, daß die Banken derartige Geschäfte aus moralischen und juristischen Bedenken[1] nur für sehr vertraute Kunden übernehmen, vor allem aber an einem psychologischen Grund: im Falle die Vorprämie gerufen wird, also die vom Gegenspieler erwartete Preissteigerung eingetreten ist, pflegt sich der Abgeber, auch wenn er im Prinzip zu einem gelegentlichen Verkauf entschlossen war, sehr zu ärgern, daß er nicht selbst diese Haussebewegung mitgemacht hat, und gewöhnlich hat er dann von dieser Art Geschäft nach dem erstenmal genug. (Ähnlich sind die Voraussetzungen für den Verkauf einer Rückprämie, nur daß in diesem Fall die Stücke sofort verkauft werden müssen.)

Die Abgabe einer Stellage ist allenfalls im Falle des Vorhandenseins dauernder Bestände oder aber in Fortsetzung bereits erfolgter Transaktionen empfehlenswert. Der für den Privatmann häufigste Anwendungsfall ist, daß man, statt z. B. 12000 RM. eines Terminwertes leer zu verkaufen, zunächst nur 6000 RM. verkauft und auf die andere Hälfte eine Stellage abgibt. Die Folge ist, daß entweder die leer verkauften Stücke zum „unteren" Stellagekurs wieder eingehen, also ein sehr hübscher Nutzen erzielt wird, oder daß man die zweite Hälfte zum „oberen" Stellagekurs liefern muß, wodurch sich der *Durchschnittspreis* der leer verkauften zwei Hälften immerhin erhöht.

Alle übrigen hierher gehörigen Geschäfte, Geschäfte mit „noch", Stellagen mit „verstellter Mitte" usw. sind Kunstgeschäfte, keineswegs systematischer Art. Sie eignen sich im allgemeinen nicht für den Investor, wenn überhaupt, so sind ihre Bedingungen im konkreten Fall etwa wie die eines Vertrages und

[1] Möglichkeit des Differenzeinwandes seitens nicht „termingeschäftsfähiger" Personen (§ 52 Börsengesetz).

nicht wie die eines systematischen Börsengeschäftes zu prüfen. Daß Prämiengeschäfte nur nach gründlichem Eigenstudium und nur mit allerersten Häusern eingegangen werden sollen, ist wohl selbstverständlich[1].

BÖRSE UND KONJUNKTUR.

In den vorstehenden Kapiteln mußten wir wiederholt Ausdrücke anwenden, wie „empfiehlt sich bei allgemeinem tiefen Aktienniveau" u. dgl. Wir haben dabei auch kurz erwähnt, daß uns die Schwierigkeiten wohl bewußt sind, welche darin liegen, daß man aus verschiedenen Gründen nie wissen kann, welches Niveau ein absolut tiefes, welches ein absolut hohes sei. Ein bloßer Vergleich mit dem bisherigen Kursverlauf hinkt nämlich vor allem in einem: Dort, wo es sich um eine fortschreitende Entwicklung (sei es nun auf- oder abwärts) handelt, braucht auch eine bereits vorangegangene starke Steigerung noch nicht das Ende dieser Entwicklung zu bedeuten, und ein Investor, der es sich z. B. zur Regel gemacht hat, bei einer gewissen Steigerung rücksichtslos alle seine Anlagen zu veräußern, sähe sich bei einem weiteren Fortgang der Dinge außerstande, das Versäumte je wieder einzuholen:

So geschah es Hunderttausenden in Deutschland, die im Anfang der Inflation die Kurssteigerungen als echt ansahen und ihre ziffernmäßigen Gewinne — sei es nun in Wertpapieren, Häusern oder sonstigem — sich sichern wollten. Aber immerhin war hier eine einzige, wirtschaftlich unechte, Entwicklung im Gang: die der Inflation. Auch fundierte Entwicklungen können für den Investor, der sich solcher Entwicklungslinien (von der Konjunkturforschung „Trend" genannt) nicht bewußt ist, zum Schaden werden. Man überlege, wie bald jeder derartige Investor gerade bei vorsichtigem Vorgehen hätte amerikanische Aktien — wohl in jedem Jahrzehnt seit 1864 — veräußern müssen und wie er dann um die weitere ständige Aufwärtsentwicklung betrogen worden wäre. Die Beobachtung derartiger Entwicklungslinien ist eine der Aufgaben der modernen Konjunkturforschung.

Nachdem Amerika und hier insbesondere das Harvard-Institut in der systematischen Beobachtung von Wirtschaftsreihen und langfristigen Entwicklungen vorausgegangen war, wurde die Hinüberspielung der Konjunkturwissenschaft auf das Praktische vor wenigen Jahren in Europa die große Mode. Es mag sein, daß die amerikanischen Vorläufer den Mund etwas vollgenommen hatten und so taten, als ob sie in der 3-Märktekurve des Harvard-Institutes (s. S. 41) geradezu den „Stein der Weisen" entdeckt hätten. Wenn also viele Praktiker anfangs 1926 geglaubt haben, durch die wissenschaftliche Konjunkturforschung das Börsenwetter gleichsam durch eine meteorologische Station vorherbestimmen zu können, so mußte hierin eine gewisse Ernüchterung eintreten. Wenn man von der wissenschaftlichen Fortbildung aller dieser

---

[1] Eine zum Glück bereits fast historisch gewordene Reminiszenz taucht da auf; die sog. bucket-shops, kleine Bankgeschäfte, die den Gimpelfang systematisch betrieben, indem sie das Publikum in den Kauf von aussichtslosen Prämien hineinhetzten. Diese und ähnliche Praktiken gehören aber zum großen Teil einer in Deutschland seit der starken Konzentration im Bankgewerbe vergangenen Epoche an.

Ideen absieht, so ist zumindest als bleibendes praktisches Resultat dieser ersten Welle eine allgemeine Verbreitung der Einsicht in wirtschaftliche Zusammenhänge unter den Praktikern ja selbst im breiten Publikum festzustellen.

Wir haben oben gesehen, daß die Konjunkturforschung wertvolle Dienste leistet, um den „Trend“ eines Landes, einer Branche, ja selbst auch nur eines einzelnen Unternehmens klarer zu sehen, als dies dem Praktiker möglich ist. Ein weiteres für den Anleger wichtiges Teilgebiet der Konjunkturforschung ist — wie schon erwähnt — der Zusammenhang, genauer gesagt, die zeitliche Aufeinanderfolge der Bewegungen von Geldmarkt, Rentenkursen, Aktienkursen und Warenmarkt. Diese Zusammenhänge in den verschiedenen Phasen eines Konjunkturablaufs, der bekanntlich wellenförmig verläuft, werden von der Frankfurter Gesellschaft für Konjunkturforschung graphisch wie folgt dargestellt:

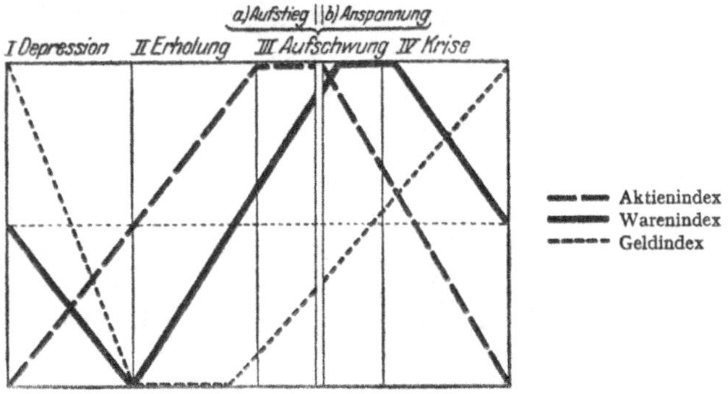

Abb. 8.

Hierbei ist der Rentenindex weggelassen, der eine Mittelstellung zwischen Geldindex und Aktienindex einnimmt. Wir verweisen bezüglich seiner auf Kapitel IV, S. 41, in welchem die Zusammenhänge, wie sie einige — speziell englische — Forscher zwischen Rentenkursen und Aktienkursen herauszufinden glauben, eingehend dargestellt sind.

Wieviel muß nun der Anleger von diesen Dingen wissen, um in seinen Maßnahmen nicht beeinträchtigt zu sein? Wir glauben, daß viele der in den letzten Jahren angestellten subtilen Untersuchungen den privaten Anleger wenig nützen, ja ihn eher verwirren können. Hat er sich die im vorstehenden angedeuteten Grundbegriffe (u. a. Trend und 3-Märkte-Theorie) ein bißchen durchdacht, so wird ihm eine Orientierung in der Wirtschaftslage in Beratung mit seinem Bankier bereits einigermaßen möglich sein.

Zwei Umstände sind es insbesondere, durch die die Börse mit der Konjunktur zusammenhängt:

a) hinsichtlich der Kurse der Aktien, die ja in Jahresabständen in ihren Dividenden die Konjunkturlage widerspiegeln,

b) hinsichtlich beider, Aktien, wie Renten, dadurch, daß der Geldmarkt der Börse und der Wirtschaft gemeinsam ist, genauer ausgedrückt, mit ihnen in engster Wechselwirkung steht.

Hier möchten wir auf das verweisen, was in Kapitel VII über den Einfluß des Geldmarktes auf die Kursschwankungen gesagt ist. Ein typisches Zusammenspielen von Konjunktur und Börse bietet sich eben jetzt (anfangs 1930): im Verlauf des Jahres 1929 hatte sowohl die internationale Börsenbaisse (s. Rückgang der Maklerdarlehen in New York) als auch die zunehmende Depression der Industrie immer mehr Kapital freigesetzt, so daß die Sätze für Börsengeld und im Zusammenhang damit auch für Privatdiskonte bis auf die Hälfte, ja noch darunter, stürzten. Den offiziellen Ausdruck fand diese Entwicklung in einer Serie von Diskontermäßigungen der Notenbanken. Hierdurch war in den ersten Monaten 1930 eine geldmarktmäßig von den letzten Jahren grundverschiedene Situation geschaffen. Dies um so mehr, als die Gelderleichterung diesmal angesichts der wirtschaftlichen Depression (das ist der Nichtbeanspruchung durch Industrie usw.) ziemlich dauerhaft zu sein schien. Während aber diese Flüssigkeit des Geldmarktes in immer entscheidenderem Tempo auch auf den Kapitalmarkt und die Rentenkurse übergriff, erfolgte die Auswirkung auf den Aktienmarkt bis heute nur unvollkommen und zögernd. Hier bot sich also eine im Börsenleben verhältnismäßig seltene Konstellation, bei der billiger Geldsatz zusammen mit der Aussicht auf Dauer infolge der industriellen Depression mit tiefen Rentenkursen zusammentraf, die ihrerseits durch die vorangegangene Hausseperiode der Aktien, noch mehr aber deren jähen Sturz und die internationale Vertrauenskrise hervorgerufen waren. Eine ähnliche Konstellation war anfangs 1926 in Deutschland gegeben, wo durch innere Kapitalbildung, vor allem aber auch durch das Einströmen von Auslandsgeld die noch viel groteskeren Tiefstkurse der Renten einer grundlegenden Aufwärtsbewegung unterlagen. Hierbei war es der Solidität der anfänglichen Entwicklung förderlich, daß die Industrie zu Beginn dieser Periode noch in Depression verharrte. Wie dies theoretisch durchaus richtig ist, waren also die Rentenkurse den Aktienkursen und auch dem Warenmarkt (Industrie) um eine geraume Spanne vorausgeeilt. Anfangs 1927 lasteten dann alle drei Faktoren auf dem Geldmarkt. Die Renten, in denen angeregt durch die glänzenden Erfahrungen, die man anfangs mit ihnen gemacht hatte, sich eine ganz außergewöhnlich starke Spekulation neben dem legitimen Anlagebedürfnis breitgemacht hatte, der völlig außer Rand und Band geratene Aktienmarkt und schließlich bereits immer mehr die Industrie, die ihren Hochkonjunktursjahren (1927/28) entgegenging. Unter diesen Umständen erscheint es verständlich, daß der Rückschlag (ab Mai 1927) sich nicht nur in einem Aktienkrach, sondern auch mit besonderer Vehemenz auf dem weit über die deutschen Kapitalverhältnisse hinaus gesteigerten Rentenmarkt äußerte.

Ebenso lehrreich wie diese deutschen Beispiele ist das Zusammenspielen von Börsenkrediten, Bond- und Aktienkursen der New Yorker Börse während der Hausse- und der darauf folgenden jähen Baisseperiode. Wir verweisen wiederum auf die eingehenden Schilderungen in Kapitel VIII insbesondere auf die dortige graphische Darstellung, aus der das entgegengesetzte Verhalten von Aktien- und Bondkursen deutlich wird.

Es ist wohl selbstverständlich, daß alle diese Vorgänge (z. B. das Vorauseilen der Rentenkurse vor den Aktienkursen) sich nicht immer so abwickeln, wie dies hier schematisch dargestellt ist. So mag sich z. B. eine Erleichterung des Geldmarktes, auch wenn sie konjunkturell zunächst eine Rentenhausse hervorrufen müßte, vorübergehend stärker auf dem Aktienmarkt auswirken, wenn die Erleichterung überraschend kam und auf dem Aktienmarkt starke Baissepositionen vorhanden waren, die nun überstürzt eingedeckt werden usw.

Dies sind in kurzen Worten einige der wichtigsten Zusammenhänge zwischen Konjunktur und Börse.

SACHVERZEICHNIS.

GPSR Compliance

The European Union's (EU) General Product Safety Regulation (GPSR) is a set of rules that requires consumer products to be safe and our obligations to ensure this.

If you have any concerns about our products, you can contact us on ProductSafety@springernature.com

In case Publisher is established outside the EU, the EU authorized representative is:

Springer Nature Customer Service Center GmbH
Europaplatz 3
69115 Heidelberg, Germany

Batch number: 10844675

Printed by Printforce, the Netherlands